MW01595401

Frank Becher

Kurzfilmproduktion

2., überarbeitete Auflage

UVK Verlagsgesellschaft · Konstanz und München

Praxis Film
Band 70
Herausgegeben von Béatrice Ottersbach

Bibliografische Information der Deutschen Nationalbibliothek
Die Deutsche Nationalbibliothek verzeichnet diese Publikation in der Deutschen
Nationalbibliografie; detaillierte bibliografische Daten sind im Internet über
http://dnb.d-nb.de abrufbar.

1. Auflage 2007
2. Auflage 2012

ISSN 1617-951X
ISBN 978-3-86764-348-1

© UVK Verlagsgesellschaft mbH, Konstanz und München 2012

Einbandgestaltung: Susanne Fuellhaas, Konstanz
Coverbild: © Corbis GmbH
Druck: fgb · freiburger graphische betriebe, Freiburg

UVK Verlagsgesellschaft mbH
Schützenstr. 24 · D-78462 Konstanz
Tel.: 07531-9053-0 · Fax: 07531-9053-98
www.uvk.de

Inhalt

Vorwort

»2.000 Kurzfilme werden in Deutschland im Jahr produziert. Das sind Tag für Tag mehr als fünf neue Kurzfilme«, so begann mein Vorwort zur ersten Auflage dieses Buches. 2.000 Kurzfilme, das ist eine Zahl, die kaum zu glauben ist, und die in den letzten Jahren dank der immer günstiger werdenden digitalen Produktionsmöglichkeiten deutlich weiter angestiegen sein dürfte. So werden allein auf den Oberhausener Kurzfilmtage Jahr für Jahr rund 1.500 Filme eingereicht. Nach wie vor stellt sich aber die Frage, was es ist, das so viele Menschen zur Kamera greifen lässt? Was ist so faszinierend am Filmemachen? Vielleicht ist es ein menschliches Grundbedürfnis, Geschichten zu erzählen. Vielleicht ist es aber auch die Möglichkeit, sich selbst zu verwirklichen und gemeinsam mit anderen Menschen kreativ etwas entstehen zu lassen. Vielleicht ist es aber einfach auch der enorme Spaß, den es macht, einen Kurzfilm herzustellen.

In keinem anderen Bereich der Filmbranche hat ein Filmemacher mehr Freiheiten als im Kurzfilm. Hier gibt es kein übermächtiges Hollywood. Es gibt auch (fast) keine Regeln. Und die, die es gibt, können fast immer erfolgreich gebrochen werden. Auch deshalb spielen Gestaltungsfragen in diesem Buch lediglich eine untergeordnete Rolle. Sie müssen letzten Endes von jedem Filmemacher selbst be- und verantwortet werden. Ein Erfolgsgeheimnis ist, viele Kurzfilme anzuschauen, mit anderen Filmemachern zu diskutieren und so viele Erfahrungen zu sammeln wie nur irgend möglich.

Wie der Name schon sagt, konzentriert sich »Kurzfilmproduktion« auf die Produktionsaspekte der Kurzfilmherstellung. Es richtet sich damit an alle, die semi-professionell oder professionell Kurzfilme herstellen wollen und die den Anspruch haben, dass ihre Filme auf nationalen und internationalen Festivals erfolgreich laufen. Am Anfang des Buches stehen die Themen Stoff- und Teamfindung, Formatwahl und Finanzierung. All das, was im Vorfeld einer Kurzfilmproduktion von Relevanz ist. Im zweiten Teil geht es um Auswertungsmöglichkeiten für Kurzfilme. Von der Festivalteilnahme bis zur Ausstrahlung per Mobile TV ist so gut wie alles möglich. Der Inhalt konzentriert sich dabei weitestgehend auf kurzfilmspezifische Themen und soll Ihnen, den Lesern, als Praxisleitfaden dienen.

Ein besonderes Augenmerk der Neuauflage gilt den Veränderungen durch die Digitaltechnik, die in der Kurzfilmproduktion den klassischen Film nahezu verdrängt hat. Selbstverständlich habe ich darüber hinaus auch alle anderen Inhalte auf den neuesten Stand gebracht.

»Kurzfilmproduktion« ist kein Männerbuch. Es richtet sich an alle Filmschaffenden, egal welchen Geschlechts. Trotzdem habe ich im Buch fast immer, wenn es um Menschen oder Berufe geht, die männliche Form gewählt. Dies ist der besseren Lesbarkeit geschuldet.

Mein Dank gilt an dieser Stelle allen, die zu der Entstehung dieses Buches beigetragen haben. Dies sind vor allem meine Interviewpartner, die sich bereit erklärt haben, ihr Know-how und ihre Markteinschätzung mit mir und den Lesern zu teilen. Genauso gilt mein Dank allen Autoren, Regisseuren, Schauspielern, Kameraleuten, Tonmeistern, Beleuchtern, Förderern usw., die es mir durch ihr Engagement überhaupt erst möglich gemacht haben, Kurzfilme zu produzieren.

Stoffe für Kurzfilme

»Aus einem guten Drehbuch kann man einen schlechten Film machen – aus einem schlechten Drehbuch aber niemals einen guten« lautet eine Hollywoodweisheit, die eigentlich in keinem Buch übers Filmemachen fehlen darf. Und da solche Floskeln stets eine gute Portion Wahrheit beinhalten, steht sie auch in diesem Buch ganz weit oben. Nun wird der ein oder andere sagen, das mag bei Spielfilmen aus Hollywoods Traumfabrik ja alles stimmen – aber für Kurzfilme, zumal im Bereich des Arthouse-Kinos, gelten doch ganz andere Maßstäbe. Richtig. Ersetzt man aber das Wörtchen »Drehbuch« durch den etwas umfassenderen Begriff »Stoff«, wird die gerade genannte Weisheit auch den Anforderungen des Kurzfilms gerecht. Vergessen Sie also alles bisher Gesagte und merken Sie sich:

> **Tipp**: Aus einem guten Stoff kann man einen schlechten Kurzfilm machen – aus einem schlechten Stoff aber niemals einen guten.

Was aber ist ein guter Kurzfilmstoff? Schwierig ... Gut und schlecht sind nun einmal relative Begriffe, an die jeder Einzelne seine persönlichen Wertmaßstäbe anlegen kann und darf. Fragen der inhaltlichen und erzählerischen Qualität des Stoffes, des dramaturgischen Aufbaus, des Genres und der Gestaltung der Dialoge sind immer auch Geschmacksfragen. Was hier gut und schlecht bedeutet, muss jeder Filmemacher zunächst für sich selbst beurteilen. Alles ist möglich im Kurzfilm. Und nirgendwo sonst in der Filmwelt kann ein Filmemacher ähnlich frei agieren. Diese Freiheit ist durchaus nicht unproblematisch. Dramaturgische Lehrmeinungen, wie sie vor allem von Drehbuchlehrern aus den USA in den letzten Jahren geprägt wurden, reichen zwar für die Herstellung eines durchschnittlichen Spielfilm-Drehbuchs aus. Für den Kurzfilm jedoch greifen diese Lehren sprichwörtlich zu kurz, da sie nur auf bestimmte klassisch erzählte Stoffe anwendbar sind.

Erfolgreiche Kurzfilme

Die Vielfältigkeit des Kurzfilms macht es schwer, verbindliche dramaturgische Regeln aufzustellen, die die qualitative Bewertung eines Stoffes oder des hieraus entwickelten Drehbuchs vereinfachen würden. Es lohnt sich daher, einen Blick auf vier Kurzfilme zu werfen, die beispielhaft zeigen, wie unterschiedlich Kurzfilme gestaltet sein können, die beim Publikum erfolgreich sind.

Großes Kino: *Spielzeugland*

Spielzeugland von Jochen Alexander Freydank gewann 2009 den Kurzfilm-Oscar und wurde weltweit auf zahlreichen Festivals ausgezeichnet. Die Geschichte des Drehbuchautors Johann A. Bunners spielt vor dem Hintergrund der Judendeportationen im Deutschland des Jahres 1942: Um ihn zu schützen, versucht eine Mutter ihren Sohn Heinrich glauben zu lassen, dass die jüdischen Nachbarn und mit ihnen sein bester Freund bald verreisen müssen. Ins Spielzeugland. Heinrich will unbedingt mitgehen, auch wenn es ihm die Mutter eindringlich verbietet. Eines Morgens sind die Nachbarn verschwunden. Und auch Heinrich. Verzweifelt begibt sich die Mutter auf die Suche nach dem Sohn – sicher, dass er mit seinem Freund »ins Spielzeugland« abtransportiert wurde. Und tatsächlich findet sie den Viehwaggon, in den die Nachbarsfamilie für die Fahrt ins Vernichtungslager gesperrt wurde. Aber dort ist keine Spur von ihrem Sohn. Vielmehr erkennen die Nazischergen im Nachbarsjungen das Kind der Mutter. Sie muss entscheiden, ob sie den Nachbarssohn rettet oder ihn verrät – ohne zu wissen, was mit ihrem eigenen Kind geschehen ist.

Spielzeugland ist ein sehr professionell gemachter Film, der hinsichtlich Look und Machart mit viel Aufwand realisiert wurde. Im Grunde ist er »großes Kino«. Er folgt in seiner Erzählweise dem klassischen dreiaktigen Aufbau abendfüllender Spielfilme. Sehr schnell wird im ersten Akt der Grundkonflikt klar, im Mittelteil spitzt sich dieser zu, um dann im dritten Akt zu einer Lösung zu finden. Seine besondere Stärke liegt jedoch in der Erzählweise, für die eine Parallelhandlung gewählt wurde, die ein perfektes Spiel mit den Emotionen des Zuschauers ermöglicht: Zeigt der zentrale Handlungsstrang die verzweifelte Mutter auf der Suche nach ihrem Kind, wird in der Parallelhandlung Schritt für Schritt die Geschichte aus Sicht des Jungen erzählt. So erfährt der Zuschauer genau in dem Moment, in dem die Mutter über Leben und Tod des Nachbarjungen entscheiden muss, dass Heinrich außer Gefahr ist.

Spielzeugland steht auf www.maxdome.de als Stream-to-Rent zur Verfügung.

Johann A. Bunners ist Drehbuchautor von *Spielzeugland*. Nach verschiedenen Regiepraktika studierte er 1998 bis 2000 an der Drehbuchakademie der dffb und arbeitet seither als freier Drehbuchautor in Berlin und Mecklenburg. Mit drei Kollegen gründete er nach dem Studium die screenwriters-berlin.

Frank Becher: Wie unterscheidet sich die Drehbucharbeit für Kurzfilme von der für abendfüllende Filme?
— **Johann A. Bunners:** Angenehm an der Drehbucharbeit für einen Kurzfilm ist mitunter, dass es eher zehn Seiten anstatt 100 zu schreiben, zu analysieren und immer wieder zu überarbeiten gilt. Ich denke aber, in beiden Fällen sollte sich der Autor zunächst einmal fragen: Was für eine Geschichte möchte ich erzählen und warum? Ist Film das optimale Medium für die vorhandene Idee? Und natürlich: Wie relevant ist ein Thema? Gerade im Bereich des Kurzfilms bin ich häufig verwundert, wie viel Zeit, Aufwand und nicht zuletzt Geld junge Filmemacher in die Arbeit an einem Kurzspielfilm investieren, dessen Geschichte noch lange nicht ausgereift, dessen Form noch nicht gefunden wurde. Auch ein Kurzspielfilm braucht bisweilen eine lange Entwicklungs- und Ruhezeit, manchmal tut man sogar gut daran, eine Idee auch noch nach Monaten zu verwerfen. Spürt man jedoch, dass die Idee zu einem Kurzspielfilm besonderes Potenzial birgt, dann gilt es, eine Geschichte herauszudestillieren, die in ihrer Verdichtung bestechend auf den Zuschauer wirken muss. Figuren und deren Entwicklungen innerhalb der Geschichte können nicht so umfangreich sein wie die eines Langspielfilms, dürfen andererseits aber auch nicht einem Klischee entsprechen. Dramaturgisch pickt der Kurzfilm häufig die Phase heraus, in der beim abendfüllenden Film die Handlung kulminiert.

FB: Wie wichtig ist das Ende für einen Kurzfilm?
— **Johann A. Bunners:** Das Ende eines Kurzspielfilms ist nichts ohne die Geschichte zuvor. Viele Autoren schreiben auf eine Pointe hin, was dann entweder einem verfilmten Witz ähnelt, also im Kino nur selten tragen wird. Oder aber das Ende ist zu absehbar, zu konstruiert, zu berechnend, was die meisten Zuschauer zu Recht stört. Andererseits kann ein zu offenes, unentschiedenes Ende den Zuschauer ratlos zurücklassen. Dabei möchte man doch irgendetwas aussagen und für einen Erkenntnisgewinn sorgen. Ich empfinde es als wichtig, dass sich das Ende eines Films aus dem Thema, den Figuren und der Geschichte ergibt! Wenn da alles stimmt und sich das Ende daraus organisch entwickelt, gelingt einem unter Umständen das Kunststück, den Zuschauer überrascht, nachdenklich und vielleicht sogar ein bisschen beglückt aus dem Kino zu entlassen.

FB: Hätte Spielzeugland nicht genügend Stoff für einen abendfüllenden Film hergegeben?
— **Johann A. Bunners:** Interessanterweise war es bei *Spielzeugland* umgekehrt. Der Kurzfilm ist aus einem thematisch verwandten Stoff zu einem abendfüllenden Spielfilm entstanden. Das Drehbuch *Heinrichs Geheimnis* hatte ich im Rahmen der Akademie für Kindermedien 2000/2001 geschrieben. Als Originalstoff, historisch und mit Kindern, blieb der Stoff jahrelang unverfilmt. Die Idee, aus dieser Not eine Tugend zu machen, hat den Regisseur, der damals nach neuen Stoffen suchte, schnell überzeugt. Nun galt es, die Thematik zu verdichten und mit der Parallelmontage eine für Kurzfilme recht ungewöhnliche, wenngleich einprägsame und spannende Erzählweise zu finden. Im Langfilm würde man sich wieder von der Parallelmontage entfernen müssen, die Figuren würden dagegen viel mehr Raum bekommen.

FB: Schreiben Sie selbst noch Drehbücher für Kurzfilme?
— **Johann A. Bunners:** Ja! Und das hat mehrere Gründe: Als Drehbuchautor ist man häufig mit eher konzeptioneller Arbeit beschäftigt. Also mit dem Schreiben von Pitches, Exposés, Treatments, etc. Das Schreiben von Kurzfilmdrehbüchern ist somit eine wunderbare Übung und Abwechslung für Autoren. Im Gegensatz zu vielen Formaten, die es im deutschen Fernsehen zu bedienen gilt, darf man dann, obwohl Kurzfilm, auch mal größer denken. Die Chance auf zeitnahe Umsetzung eines Kurzfilmdrehbuchs, die Möglichkeit, dabei andere kreative Filmschaffende kennenzulernen und später bei Festivals auch einen unmittelbaren Eindruck der Filmrezeption zu bekommen, kann Autoren ungemein beflügeln. Nach der Weltpremiere von *Spielzeugland* in Montreal/Kanada bedankte sich eine ca. 50 Jahre alte Zuschauerin mit Tränen in den Augen bei uns: Der Film sei so kurz, aber wir hätten die ganze Welt darin erzählt! Es sind Momente wie diese, die zeigen, welch erzählerische Macht Kurzfilme haben können. So arbeite ich zurzeit wieder an einem äußerst gesellschaftsrelevanten Thema. Hier war der Ausgangspunkt eine Zeitungsnotiz, nicht länger als zehn Zeilen, die mich fassungslos zurückließ. Erst zwei Jahre später habe ich dann schließlich einen Weg gefunden, die Ausgangsidee erzählerisch im Kurzfilm zu fassen. In jedem Fall rate ich Autoren – gerade bei einem Kurzfilmprojekt, dessen möglicher Erfolg anfangs schwer einzuschätzen ist – auf einen fairen Drehbuchvertrag zu achten, ganz gleich wie gut man sich kennt. Denn auch das gehört zur Arbeit eines Drehbuchautors. Und da kann man ganz böse reinfallen.

No Budget: *Underground Odyssey*

Szenenfoto aus:
Underground Odyssey
von Christos Dassios, Uli Grohs,
Robert Nacken
Quelle: Olymp Film

Auf den ersten Blick hat der Schwarzweißfilm *Underground Odyssey* kaum etwas gemeinsam mit *Spielzeugland*. Mit einem Etat von ein paar hundert Euro gedreht, erzählt der Film nichts weniger als die »Ilias« und die »Odyssee« in einem Aufwasch. Wozu Homer jedoch tausende von Verse brauchte, reichen dem Regietrio Christos Dassios, Uli Grohs und Robert Nacken gerade mal sechs Minuten.

Hier die Story: In einem anonymen Parkhaus erteilt eine geheimnisvolle Frau zwei Kleinganoven einen scheinbar leicht zu erfüllenden, aber entscheidenden Auftrag. Die Zeit ist knapp, der Weg zum Wagen in der kilometerlangen Tiefgarage dafür umso länger. Trotzdem lässt sich der Grieche unter den beiden Ganoven nicht davon abhalten, seinem in antiker Mythologie eher unbewanderten Partner die verblüffende Parallele zwischen Homers Erlebnissen und ihrer eigenen Situation zu erzählen. Nur gut, dass es zu Homers Zeiten noch keine Autoschlüssel gab, die man vergessen konnte.

Zweifellos ist der Stoff und auch das Setting »Kleinganoven vermasseln einen Auftrag« weder besonders spektakulär noch besonders dramatisch. Dennoch kommt der Film beim Publikum hervorragend an. Grund hierfür ist sicherlich die Machart des Filmes. Sie gibt dem Zuschauer das unbedingte Gefühl, dass die Filmemacher sehr viel Spaß beim Drehen hatten. Dieser Spaß überträgt sich, nicht zuletzt auch wegen der schnoddrigen Erzählweise im schönsten Kölner Slang. Für die Wirkung von *Underground Odyssey* darf die Kameraführung nicht unterschätzt werden, handelt es sich doch im Grunde um eine einzige lange Fahrt, während der die beiden Helden die schier nicht enden wollende Tiefgarage durchqueren. Gedreht wurde *Underground Odyssey* mit minimalen Mitteln auf 16mm-Film. »Selbst ist der Mann«, sagten sich die Filmemacher, spielten selbst die Hauptrollen (Christos Dassios und Robert Nacken), machten die Kamera (Uli Grohs), fanden Freunde, die einen Smart als Dolly durch das Parkhaus schoben und entwickelten sogar das Filmmaterial von Hand. *Underground Odyssey* lief auf zahlreichen Festivals und wurde mit dem Deutschen Kurzfilmpreis in Gold ausgezeichnet. Mittlerweile wird er gezielt auch Schulen für den Griechisch-Unterricht angeboten – mit ergänzenden didaktischen Materialien.

Sowohl *Spielzeugland* als auch *Underground Odyssey* sind klassisch erzählende Kurzfilme, in denen wie bei einem Spielfilm eine Geschichte dramatisch aufbereitet wurde. *Grundig Super Stereo* und *Motodrom*, die beiden nächsten Beispiele, tun dies nicht. Sie haben einen eher experimentellen Charakter.

Nur eine Idee: Grundig Super Stereo

Szenenfoto aus:
Grundig Super Stereo *von*
Klaus Hammerlindl
Quelle: Klaus Hammerlindl

Grundig Super Stereo ist gerade mal zwei Minuten und neun Sekunden lang und hat nur eine einzige Einstellung. Alles, was die Zuschauer sehen, ist ein Mann, gespielt vom Filmemacher Klaus Hammerlindl selbst, der mit seinem antiquierten Grundig Super Stereo-Kassettenrekorder in einer altmodischen öffentlichen Toilette steht und diesen schüttelt. Weil der Kassettenrekorder schon etliche Jahre alt ist, verursacht das Schütteln heftigste Gleichlaufschwankungen. Schüttelt der Filmemacher den Rekorder schneller, werden diese größer, bewegt er ihn weniger stark, nähert sich die Musik wieder der normalen Geschwindigkeit an.

Wer nach einem tieferen Sinn bei *Grundig Super Stereo* sucht, wird nichts finden. Genauso wird es jedem ergehen, der hier nach einer Geschichte sucht. Was den Film stattdessen auszeichnet, ist schlicht und ergreifend seine Komik. Man muss einfach lachen, wenn man diesen Menschen mit seinem Rekorder auf der Herrentoilette sieht. Allerdings funktioniert das Ganze nur, weil der Filmemacher ein ausgesprochen gutes Gefühl für Timing hat. Wäre *Grundig Super Stereo* nur 15 Sekunden länger, würde aus dem Lachen schnell Langeweile.

Grundig Super Stereo wird vom KurzFilmVerleih der KurzFilmAgentur Hamburg verliehen. Er gewann auf dem Hamburger Kurzfilmfestival den zweiten Publikumspreis in der Kategorie »Flotter Dreier« und wurde auf vielen Festivals gezeigt. Der Film ist auch auf YouTube verfügbar.

Dokumentarisch: *Motodrom*

Szenenfoto aus:
Motodrom von Jörg Wagner
Quelle: Olaf Tamm

Gute Kurzfilmstoffe müssen nicht unbedingt erfunden werden. *Motodrom* von Jörg Wagner ist hierfür ein gutes Beispiel. Der neunminütige Film porträtiert das Handwerk von Steilwandfahrern, die mit schwindelerregender Geschwindigkeit in einem hölzernen Motodrom ihre Kreise ziehen. Ganz in Schwarzweiß, ohne ein gesprochenes Wort macht der Film allein durch seine Bilder und seine Montage das Spektakel für den Zuschauer erfahrbar. Der Filmemacher setzt dabei gezielt dramaturgische Mittel ein, um die Wirkung auf den Zuschauer zu verstärken: Der Film beginnt mit Bildern der Zuschauer am Motodrom. Rhythmisch drehen sie die Köpfe immer wieder von links nach rechts und von rechts nach links. Warum sie das tun, ist nicht zu erkennen. Es folgen Zeitrafferaufnahmen vom Aufbau des Motodroms, sodass die zu Beginn aufgebaute Spannung nochmals verstärkt wird. Dann endlich sind die Steilwandfahrer zu sehen und der Film nimmt mit spektakulären Bildern seine eigentliche Fahrt auf.

Motodrom wurde zu mehr als 60 nationalen und internationalen Festivals eingeladen und gleich mehrfach mit Preisen ausgezeichnet. Wie *Grundig Super Stereo* wird er vom KurzFilmVerleih in Hamburg vertrieben. Einen kurzen Ausschnitt des Filmes gibt es auf dem YouTube-Channel der KurzFilmAgentur Hamburg, der ganze Film kann gegen eine geringe Gebühr aus dem ShortFilmShop der Kurz-FilmAgentur heruntergeladen werden.

Erfolgsfaktoren

Was haben die vier Beispielfilme gemeinsam? Gibt es ein Erfolgsgeheimnis, das einen mittelmäßigen Film zu einem herausragenden macht? Die Frage ist einfach zu beantworten: Nein, gibt es nicht. Allerdings gibt es Faktoren, die den Erfolg Ihres Kurzfilmes entscheidend beeinflussen können.

Erfolgsfaktor 1: Der Stoff

Zuallererst sollten Sie sich fragen, ob Ihr Stoff überhaupt für einen Kurzfilm geeignet ist. Ein guter Kurzfilmstoff ist ein Stoff, der in wenigen Minuten und damit auch auf wenigen Drehbuchseiten von Anfang bis Ende erzählt werden kann. Kein guter Kurzfilmstoff ist ein Stoff, der eigentlich nur für einen abendfüllenden Film geeignet ist. Oder einer, den Sie viel lieber als abendfüllenden Film realisieren möchten, das aber aus finanziellen Gründen nicht können. Behalten Sie diesen Stoff bei sich. Wenn er gut ist, wird er eines Tages Ihr Langfilmdebüt werden.

Erfolgsfaktor 2: Die Dramaturgie

Ein Muss, bestimmte dramaturgische Regeln einzuhalten, gibt es glücklicherweise bei einem Kurzfilm nicht. Allerdings sollten Sie sich von der ersten Drehbuchzeile bis zum finalen Schnitt immer wieder fragen, welche Wirkung das Gezeigte auf den Zuschauer haben wird. Die Gliederung des Filmes in drei Akte mit Wendepunkten zwischen dem zweiten und dritten Akt hilft Ihnen dabei, die Zuschauer zu fesseln. Die Drei-Akt-Struktur kann im Übrigen nicht nur bei Spielfilmen als dramaturgischer Rahmen eingesetzt werden, sondern auch bei Dokumentarfilmen.

Erfolgsfaktor 3: Klarheit

Kurzfilme sind kurz – oder sollten es jedenfalls sein. Weil das so ist, bleibt dem Zuschauer nur wenig Zeit, die Charaktere und das Thema Ihres Kurzfilms zu erfassen. Die Einführung der Hauptfiguren und die Darstellung der Ausgangssituation müssen daher sehr schnell vonstatten gehen. Nach einer, spätestens zwei Minuten muss der Zuschauer ein Bild davon haben, worum es in Ihrem Film geht. Auf komplexe Charakterzeichnungen und eine Ausgangssituation, deren Vorgeschichte erst noch erzählt werden muss, sollten Sie besser verzichten. Konzentrieren Sie sich stattdessen auf wenige, klar einzuordnende Hauptfiguren und einen einfachen, nachvollziehbaren Grundkonflikt.

Erfolgsfaktor 4: Das Timing

Das richtige Timing für den eigenen Kurzfilm zu finden, ist vielleicht die schwierigste Aufgabe, die sich im gesamten Prozess des Filmemachens stellt. Letzten Endes wird es sich erst ganz am Schluss der Produktion, im Schnitt, entscheiden. Das Timing hat viel mit den Erwartungen der Zuschauer zu tun. Und es wird durch die ersten drei Erfolgsfaktoren entscheidend beeinflusst. Sind beispielsweise die Charaktere zu komplex, wird der erste Akt unverhältnismäßig lang werden. Geprägt durch ihre Medienerfahrung erwarten die Zuschauer dann, dass auch der zweite und der dritte Akt entsprechend lang sind. Als Ergebnis steht am Ende entweder ein abendfüllender Film oder ein Kurzfilm, der so wirkt, als wäre ein Langfilm bei der Vorführung nach dem ersten Akt gerissen.

Das richtige Ende für einen Film zu finden, ist ebenfalls eine Frage des Timings. Kommt das Ende zu früh oder zu schnell, wird der Zuschauer das Gefühl haben, ein Teil der Geschichte wurde nur unvollständig erzählt. Ein ähnliches Gefühl stellt sich ein, wenn das Ende keinen wirklichen Schlusspunkt setzt und die Zuschauer den Eindruck bekommen, dass die eigentlich interessante Geschichte erst noch kommt.

Erfolgsfaktor 5: Einheit von Form und Inhalt

Kein Kurzfilm wird erfolgreich, weil er technisch aufwendig auf 35 mm-Film und mit bekannten Schauspielern in den Hauptrollen produziert wurde. Entscheidend ist vielmehr, dass der Look des Filmes und seine Machart zum Stoff passen. Dass sie eine Einheit bilden. Die oben aufgeführten Filme sind hierfür Paradebeispiele: *Spielzeugland* mit einer kleinen, eigentlich für Hobbyfilmer bestimmten DV-Consumerkamera aus der Hand gedreht wäre genauso unpassend wie *Grundig Super Stereo,* verfilmt auf 35 mm und realisiert mit einem bekannten Schauspieler und in einem bestens ausgeleuchteten Studio.

Fabian Gasmia und Henning Kamm gehören mit ihrem Produktionsunternehmen »Detailfilm« zu den erfolgreichsten Kurzfilmproduzenten Deutschlands. Sie produzierten z. B. David OReillys *The External World* (u.a. nominiert für den Europäischen Filmpreis), *Supriyo Sens Wagah* (u.a. Deutscher Kurzfilmpreis in Gold) und *Burhan Querbanis Illusion* (u.a. Deutscher Kamerapreis).

Frank Becher: Neben abendfüllenden Spielfilmen haben Sie in den letzten Jahren regelmäßig Kurzfilme produziert. Warum dieses Engagement für den Kurzfilm?
— **Detailfilm:** Zum einen finden wir es ein fantastisches Format, um kurz und knackig bewegende Geschichten zu erzählen, zum anderen nutzen wir es auch als Test, um die Zusammenarbeit mit neuen Regisseuren auszuprobieren. Darüber hinaus haben wir auch festgestellt, dass es ein Geschäftsmodell ist, mit dem sich Geld verdienen lässt.

FB: Stimmt das oft zu hörende »Von der Kurzfilmproduktion alleine kann man nicht leben!« also nicht?
— **Detailfilm:** Wir haben die ersten drei Jahre fast ausschließlich von unseren Kurzfilmen gelebt und können daher diese Aussage nicht stützen. Wir würden uns aber durchaus wünschen, dass die neuen Online-Contentverwerter mehr in die Produktion von kurzen Formaten investieren. Immerhin sinkt die Aufmerksamkeitsspanne der User im Internet drastisch und der Kurzfilm bietet sich daher wie kaum eine zweite audiovisuelle Erzählform an.

FB: Einige Ihrer Filme hatten enormen Erfolg. The External World *war z. B. 2011 mit 21 Preisen der erfolgreichste Kurzfilm weltweit. Gibt es ein Erfolgsgeheimnis?*
— **Detailfilm:** Mit den richtigen Leuten zusammenzuarbeiten. Es ist eine Mischung aus Umtriebigkeit, gutem Bauchgefühl, harter Arbeit und einer gesunden Portion Glück. Keine Filme zu machen, die länger als 15 Minuten sind, hilft auch.

FB: Wie wählen Sie die Stoffe aus? Welche Stoffe finden Ihr Interesse?
— **Detailfilm:** Stoffe, die sich klar positionieren und neue Wege gehen.

FB: Wie wichtig ist für Sie selbst der Besuch von Filmfestivals?
— **Detailfilm:** Wären wir nicht auf so vielen Festivals gewesen, hätten wir nicht all unsere schönen Filme machen können. Festivalbesuche sind wichtig, um neue Talente zu entdecken und kennenzulernen, gleichzeitig sind sie aber sehr zeit- und kostenintensiv und daher immer nur bedingt machbar.

FB: Haben Sie eine bestimmte Taktik in Sachen Festivalauswertung?
— **Detailfilm:** Je nachdem wie stark der Film ist – zuerst die großen, dann in der zweiten und dritten Runde die kleinen Festivals.

FB: Welchen Tipp geben Sie Filmemachern, die einen erfolgreichen Film produzieren möchten?
— **Detailfilm:** Ein Stück weit wie das Publikum denken.

Stoffauswahl

Jenseits aller objektiven und subjektiven dramaturgischen Qualitätsanforderungen und Erfolgsfaktoren gibt es weitere Kriterien, die Sie bei der Auswahl eines Stoffes für Ihren Kurzfilm beachten sollten. Diese Kriterien lassen sich unter dem Motto zusammenfassen:

Tipp: Ein Stoff ist nur dann ein guter Stoff, wenn er auch realisiert werden kann.

Wie sollte also der ideale Kurzfilmstoff aus Sicht des Produzenten aussehen? Vielleicht so:

Ein Schauspieler steht an einer Location und hält einen vierminütigen Monolog über die Lage der Welt zu Beginn des dritten Jahrtausends. Wahrscheinlich nicht. So brutal sollte man die Schere im Kopf bei der Stoffauswahl natürlich nicht einsetzen. Die Gedanken sind frei. Und wenn Sie von Ihrem Stoff wirklich überzeugt sind, werden Sie auch Mittel, Wege und Kompromisse finden, ihn Film werden zu lassen.

Es ist jedoch nicht immer einfach, die Machbarkeit eines Stoffes schon zu einem möglichst frühen Zeitpunkt zu beurteilen. Viele Stoffe, die am Anfang »einfach« erscheinen, stellen sich im Laufe der Vorproduktion als nicht realisierbar heraus. Dennoch sollte jede Idee, jedes Exposé und jedes Drehbuch bereits frühzeitig auf acht Faktoren hin überprüft werden.

Die Faktoren sind:
- die eigene Motivation,
- der erforderliche Zeitaufwand,
- die Länge des Filmes,
- die Charaktere und ihre Besetzung,
- der Aufwand für die Ausstattung,
- die benötigten Locations,
- die Anforderungen an das Team,
- die notwendige Technik.

Die Bewertung dieser Faktoren hilft Ihnen schon sehr früh, lange vor Drehbeginn, ein Gefühl dafür zu bekommen, welche Probleme es im Verlauf der Produktion geben kann. Da sich die genannten Punkte auch mehr oder weniger direkt auf die Kosten des Filmes auswirken, sind sie zusätzlich eine wichtige Basis für die spätere Kalkulation.

Die eigene Motivation

Filmemachen erfordert sehr viel Einsatz und eine enorme Energie. Eine Energie, die nur dann aufgebracht werden kann, wenn alle Beteiligten hoch motiviert und überzeugt davon sind, das Richtige zu tun. Deshalb ist auch die Frage nach dem »Warum« die wichtigste Frage überhaupt. Jeder Filmemacher sollte sich bei jedem neuen Projekt fragen: »Warum möchte ich einen Film machen?«, »Warum möchte ich genau diesen Stoff verfilmen?«. Oder präziser: »Warum ist dieser Stoff so gut, dass ich ihn verfilmen muss?«. Bestehen schon beim ersten Lesen des Stoffes oder Drehbuchs Zweifel, ob hieraus ein guter Film entstehen kann, sind das Warnzeichen. Können die Zweifel durch Verbesserungen im Drehbuch beseitigt werden, ist alles prima. Wenn nicht, sollten Sie das Projekt noch mal überdenken oder einfach zur Seite legen.

Der erforderliche Zeitaufwand

Auch der Faktor Zeit spielt bei jeder Filmproduktion eine wichtige Rolle. Offensichtlich ist der Zusammenhang zwischen der Zahl der Drehtage und der Höhe der Kosten. Beachtet werden sollte aber auch der gesamte Zeitaufwand, der in die Produktion des Kurzfilmes investiert werden muss. Hier kommen selbst bei einem zehnminütigen Kurzfilm schnell mehrere hundert Arbeitsstunden zusammen, die selbstverständlich unbezahlt sind. Es handelt sich schließlich um einen Low-Budget-Film. Zudem ist es nicht ungewöhnlich, dass sich der gesamte Herstellungsprozess eines Kurzfilmes über sechs Monate, ein Jahr oder eine noch längere Zeit hinzieht: Zu Beginn der Produktion dauert es, bis die Finanzierung steht. Dann können die Schauspieler nur zu einem bestimmten Termin. Schließlich muss man warten, bis der gesponserte Schnittplatz frei ist, der Komponist die Musik gemacht hat und das Tonstudio frei ist. Das alles erfordert einen langen Atem.

Sie sollten sich deshalb bereits bei der Stoffauswahl Gedanken machen, ob Sie die benötigte Zeit für den Film auch wirklich aufwenden wollen und falls ja, ob Sie es auch können. Ein Film, der nach den Dreharbeiten nicht fertiggestellt wird, weil »man« keine Zeit mehr hat, ist ein frustrierendes Erlebnis für alle Beteiligten und führt berechtigterweise zu einigem Ärger bei all jenen, die Arbeit in das gemeinsame Projekt gesteckt haben.

Die Länge des Filmes

Die Endlänge eines Filmes beeinflusst ganz direkt den benötigten Zeitaufwand, die Höhe der Kosten und auch die Auswertbarkeit des fertigen Filmes. Die ersten beiden Punkte sind offensichtlich: Je länger ein Film wird, umso länger dauert die Produktion und umso höher sind die Kosten. Das heißt natürlich nicht, dass ein fünfzehnminütiger Film zwangsläufig mehr kostet als ein fünfminütiger. Dennoch kann der Faktor Länge immer dazu verwendet werden, um schnell den voraussichtlichen Aufwand für den Film zu bestimmen.

Für die Auswertbarkeit eines Kurzfilmes gibt es ganz einfache Regeln: Filmen unter fünfzehn Minuten Länge stehen praktisch alle Festivals offen, die Kurzfilme im Programm haben. Spezialisierte Kurzfilmfestivals haben oftmals eine Obergrenze von 30 Minuten, manche bieten auch dem sogenannten »mittellangen Film« bis 60 Minuten seinen verdienten Platz. Dies ist nicht zuletzt der Tatsache geschuldet, dass Kurzfilme in den letzten Jahren immer länger werden. Getrieben von den Filmhochschulen und ermöglicht durch die kostengünstige digitale Produktionstechnik sind heute zahlreiche ambitionierte Kurzfilme zwischen 20 und 30 Minuten lang. Die meisten davon sind ganz hervorragend gemacht. Fast alle langen Kurzfilme folgen aber auch einer Erzählweise, die sich am abendfüllenden Spielfilm orientiert. Das ist nur allzu verständlich. Schließlich sind sie oftmals zuallererst eine Visitenkarte für den Einstieg in einen hoffentlich bezahlten Job bei Funk und Fernsehen, wie es früher einmal hieß.

Und trotzdem: Kurze Filme sollten kurz sein. Jedenfalls sollten sie nicht länger sein, als der Stoff es hergibt. Der alte Telefonzellenspruch »Fasse dich kurz« gilt gerade auch für das Low-Budget-Filmemachen.

Die Charaktere und ihre Besetzung

Gute Schauspieler sind das A und O jeder fiktionalen Kurzfilmproduktion. Nicht immer ist es einfach, sie zu finden und zu überzeugen, für wenig oder gar kein Honorar an einem Kurzfilm mitzuarbeiten. Das ist ein hartes Stück Arbeit. Vor allem dann, wenn viele verschiedene Rollen zu besetzen sind. Oder an die Schauspieler besondere Ansprüche hinsichtlich ihres Aussehens oder ihrer Fähigkeiten gestellt werden.

Gleichzeitig wächst mit jeder Figur der Aufwand für die Drehplanung, die Drehzeit und die Kosten. Das ist besonders dann der Fall, wenn es sich bei den Schauspielern um Kinder handelt, da hier die Bestimmungen des Jugendarbeitsschutzes beachtet werden müssen.

Der Aufwand für die Ausstattung

Der Einfluss der Ausstattung auf die Filmwirkung wird oft völlig unterschätzt. Gerade deshalb sollte der Faktor Ausstattung bei der Stoffauswahl immer beachtet werden. Müssen komplette Sets ausgestattet werden? Tragen die Darsteller spezielle Kostüme, die erst genäht werden müssen?

Wer keine Lust hat, in diese Dinge Zeit und Geld zu investieren, sollte sich auf Stoffe konzentrieren, die im Jetzt und Heute an Originalschauplätzen spielen.

Die benötigten Locations

Ein weiterer wichtiger Faktor bei der Stoffwahl ist die Frage, wie viele Drehorte benötigt werden und wie schwierig es ist, diese zu finden. Manche Drehorte wie z.B. der Reinraum einer Chipfabrik oder auch »nur« das Vorfeld eines Großflughafens dürften ohne das berühmte Vitamin B für die meisten Kurzfilmemacher wohl unerreichbar bleiben. Damit wird es auch schwierig für alle Stoffe, die in diesen Locations spielen. Doch nicht nur schwer zugängliche Locations können das Filmemachen verkomplizieren.

Ähnlich problematisch ist eine hohe Anzahl an Drehorten, an denen jeweils nur einige wenige Szenen gedreht werden müssen. In diesem Fall werden während der Dreharbeiten zahlreiche Drehortwechsel notwendig, was jedes Mal eine Menge Zeit und damit Geld für An- und Abfahrt, Auf- und Abbau kostet.

Die Anforderungen an das Team

Filmemachen ist Teamarbeit. Zu vielschichtig sind die verschiedenen Aufgaben, als dass ein einzelner normalbegabter Mensch alles perfekt beherrschen könnte. Deshalb tun Sie gut daran, frühzeitig nach Mitstreitern zu suchen, die Verantwortung für eine Teamposition übernehmen.

Zuallererst sollten Sie darüber nachdenken, welche Rolle Sie bei der Produktion des Stoffes für sich selbst sehen. Sind Sie der Regisseur, der ein klares Bild von seinem Film hat und der dieses Bild bei den Dreharbeiten zusammen mit vielen anderen Menschen Realität werden lässt? Oder sind Sie der Produzent, dem es Spaß macht, einen Film auf den Weg zu bringen und der kein Problem mit Zahlen, Kalkulationen und Formularen hat? Oder sehen Sie sich als Allrounder, der in seinem Film möglichst alles alleine machen möchte?

Im zweiten Schritt sollten Sie dann überlegen, welche weiteren Teammitglieder für den Film benötigt werden und welche Qualifikation das Team mitbringen sollte, damit der Stoff adäquat umgesetzt werden kann. Man kann es auch anders formulieren: Stoff und Team müssen zusammenpassen. Es ist weder sinnvoll, sein Team zu über- noch zu unterfordern. Schwierigkeiten bei der Zusammenstellung des Teams gibt es vor allem dann, wenn der Stoff spezielle Anforderungen an das Know-how der Beteiligten stellt. Dazu zählen z. B. Stunts und Spezial-Effekte, die auf Grund ihrer Komplexität und Gefährlichkeit nur von Spezialisten durchgeführt werden können.

Die notwendige Technik

Last but not least spielt die Technik eine wichtige Rolle, die für die Realisierung eines Stoffes eingesetzt werden muss. Damit ist weniger die Grundsatzfrage gemeint, ob digital oder auf 35 mm-Film gedreht wird. Vielmehr geht es um Technikkomponenten wie eine Steadicam für schwebende Kamerabewegungen, spezielle Optiken, spezielles Licht oder auch Dollys und Kräne für Kamerafahrten oder Unterwassergehäuse. Das alles kostet Geld und vieles davon erfordert spezielles Know-how bei der Bedienung.

Checkliste Stoffbeurteilung

Die folgende Checkliste ist ein Leitfaden zur schnellen Beurteilung und Einschätzung eines vorliegenden Stoffes oder Drehbuchs. Mit der Checkliste können Sie sich ein recht anschauliches Bild davon machen, ob der Stoff aus Ihrer ganz persönlichen Sicht erfolgversprechend und machbar ist.

Allgemeine Beurteilung:
- ❑ Welche Stärken hat der Stoff/das Buch?
- ❑ Welche Schwächen hat der Stoff/das Buch?
- ❑ Können die Schwächen behoben werden? (Wenn ja, wie?)
- ❑ Wie lang wird der Film (Faustregel: Eine Drehbuchseite entspricht etwa einer Minute Film)?

Beurteilung Charaktere:
- ❑ Wie viele Charaktere kommen vor?
- ❑ Müssen bei der Besetzung spezielle Anforderungen beachtet werden?
- ❑ Einschätzung des Stoffes aufgrund der Charaktere

Beurteilung Locations:
- ❑ An wie vielen Locations spielt der Film?
- ❑ Sind Locations dabei, die spezielle Anforderungen stellen oder exotisch sind?
- ❑ Kann an Originalschauplätzen gedreht werden oder müssen die Locations speziell ausgestattet werden?

Beurteilung Ausstattung:
- ❑ Werden außergewöhnliche Requisiten benötigt?
- ❑ Sind spezielle Kostüme erforderlich?

Beurteilung Team:
- ❑ Werden spezielle Anforderungen an das Team gestellt?
- ❑ Sind Spezial-Effekte oder Stunts vorgesehen?
- ❑ Einschätzung des Stoffes aufgrund der Anforderungen an das Team

Beurteilung Technik:
- ❑ Ist die Anmietung spezieller Kamera-, Licht- oder Tontechnik notwendig?

Rechteerwerb

Ein wichtiger Aspekt bei der Auswahl eines Stoffes wurde bislang ausgeklammert: Wer ist Eigentümer der Stoffrechte? Diese Frage spielt keine Rolle, wenn Sie selbst der Urheber des Stoffes sind, ihn also frei erfunden haben. Dann liegen alle Rechte bei Ihnen und Sie können mit dem Stoff machen, was Sie wollen.

Schwieriger wird es schon, wenn der von Ihnen entwickelte Stoff auf einer Kurzgeschichte, einem Theaterstück oder irgendeiner anderen literarischen Vorlage basiert. Hier greifen die Regelungen des Urheberrechts, die das geistige Eigentum schützen. Vereinfacht lässt sich sagen:

Tipp: Ohne Erlaubnis durch den Urheber eines Werkes darf dieses weder genutzt, verändert noch vervielfältigt werden.

Das Urheberrecht erlischt 70 Jahre nach dem Tod des Urhebers. Erst dann ist ein Werk »public domain« und darf frei verwendet werden.

Im Hinblick auf eine spätere Auswertung Ihres Filmes sollten Sie die Rechtesituation an Ihrem Stoff in jedem Fall eindeutig klären. Verwenden Sie eine literarische Vorlage, liegen die Verfilmungsrechte häufig bei den Verlagen, die das Buch oder die Geschichte erstmals veröffentlicht haben. Die Erfahrung zeigt, dass viele Verlage durchaus Verständnis dafür haben, dass Sie als Kurzfilmproduzent nur über sehr eingeschränkte Mittel für den Kauf der Rechte verfügen. Hier ist Ihr Verhandlungsgeschick gefragt. Ähnlich sieht es aus, wenn Sie als Produzent das Drehbuch eines Autors oder eines Regisseurs verfilmen möchten. Auch hier muss der Urheber Ihnen erlauben, die entsprechenden Rechte zu nutzen. Das ist auch dann der Fall, wenn der Autor selbst Regie führt und ein guter Freund von Ihnen ist. Speziell bei kleineren Produktionen oder Produktionen unter Freunden wird häufig auf eine vertragliche Vereinbarung zwischen Autor und Produzent verzichtet. Empfehlenswert ist das aus Produzentensicht nicht. Im Zweifelsfall sitzt nämlich der Autor aufgrund der eindeutigen urheberrechtlichen Bestimmungen immer am längeren Hebel.

Vertiefende Informationen zum Thema Filmrecht und Vertragsgestaltung erhalten Sie in der entsprechenden Literatur oder bei einem Fachanwalt für Urheberrecht. Manchmal reicht aber auch der gesunde Menschenverstand, um einen entsprechenden Vertrag auszuarbeiten. Aus Produzentensicht sollte der Vertrag folgende Punkte regeln:

- die Übertragung der Rechte, den Stoff zu verfilmen,
- die zeitlich und örtlich uneingeschränkte Übertragung der Rechte, den Film auf der Leinwand, im Fernsehen, auf DVD, Blu-ray oder im Internet auszuwerten,
- das Recht, den Stoff zu bearbeiten bzw. zu verändern.

Darüber hinaus sollte der Vertrag natürlich auch regeln, ob bzw. welche Vergütung der Autor für die Übertragung der Rechte erhält.

Ein Praxisbeispiel: *Der Schüler*

Szenenfoto aus: Der Schüler
*von Edina Kontsek,
Quelle: CINEMANIAX!*

Der Schüler ist ein siebenminütiger Kurzfilm von Edina Kontsek. Er lief auf rund 50 nationalen und internationalen Festivals und gewann 2003 den Deutschen Kurzfilmpreis in Gold.

Die Macher des Filmes entdeckten den Stoff per Zufall, als sie eine Lesung des Autors Matthias Egersdörfer im Autoradio hörten.

```
„DER SCHÜLER"
Der Begriff Schüler kommt von der Schule. Von Montag bis
Freitag, außer in den Ferien und wenn er einmal krank ist,
muss der Schüler in die Schule. Er bekommt ein „r" und zwei
Pünktchen zur Schule dazu und am ersten Tag eine Schultüte.
Wenn der Schüler ein Mädchen ist, bekommt sie obendrein ein „i"
und ein „n" und damit hat sichs.
Paul ist Schüler. Auf diesem Bild sehen wir Paul. Paul am
Dienstag früh, wie er auf den Wecker schaut. Wenn der Zeiger
sich weiter so stur dreht, dann klingelt der Wecker in zwei
Stunden. Dann kommt die Mutter in Pauls Zimmer und zieht den
Rollladen hinauf und sagt, dass es Zeit ist aufzustehen und
dass der gute Vater schon aus dem Haus ist, und dass die Milch
kalt wird, wenn er sich nicht beeilt. Paul hat in einem Film
einmal einen Wasserfall in den Schweizer Alpen gesehen. Paul
muss immer an diesen Wasserfall denken, wenn die Mutter am
Morgen so viel spricht. Paul steht auf und geht ins Bad. Er
```

hört die Mutter durch die Tür. Durch die Tür müssen sich die
Wörter quetschen und ergeben ein Geräusch. Paul isst. Die
Mutter redet. Paul wundert sich, wie viel die Mutter reden
kann. Paul zieht sich seine Schuhe an, Jacke und Mütze. Die
Mutter redet. Dann nimmt Paul seine Schultasche auf den Rücken
und geht seinen Schulweg. Der Schulweg führt zur Schule. So ist
das. Im Kopf hallen Paul die Wörter der Mutter.
An manchen Stellen kann Paul den Schulweg schon auswendig.
Da schaut er dann in die Luft. Ein Flugzeug fliegt am Himmel.
Wenn ich in Afrika in die Schule ginge, müsste ich mit dem
Flugzeug fliegen, denkt sich Paul. Um acht Uhr klingelt es in
der Schule. Obwohl es in der Schule klingelt, nennt man es in
der Schule Gong. Der Lehrer kommt herein. Er macht den Mund auf
und ein Schwall Vornamen schwappen ihm heraus. Als der Lehrer
„Paul" sagt, sagt Paul „ja". Der Lehrer macht einen Haken in
sein Buch. Dann redet der Lehrer. Paul ist froh, dass die
Wörter unsichtbar sind, die der Lehrer spricht. Wenn die Wörter
beispielsweise beige wären, hätte jeder Schüler eine Brille mit
Scheibenwischern auf der Nase, damit er etwas sieht. Wenn der
Lehrer eine Frage gestellt hat, schweigt er und schaut Schüler
und Schülerinnen an. Paul überlegt.
In Pauls Kopf ist alles voll mit Wörtern. Dicht drängeln sie
sich aneinander. Pauls Wörter kommen in dem Durcheinander
nicht bis zum Mund. Er schweigt. Paul hofft, der Lehrer könnte
seine Gedanken lesen. Dann bekäme er vielleicht eine gute
Mitarbeitsnote. „Aber oft denke ich vielleicht auch etwas
Verkehrtes, oh weh", denkt Paul in seinem Bett am Dienstag.
An der Wand hängt der Stundenplan. In kleinen Kästchen stehen
unter jedem Tag die Schulfächer. Mit jedem Ticken des Zeigers
zieht es Paul näher in den Stundenplan hinein, saugt ihn den
Schulweg entlang in die Schule durch die Schultür auf den
Schulstuhl vor dem Schultisch. Und dann reden sie ihn randvoll
und dann spuckt ihn die Schule am Mittag wieder aus und dann
muss er alles wiederkäuen, bis aus seinen Schulwörtern seine
Wörter geworden sind.
Paul sieht den ganzen Dienstag vor sich. Paul sieht die ganze
Woche vor sich. Paul macht die Augen wieder zu. Paul träumt, er
wäre ein Fisch und küsste eine schöne schillernde Goldfischfrau.

Da klingelt der Wecker.
Da kommt die Mutter zur Tür herein.

(Quelle: Matthias Egersdörfer (www.egers.de))

Die Entscheidung, den *Schüler* zu produzieren, fiel schnell und spontan.

Was für die Geschichte sprach, ist zuallererst einmal, dass *Der Schüler* mit geschätzten sechs bis acht Minuten ziemlich kurz ist und damit der Gesamtaufwand überschaubar schien. Von Beginn an war klar, dass die gesamte Geschichte aus dem Off erzählt werden soll, sodass relativ schnell und ohne Dialoge gedreht werden kann. Etwas komplizierter verhält es sich bei den Themen Ausstattung und Locations. Soll die Geschichte eins zu eins umgesetzt werden, braucht man zum einen gutes Wetter während des Außendrehs (»… am Himmel sieht man ein Flugzeug …«). Zum anderen steht mit Schlafzimmer, Bad, Küche, Flur und Schule doch eine ganze Reihe von Innenlocations auf dem Drehplan. Schon nach den ersten Gesprächen stand außerdem fest, dass der Film eher im Ambiente der 50er- oder 60er-Jahre spielen soll. Alle Locations müssen also einen entsprechenden Look haben und der Schüler soll eine Schuluniform tragen. Technisch gesehen stellt sich zudem die Frage, wie bestimmte Szenen, die die Fantasie des Jungen widerspiegeln, realisiert werden sollen. Dazu gehört z. B. die Szene mit den Scheibenwischerbrillen. Als Lösung hierfür entschieden sich die Macher, diese Sequenzen als Zeichentrick umzusetzen. Der Schüler selbst soll etwa acht Jahre alt sein. Das bedeutet, dass laut Gesetz nur drei Stunden täglich mit ihm gearbeitet werden darf. Die Besetzung der Nebenrollen sollte dagegen keine Schwierigkeit bedeuten.

Alles in allem also eine machbare Aufgabe: Das Know-how hatten die Macher, der Zeitaufwand war überschaubar und die Chance, genügend Geld für den Film aufzutreiben, erschien durchaus realistisch. Nachdem die rechtlichen Aspekte mit dem Autor Matthias Egersdörfer, der die Geschichte noch nicht in Buchform veröffentlicht hatte, schnell geklärt werden konnten, waren alle anfänglichen Hürden beseitigt, um den Film zu realisieren.

Das Aufnahme- und Projektionsformat

Der richtige Stoff ist gefunden, und Ihr Entschluss ist gefasst: Sie wollen diesen und keinen anderen Film drehen. Nur auf welchem Format? 35 mm oder eher Video ? Und wenn Video, welches System ist dann das Richtige? Zur Beantwortung dieser Frage lohnt es sich, das Pferd von hinten aufzuzäumen und zunächst einen Blick auf die Auswertungsmöglichkeiten der verschiedenen Formate zu werfen.

Projektionsformate und ihre Auswertbarkeit

Der 35 mm-Film ist nach wie vor der weltweit am verbreitetste Projektionsstandard. Er kann praktisch an jedem Ort abgespielt werden, an dem es einen entsprechenden Projektor gibt. Dennoch sind die Tage des 35mm-Films gezählt. Bereits heute verfügen alle größeren Kinos in Europa und Amerika über digitale Projektionseinrichtungen. Als Projektionsformat haben sich die großen Studios längst auf das DCP-Format geeinigt. DCP bedeutet Digital Cinema Package – ein Paket, das aus Bild-, Ton- und Untertiteldateien, aber auch den Dateien zum digitalen Rechtemanagement besteht.

Noch hat sich DCP nicht flächendeckend durchgesetzt. Die Kosten für entsprechende Server und Videoprojektoren sind so hoch, dass gerade kleinere Kinos vor einer entsprechenden Investition zögern. So lange dies so ist, herrscht neben dem 35mm-Film die große Vielfalt. Ganz zum Leid vor allem der Festivalmacher, die heute zahllose digitale Formate und Sub-Formate handhaben müssen und deshalb auf Standardformate setzen. Wie gesagt, wir befinden uns mitten in einer Zeit des technologischen Umbruchs. Schon jetzt ist absehbar, dass das DCP-Master den 35mm-Film und auch das Video »auf Band« vollkommen verdrängen wird.

Was bedeutet das für Sie als Filmemacher? Heute, also im Jahr 2012, gilt nach wie vor, dass Sie im Idealfall am Ende des Produktionsprozesses eine 35mm-Kopie, eine Kopie auf Digital Betacam und eine Blu-ray in den Händen halten sollten. Mit diesen drei Vorführformaten decken Sie nahezu alle Wünsche von Festivals und anderen Lizenznehmern ab. Zumindest auf der technischen Seite steht damit der erfolgreichen Auswertung Ihres Films nichts mehr im Wege. Für eine eventuelle Auswertung des Films bei Fernsehanstalten lohnt es sich, zusätzlich in eine Kopie auf HDCAM SR zu investieren.

Über diese Fragen müssen Sie sich kaum Gedanken machen, wenn Sie ausschließlich für das Internet produzieren. Hier geht praktisch alles, was aus dem

Schnittcomputer ausgespielt werden kann. Welches Format gerade »gefragt« ist, unterliegt dabei einem steten Wandel und sollte deshalb von Fall zu Fall in den jeweiligen Codierungs-Empfehlungen der Plattformen, auf denen Sie Ihren Film präsentieren wollen, nachgelesen werden.

Aufnahmeformate

Projektions- oder Vorführformate sind das Eine, Aufnahmeformate das Andere. Beide haben nur so weit etwas miteinander zu tun, als dass im Laufe des Produktionsprozesses irgendwann einmal das Aufnahmeformat in das Vorführformat umgewandelt werden muss. Der von der AG Kurzfilm herausgegebene Kurzfilmkatalog, in dem jedes Jahr 100 der besten deutschen Kurzfilme vorgestellt werden, weist als Vorführformat für 2012 jeweils 16 der Spiel-, Experimental- und Dokufilme als 35 mm- und HD-Filme aus, sieben Filme lagen als DCP vor.

Formate der Beispielfilme:
- ❑ *Spielzeugland*: Aufnahme- und Vorführformat: 35 mm 1:1,85
- ❑ *Underground Odyssey*: Aufnahmeformat: 16mm
- ❑ *Grundig Super Stereo*: Aufnahmeformat: miniDV, Vorführformat: 35 mm
- ❑ *Motodrom*: Aufnahmeformat: 35 mm und miniDV, Vorführformat: 35 mm 1:1,66
- ❑ *Der Schüler*: Aufnahmeformat und Vorführformat: 35 mm 1:1,66

Auf Film produzieren

35 mm – Die Königsklasse

Der 35 mm-Film ist noch immer die Königsklasse für die meisten Filmemacher. Zu Recht. Kein anderes Aufnahmeformat gilt als so professionell und (noch) kein anderes Aufnahmeformat liefert schönere, natürlichere und ausgewogenere Filmbilder als das klassische 35 mm-Material. Es gibt also sehr gute Gründe, die für 35 mm als Aufnahmeformat sprechen. Wichtigster Pluspunkt des Filmmaterials gegenüber der Aufnahme auf Video ist der, auch gegenüber der neuesten Generation der Digitalkameras, wesentlich höhere Belichtungsspielraum. Der höhere Belichtungsspielraum wirkt sich gleich in mehrerer Hinsicht positiv aus. Fehlbelichtungen sind weniger gravierend als bei Videoaufnahmen. Helle und dunkle Bereiche in einem Bild werden besser durchzeichnet. Der darstellbare Kontrastumfang ist etwa doppelt so hoch als bei einfachen Digitalkameras. Ein Vorteil, der besonders dann relevant ist, wenn viele Außenaufnahmen geplant sind. Ein ausgebrannter und überbelichteter Himmel, wie er bei Video oft zu sehen ist, wird bei richtiger Verwendung von Filmmaterial einwandfrei dargestellt.

So schön es auch ist, auf 35 mm zu drehen, so genau sollte man sich im Vorfeld der Produktion überlegen, was ein 35 mm-Dreh bedeutet. Beispiel Flexibilität: Eine Kamera, wie die bei Independent-Produktionen immer noch oft genutzte Arri 535, wiegt bereits ohne Optik und eingelegtem Film rund 15 Kilogramm. Dazu kommen zehn Kilo für das passende Stativ. Insgesamt kann so ein System also 30 Kilo auf die Waage bringen, was nicht unbedingt ideale Bedingungen für einen spontanen Dreh sind, der schnelle Umbauten und ein flexibles Kamerahandling erfordert. Hinzu kommt, dass der Gesamtaufwand, der bei einem 35 mm-Dreh betrieben werden muss, sehr hoch ist. Schon manch ein Filmemacher war schockiert, als er bei seinem Kameraverleih die »Kamera« abholen wollte und einen Berg von Kisten, in denen alle Komponenten vom Sucher bis zur Schärfezieheinrichtung einzeln verpackt sind, vorfand. Weshalb man im Übrigen zu einer 35 mm-Kamera auch gleich einen entsprechenden Transporter mieten sollte, in dem ausschließlich das Kameraequipment transportiert wird.

Die Menge an Material ist auch ein Grund dafür, dass das Kamerateam bei 35 mm-Produktionen unbedingt aus drei Leuten, nämlich Kameramann, Schärfeassistent und Materialassistent bestehen sollte. Dem Materialassistenten fallen dabei zwei Aufgaben zu: Zum einen muss er die Kameratechnik für den Dreh vorbereiten und während des Drehs die jeweils notwendige Technik bereitstellen. Zum anderen ist er dafür zuständig, das unbelichtete Filmmaterial in die Kamerakassetten einzulegen und später das belichtete Material wieder auszulegen. Bei einer Lauflänge von vier Minuten und einer 122 m-Kassette kann dies sehr viel Arbeit bedeuten.

Der entscheidende Nachteil eines 35 mm-Drehs sind jedoch die hohen Kosten, die allein durch die Formatwahl entstehen. Mehr dazu später, wenn die Kosten für die verschiedenen Aufnahmesysteme miteinander verglichen werden.

Super 16 – Alternative auf Film

Eine Nummer kleiner ist das 16 mm-Format. Grundsätzlich ist es gerade deshalb für Kurzfilmproduktionen besonders attraktiv. Genau genommen muss man bei 16 mm zwei verschiedene Formate unterscheiden: 16 mm mit einem Seitenverhältnis von 4:3 und Super 16 (S16) mit einem Seitenverhältnis von 1,77:1, was in etwa dem 16:9 Fernsehformat entspricht. Beide Formate werden auf dasselbe Material aufgenommen. Nur von einem Normal 16 Negativ kann jedoch eine Vorführkopie gemacht werden, die auf einem 16 mm-Projektor gezeigt werden kann. Da 16 mm-Projektoren allerdings aus fast allen Kinosälen verschwunden sind, ist dieses Argument kaum mehr relevant. Der klassische 16 mm-Kurzfilm ist daher praktisch ausgestorben. Super 16 ist dagegen ein reines Aufnahmeformat, das im Laufe des Produktionsprozesses zu einem Videomaster oder einer 35 mm-Filmkopie weiterverarbeitet werden kann.

Die Vorteile von Super 16 liegen auf der Hand:
- Die Kameras sind wesentlich kleiner, leichter und damit flexibler als 35 mm-Kameras,
- im Vergleich zu 35 mm wird nur rund ein Drittel des Materials »verschossen«,
- 16 mm-Material hat den filmtypisch hohen Belichtungsspielraum und einen ähnlich natürlichen Look wie 35 mm-Film,
- ein Materialassistent ist zwar wünschenswert, aber nicht wie bei 35 mm zwingend erforderlich,
- sowohl die Kosten für die Kameramiete als auch das Filmmaterial sind deutlich geringer als bei 35 mm.

Natürlich stehen diesen Vorteilen auch einige Nachteile gegenüber. Hinsichtlich des Looks sind das vor allem die geringere Tiefenschärfe als beim 35 mm-Film. Sie entspricht etwa der einer TV-Videokamera. Und auch das höhere Kornrauschen durch die im Vergleich zum 35 mm-Film stärkere Vergrößerung bei der Projektion wird von manchen Filmemachern als störend empfunden.

Der Hauptgrund dafür, dass kaum noch auf 16 mm gedreht wird, sind allerdings die Kosten. Sie liegen zwar deutlich unter denen einer 35mm-Produktion, aber eben auch deutlich über den Kosten einer Produktion auf einem digitalen Kamerasystem, das eine ähnliche Qualität liefert.

Filmverarbeitung

Egal ob 35 mm, Super 16 oder 16 mm – eine Entscheidung für Film als Aufnahmematerial hat neben kreativen immer auch produktionstechnische Auswirkungen, die für Filmemacher, die bislang ausschließlich auf Video oder digital gearbeitet haben, ungewohnt sind. Das fängt bei der Arbeit des Kameramanns an und geht über Tonaufnahme und Schnitt bis zum Kopierwerk, in dem schlussendlich alles zusammenläuft.

Filmkameras unterscheiden sich im Handling ganz erheblich von Videokameras. Sie kennen keinen Autofokus, keine Belichtungsautomatik und können auch keinen Ton aufnehmen. Vor allem aber liefern sie keine direkte Qualitätskontrolle dessen, was nach einem Take auf das Filmmaterial aufgenommen wurde. Ein »schnell mal Anschauen« gibt es nicht. Selbst wenn mithilfe einer Videoausspiegelung das Kamerabild zusätzlich auf Video aufgezeichnet wird, kann ohne Entwicklung des Films im Kopierwerk nicht abschließend beurteilt werden, was wirklich auf dem Filmmaterial angekommen ist. Das muss kein Nachteil sein. Vielmehr hat die Erfahrung gezeigt, dass Filmdreharbeiten häufig sehr viel konzentrierter und disziplinierter ablaufen als Videodrehs. Ganz einfach, weil Fehler nicht sofort erkennbar sind, und sie deshalb teuer werden können. Besondere Verantwortung trägt hierbei der Mensch an der Kamera, der nicht nur die Bilder optimal gestalten muss, sondern der auch dafür verantwortlich ist, dass der Film richtig belichtet wird. Das ist nicht schwer, braucht aber ein gewisses Know-how über die Charakteristik von Filmmaterialien und die Belichtungsmessung selbst.

Tipp: Die einfachste und billigste Art, dieses Know-how zu erwerben, ist, viel zu fotografieren. Kaufen Sie sich eine analoge Spiegelreflexkamera, also eine, die noch auf Film belichtet und bei der die Belichtung (Blende und Zeit) manuell eingestellt werden kann. Diese Kameras gibt es heute auf dem Gebrauchtmarkt zu Schleuderpreisen. Sie sind eine hervorragende Investition, um mit Filmmaterialien und deren Belichtung zu experimentieren.

Die zweite Besonderheit von Filmdreharbeiten liegt in der Tonaufnahme. Bei Filmdreharbeiten muss der Ton synchron zum Filmbild separat auf ein analoges oder heute zumeist digitales Tonaufzeichnungsgerät aufgenommen werden. Später wird er dann mithilfe der Klappe, die vor oder nach der Aufnahme geschlagen wurde, im Schnitt an das Bild »angelegt«, also mit dem Bild synchronisiert. Hier gleichen sich im Übrigen die Arbeit mit Film und der mit hochwertigen Digitalkameras. Weiterlesen lohnt sich also auch für die, die nie auf Film drehen werden.

Der klassische Produktionsprozess

Eine zentrale Rolle im weiteren Filmbearbeitungsprozess spielt das Kopierwerk, in dem zunächst das Negativ entwickelt und dann für den digitalen Schnitt zusammen mit dem so genannten Keycode auf Video transferiert wird. Der Keycode ist eine Markierung auf dem Filmmaterial selbst, mit deren Hilfe jedes einzelne Filmbild identifiziert werden kann. Während der Videoabtastung wird der

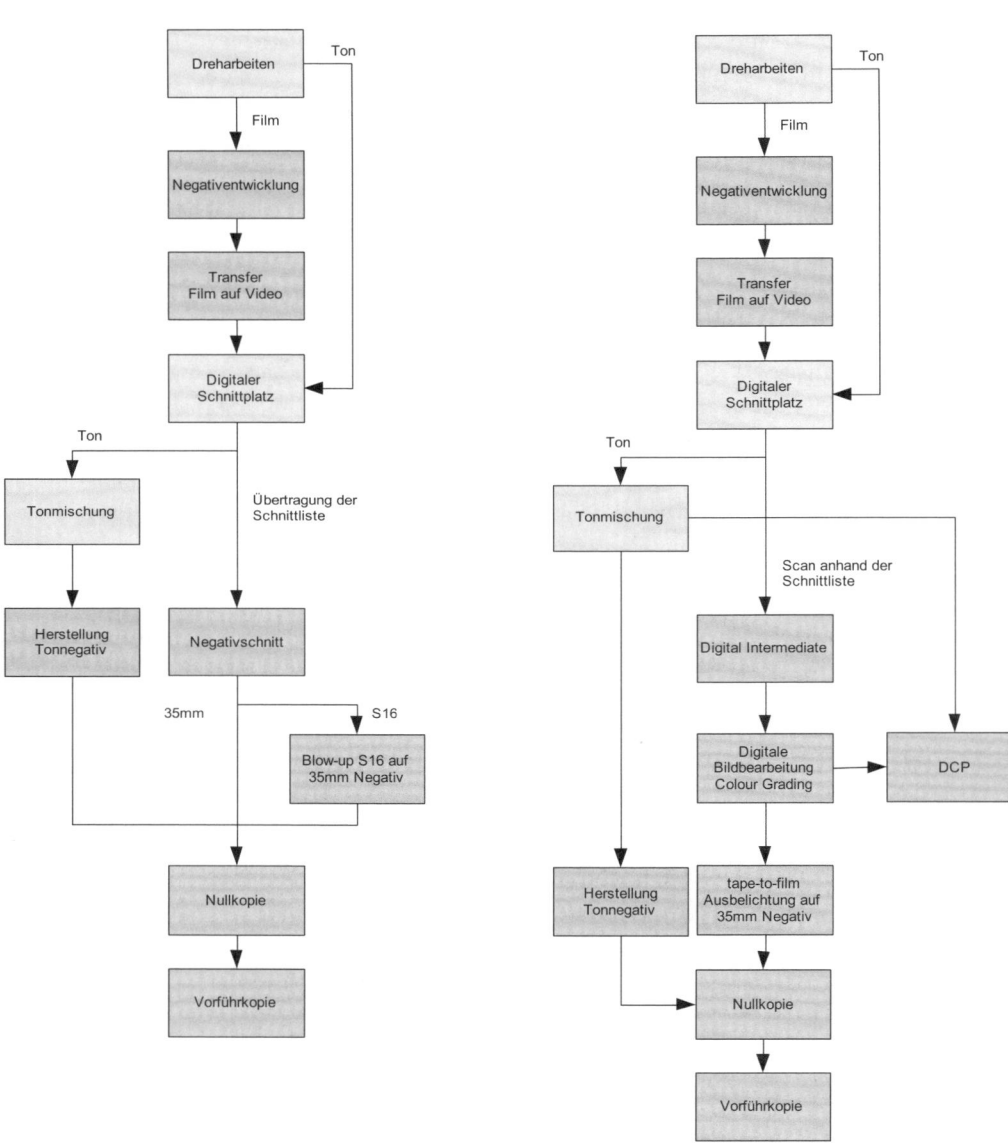

Klassische Filmbearbeitung   *Filmbearbeitung mit DI*

Keycode in das Filmbild hineinkopiert. So können später im Negativschnitt die verwendeten Filmsequenzen bildgenau gefunden werden. Der gesamte kreative Prozess des Filmschnitts findet zuvor an einem digitalen Schnittplatz statt. Erst wenn dieser beendet ist, wird das Originalnegativ, auf dem der Film aufgenommen wurde, im Kopierwerk nachgeschnitten – und zwar anhand der zuvor in das Bild hineinkopierten Keycodes. Von diesem geschnittenen Negativ werden dann die weiteren Kopien, oder bei einer Super 16-Produktion der 35 mm-Blow-up, hergestellt.

Parallel zum Bild muss im Kopierwerk auch der Ton bearbeitet werden. Dazu wird vom fertig gemischten Ton ein 35 mm-Film hergestellt, der nur die Tonsignale enthält. Dieses so genannte Tonnegativ wird dann zusammen mit dem Bildnegativ bei der Herstellung der Filmkopien aufbelichtet.

Tücken des Prozesses

Der gesamte Kopierwerksprozess weist zahlreiche Tücken auf, die immer wieder für Verwirrungen sorgen. Einige Beispiele sollen dies kurz zeigen:

Ein recht häufig auftretendes Problem ist zum Beispiel, dass in der Filmkopie Bild und Ton mit zunehmender Laufzeit immer asynchroner werden. Der Grund liegt in der Regel nicht darin, dass bei der Aufnahme Fehler gemacht wurden. Stattdessen wurden irgendwann im Verarbeitungsprozess Bild und Ton mit unterschiedlichen Bildraten bearbeitet. Wie kann das passieren?

Filmkameras können – genauso wie ihre digitalen Schwestern – entweder mit 24 Bildern je Sekunde oder mit 25 Bildern je Sekunde als »Normalgeschwindigkeit« aufnehmen. Für die Aufnahme selbst macht das kaum einen Unterschied. Aber im weiteren Verarbeitungsprozess ist die Beibehaltung dieser Bildrate immens wichtig. Dies betrifft insbesondere die Abtastung und die Überspielung des Tons auf das Tonnegativ. Wird hier einmal die Bildrate unbeabsichtigt verwechselt, kommt es zu den genannten Asynchronitäten.

Ähnliches gilt auch für die Festlegung des Bildformats. Beim 35 mm-Film sind vier Formate gebräuchlich. Das Standardformat mit einem Seitenverhältnis von 1:1,37, das europäische Breitwandformat mit dem Seitenverhältnis 1:1,66, das amerikanische Breitwandformat 1:1,85 und Cinemascope mit einem Seitenverhältnis von 1:2,35. In vielen Fällen wird unabhängig vom gewählten Format bei der Aufnahme das gesamte Filmfenster im Standardformat belichtet, wobei der Kameramann über Markierungen im Sucher erkennt, welcher Bildausschnitt später auf der Leinwand zu sehen sein wird. Auch hier ist die richtige Angabe des gewählten Bildformates bei der Abtastung und der Herstellung der Filmkopien

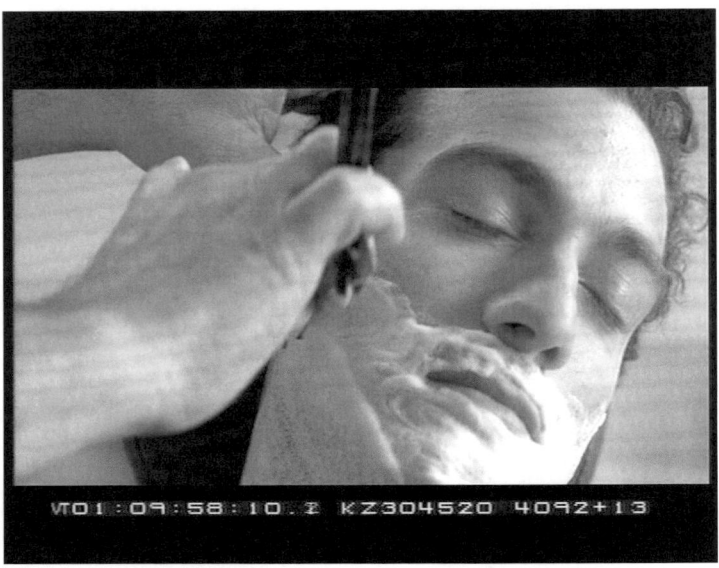

Szenenfoto mit Keycode im unteren schwarzen Balken aus:
Die Rasur von Tunçay Kulaoğlu und Martina Priessner, Quelle: Rixfilm

wichtig. Damit genau das auf der Leinwand zu sehen ist, was sich der Kameramann bei der Gestaltung des Bildes vorgestellt hat.

Zumindest ungewohnt für alle, die bei Videoproduktionen gern die verschiedensten Bildbearbeitungsfunktionen der marktgängigen Schnittprogramme anwenden, sind die in dieser Hinsicht sehr eingeschränkten Möglichkeiten im klassischen Filmbearbeitungsprozess. Ohne Zusatzaufwand möglich sind lediglich Auf- und Abblenden in bestimmten Längen (zum Beispiel: 16, 24, 32, 48 oder 64 Bilder) sowie einfache Helligkeitskorrekturen und Farbkorrekturen für die drei Grundfarben. Bereits Überblendungen erfordern einen Zusatzaufwand, der sich, abhängig von der Anzahl der Blenden, ganz erheblich auf die Kopierwerkskosten niederschlagen kann. Komplexe Farb- und Helligkeitskorrekturen, bei denen beispielsweise die Gradation oder Sättigung des Films verändert werden, sind im klassischen Filmprozess sogar gänzlich unmöglich.

In der Regel wird deshalb heute ein so genanntes Digital Intermediate hergestellt. Dazu wird Film in hoher Auflösung gescannt und digital bearbeitet. Ergebnis ist ein digitales Master, das dann wieder auf Film zurückbelichtet wird oder Ausgangspunkt eines kinotauglichen DCP ist. Diese Vorgehensweise ist mittlerweile bei nahezu allen größeren Produktionen Standard. Sie ist allerdings auch ziemlich kostspielig.

Die dargestellten Filmbearbeitungsprozesse sind lediglich Beispiele. Jedes Kopierwerk bevorzugt eine bestimmte Vorgehensweise und für jedes Projekt muss der Produktionsprozess individuell angepasst werden. Als Filmemacher sollten Sie sich deshalb so früh wie möglich für ein Kopierwerk als Dienstleister entscheiden und mit diesem den genauen Ablauf Ihrer Produktion besprechen. Die folgende Checkliste hilft Ihnen dabei, die wichtigsten Parameter festzuhalten. Besprechen Sie diese mit Ihrem Kameramann, bevor Sie das Kopierwerk kontaktieren.

Auf Basis der Angaben im ersten Teil der Checkliste werden die meisten Kopierwerke ein Komplettangebot erstellen können, sodass Sie sehr schnell den Preis für einen der wichtigsten Kostenfaktoren in der gesamten Produktion erhalten.

Checkliste Kopierwerk

Angaben, die das Kopierwerk von Ihnen braucht:
- ❑ Bildrate: 24 Bilder/s oder 25 Bilder/s
- ❑ Format: 35 mm 1:1,37 35 mm 1:1,66 35 mm 1:1,85 16 mm Super 16 (Blow up auf 35 mm 1:1,85 oder 1:1,66)
- ❑ Gesamtlänge des zu entwickelnden Materials in Meter:
- ❑ Endlänge des Films in Meter oder Minuten:
- ❑ Anzahl der Auf- und Abblenden:
- ❑ Anzahl der Überblendungen:
- ❑ Videosystem, auf das abgetastet werden soll (bevorzugt DigiBeta oder HDCam SR):

Fragen, die Ihr Kopierwerk beantworten sollte:
- ❑ Wie sieht der Ablauf aus, den das Kopierwerk unter Berücksichtigung des Budgets empfehlen würde?
- ❑ Wie müssen die Schnittdaten für den Negativschnitt von Ihrem Schnittrechner an das Kopierwerk übergeben werden?
- ❑ Wie muss der gemischte Ton für die Herstellung des Tonnegativs angeliefert werden? Wo sitzt die Synchronmarke? Welche Pegel müssen beachtet werden?
- ❑ Wie müssen die Daten für die Titel und den Abspann vorbereitet werden?

Digital produzieren

Die Gründe, einen Kurzfilm digital zu produzieren, ergeben sich fast unmittelbar aus den gerade gemachten Überlegungen zur Produktion auf »echtem« Film. Der größte Pluspunkt ist sicher, dass der gesamte Film auf einem vernünftig ausgestatteten Computer mit der entsprechenden Schnittsoftware bearbeitet und auf der Videoebene fertiggestellt werden kann. Wer also keinen Wert auf eine 35 mm-Kopie legt, kann mit Kamera und Notebook einen kompletten Film digital produzieren, ohne einen externen Dienstleister wie Kopierwerk oder Tonstudio in Anspruch nehmen zu müssen. Das spart sehr viel Geld. Diese kommen erst dann wieder ins Spiel, wenn ein Transfer auf 35mm gewünscht oder ein DCP notwendig werden.

Das richtige Aufnahmeformat

Der 35 mm-Film wird seit über 100 Jahren in nahezu unveränderter Form zum Filmemachen verwendet. Ein schier unglaublich langer Zeitraum, vergleicht man ihn mit den Halbwertszeiten moderner Digitalformate. Daher macht es auch an dieser Stelle kaum Sinn, über konkrete Formate und Formatunterschiede zu diskutieren. Dennoch sollen drei Gruppen ganz kurz beleuchtet werden: die Gruppe der file- oder bandbasierten Camcorder, die der digitalen Fotokameras und die Gruppe der digitalen Filmkameras am oberen Ende des Qualitäts-Rankings.

Das Spektrum an Kameras und Formaten im Bereich der **file- oder bandbasierten Camcorder** ist nahezu beliebig groß. Es reicht im Grunde vom videotauglichen Smartphone bis zum voll professionellen HDCam-Camcorder. Allen gemeinsam ist, dass Bild und Ton parallel zueinander auf Band (HDCam, DigiBeta, HDV, DV), einer optischen Speicherplatte (XDCam) oder eben in einer Datei aufgezeichnet werden. Dabei geht der Trend ganz klar zu filebasierten Kameras. Völlig zu Recht, ist doch der Workflow extrem einfach: Aufnehmen, Daten überspielen, schneiden – und fertig ist der Film.

Digitale Fotokameras mit integrierter HD-Videofunktion haben den Kurzfilmmarkt wie kaum eine andere Innovation der letzten zehn Jahre aufgemischt. Speziell hochwertige DSLR-Systeme (DSLR steht für **D**igital **S**ingle **L**ens **R**eflex oder digitale Spiegelreflexkamera) mit Vollformatsensor und einer Aufzeichnung in Full HD boten den Kurzfilmemachern erstmals die Möglichkeit, kostengünstig einen »Filmlook« zu erzielen. Mit relativ niedrigen Einstiegspreisen und der Option, günstige Fotoobjektive zu nutzen, verdrängten diese Kameras in relativ kurzer Zeit die bislang im Low-Budget-Bereich häufig eingesetzten HDV- oder XDCam-Kameras. Ausschlaggebend hierfür war neben dem guten Preis-Leistungsverhältnis vor allem die geringe Tiefenschärfe der Bilder, die den filmähnlichen Look bewirken. Allerdings – wie immer im Leben gibt es auch hier die andere Seite der Medaille – sind diese Kameras nicht für das Filmen konstruiert worden. Die Folge sind teilweise erhebliche Probleme im Handling, bei der Tonaufzeichnung aber auch bei schnell bewegten Objekten oder schnellen Kameraschwenks durch den Rolling-Shutter-Effekt der in den Kameras verbauten CMOS-Chips. Hauptnachteil dieser Kameras ist jedoch ihr Aufnahmeformat. Genauer gesagt die starke Komprimierung des Materials bei der Aufzeichnung. Diese macht sich immer dann unschön bemerkbar, wenn in der Postproduktion größere Bearbeitungen in Sachen Farbe oder Kontrast erfolgen sollen.

Wer eine echte Alternative zum klassischen Film sucht und ein bisschen Geld in die Hand nehmen kann, wird an einer **digitalen Filmkamera** nicht vorbeikommen. Die bekanntesten Vertreter dieser Gattung sind die Arri Alexa, die Red one bzw. epic oder auch die etwas einfachere Sony F3. All diesen Aufnahmesystemen gemeinsam ist, dass ihr Handling an das von 35mm-Kameras angelegt ist. Vieles, was weiter oben beschrieben wurde, gilt daher auch bei digitalen Filmkameras. Speziell die Arri und Red sind professionelle Geräte, deren Bedienung so komplex ist, dass in größeren Produktionen ein DIT (Digital Imaging Technician) das Kamerateam ergänzt. Beachtet werden sollte auch, dass sowohl DSLR-Kameras als digitale Filmkameras nicht unbedingt zur gleichzeitigen Aufnahme von Ton geeignet sind. In der Regel bedeutet dies, dass der Ton extern aufgenommen wird. Auch hier ist die Parallele zur klassischen Filmaufnahme unübersehbar.

Alles entscheidend: der Workflow

Je besser das Aufnahmesystem, umso entscheidender ist der Workflow der digitalen Produktion. Das beginnt beim Setup der Kamera und endet in der Wahl der besten Einstellungen für den Export des geschnittenen Films in ein wie auch immer geartetes Vorführformat. Leider gibt es hier keine allgemeingültigen Tipps und Vorgehensweisen. Außer diesen beiden: Testen und Sichern.

Bevor Sie mit den Dreharbeiten beginnen, sollte der gesamte Arbeitsablauf zumindest einmal von der Aufnahme bis zum Mastering getestet werden. Mit den Geräten, die Sie später auch nutzen werden. Nur so können Sie feststellen, ob am Ende auch das herauskommt, was Sie sich vorstellen.

Alles Testen nützt aber nichts, wenn die Daten irgendwann verloren gehen. Das passiert leider manchmal schneller als man denkt. Tägliche Datensicherungen auf zwei unterschiedlichen Datenträgern sollten daher selbstverständlich sein. Sowohl während der Dreharbeiten als auch später im Schnitt.

Digitaler Workflow

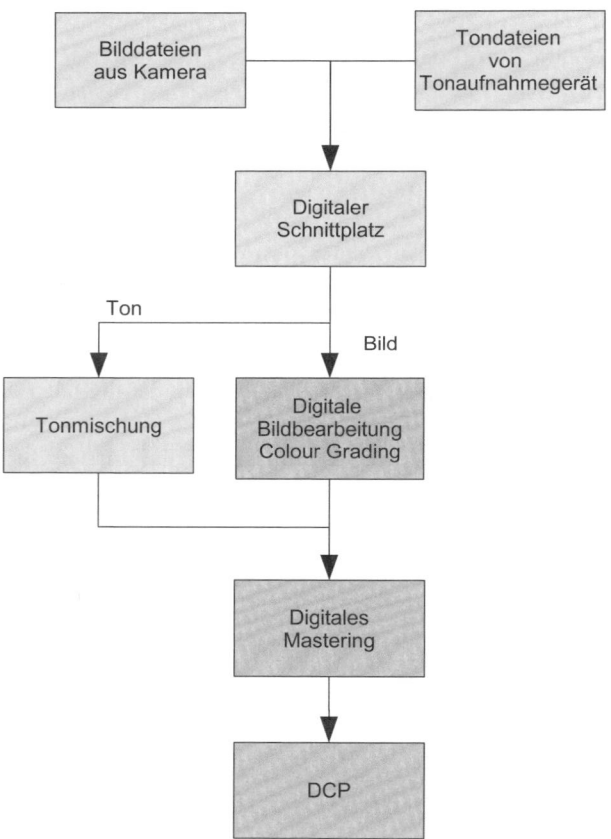

Tipp: Als relativ sicheres Verfahren der Datensicherung während der Dreharbeiten hat sich folgende Vorgehensweise erwiesen: Am Ende jedes Drehtages bzw. sobald der Datenträger voll ist, wird dieser an einem Laptop auf Festplatte überspielt. Von dieser Überspielung wird dann sofort eine weitere Backup-Kopie auf einer externen Festplatte erstellt. Bevor der Original-Datenträger gelöscht wird, werden die Filmdateien auf der externen Festplatte einzeln auf Vollständigkeit und Dateifehler geprüft. Hierbei hilft ein Script, in dem alle Takes, die an diesem Drehtag gedreht wurden, aufgelistet werden.

Ausbelichtung auf 35 mm-Film

Die meisten digital produzierten Filme werden auch digital ausgewertet. Nahezu alle Festivals akzeptieren mittlerweile Einreichungen auf DigiBeta, Blu-ray oder DCP. Bei einigen ist der Wettbewerb jedoch ausschließlich Filmen vorbehalten, die als 35 mm-Kopie vorliegen.

Die Ausbelichtung des fertig geschnittenen (Video)-Films auf 35 mm ist heute ein Standardprozess. Er wird von den größeren Kopierwerken und verschiedenen kleineren Unternehmen, die auf den tape-to-film-Transfer spezialisiert sind, angeboten. Bei allen Dienstleistern kommt dabei im Prinzip eine von zwei Basistechnologien zum Einsatz.

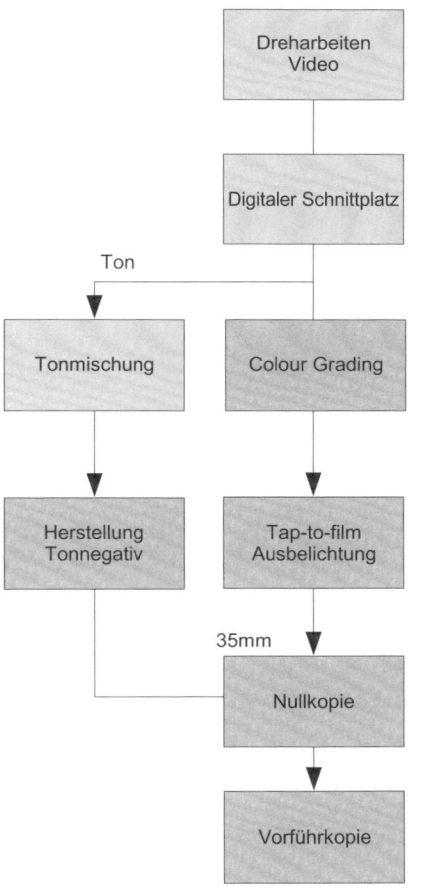

Bei einer Ausbelichtung über CRT wird der Videofilm, sehr vereinfacht gesagt, mit einer 35 mm-Kamera von einem hochauflösenden Bildschirm abgefilmt. Bei der zweiten Methode wird ein Laser durch den Videofilm digital angesteuert, der dann den Film belichtet. Laserbelichtungen sind in der Regel etwas besser und teurer. Insgesamt muss aber gesagt werden, dass der tape-to-film-Transfer ein luxuriöses Vergnügen ist, unabhängig von der verwendeten Technologie. Lohnend ist er nur dann, wenn den entstehenden Kosten auch ein entsprechender Effekt, wie z. B. die Teilnahme an einem renommierten Festival gegenübersteht.

Optimale Ergebnisse lassen sich beim tape-to-film-Transfer nur dann erzielen, wenn die gesamte Prozesskette aufeinander abgestimmt ist.

Tipp: Bei der Finanzierung einer Festivalkopie auf 35mm helfen teilweise die Länderförderungen oder auch die AG Kurzfilm zusammen mit German Films, wenn die Kopie für eines der wichtigen Festivals benötigt wird.

Bearbeitungsprozess Ausbelichtung

Klassischer Film oder digitales Video – (k)eine schwierige Entscheidung

Die Entscheidung, ob Sie Ihren Film auf »echtem« Film oder digital drehen sollen, fällt heute nicht mehr allzu schwer. Die digitale Produktion ist in fast allen Fällen einfach billiger. Aber welches System ist dann das Beste? Drei zentrale Kriterien sollten Sie bei Ihrer Entscheidungsfindung berücksichtigen:

- die Art des Films, den Sie machen wollen,
- Ihr Know-how bzw. das des Teams, mit dem Sie drehen möchten,
- das Budget, das Ihnen zur Verfügung steht.

Kriterium 1: Die Art des Films

Ein Dreh auf Film scheint fast nur noch etwas für reiche Nostalgiker zu sein. Und dennoch macht ein Filmdreh Sinn, wenn Sie unbedingt dessen unerreicht gute Bildqualität und -wirkung genießen wollen. Für diejenigen unter Ihnen, deren Prioritäten anders liegen, stellt sich aber eher die Frage, welches digitale Aufnahmeformat Sie verwenden sollen. Die Domäne digitaler Foto- und Filmkameras sind eindeutig inszenierte Filme. Ein schnelles, spontanes Drehen ist auf Grund des nicht ganz einfachen Handlings bei diesen Kameras kaum möglich. Für Dokumentarfilme sind daher Camcorder, die auch den Ton aufzeichnen, die weitaus bessere Wahl. Dies betrifft auch manche fiktionale Produktionen: Nämlich dann, wenn die Spontaneität und die Improvisation der Schauspieler von entscheidender Bedeutung sind.

Bei Filmen, die in der Postproduktion eine aufwendige Bildbearbeitung, Compositings oder Visual-Effects erfordern, sind die digitalen Filmkameras eindeutig das Maß der Dinge, während digitale Fotokameras oder Camcorder, die z. B. den beliebten H.264 Codec verwenden, aufgrund der hohen Kompression der Bilddaten kaum geeignet sind.

Kriterium 2: Das Know-how

Ein weiterer Punkt, den Sie bei der Entscheidung pro oder contra eines der genannten Formate berücksichtigen sollten, ist das Know-how, auf welches Sie zurückgreifen können. Die Produktion auf 16 mm- oder 35 mm-Film braucht ebenso ein bestimmtes Fachwissen wie der Umgang mit den Kameras der High-End-Digital-Klasse. In der Regel sind Filmemacher am Beginn ihrer Karriere deshalb am besten bei einem filebasierten Camcorder aufgehoben. Viele zögern dann jedoch vor dem nächsten Schritt: ihren Film auf »großen« Kameras zu drehen. Dafür gibt es keinen Grund. Man muss nur bereit sein, sich mit den technischen Aspekten der analogen oder digitalen Filmbe- und verarbeitung aktiv auseinanderzusetzen.

Kriterium 3: Das Budget

Das vielleicht wichtigste Kriterium bei der Formatentscheidung ist das zur Verfügung stehende Budget. Wie sehr die Kosten der verschiedenen Produktionsvarianten auseinanderklaffen, zeigt sich beim konkreten Vergleich der Systeme am Beispiel des Kurzfilms *Der Schüler*. Der Vergleich geht dabei von folgenden Parametern aus:

- Drehzeit: 5 Tage
- Endlänge ca. 7 Minuten (das entspricht 220 m 35 mm-Material)
- Drehverhältnis 1:7

Nicht berücksichtigt wurden alle Kosten, die nicht formatspezifisch sind, z. B. Licht oder Dolly. Auch die Kosten für die Herstellung einer 35mm-Vorführkopie oder eines DCPs wurden nicht einkalkuliert, da diese ebenfalls für alle vier Verfahren gleich sind.

Für den Vergleich wurden typische Kamerapackages im mittleren Preissegment, wie sie im Kurzfilmbereich verwendet werden, herangezogen. Bei den genannten Preisen handelt es sich um derzeit aktuelle Listenpreise (Stand Mai 2012), sodass bei allen Posten Verhandlungsspielraum mit den jeweiligen Verleihfirmen besteht.

Das Ergebnis zeigt deutlich, dass für eine reine Videoauswertung der Dreh mit einer digitalen Fotokamera (und bei vergleichbaren Kosten auch mit einem guten Camcorder) das mit Abstand günstigste Aufnahmeformat ist. Dieses Bild relativiert sich, wenn der Film auf 35 mm herausgebracht werden soll. Der Preisvorteil von DSLR ist zwar noch vorhanden, Super 16 jedoch nur unerheblich teurer und damit eine attraktive Alternative.

Die Produzenten des Beispielfilms *Der Schüler* entschieden sich für die Produktion des Films auf 35 mm, da es zum Zeitpunkt der Produktion noch keine bezahlbaren digitalen Filmkameras gab und der Film auf 35mm ausgewertet werden sollte. Durch eine Förderung des FilmFernsehFonds Bayern stand zudem ein angemessenes Budget zur Verfügung. Da es Konzept des Films war, die Geschichte aus dem Off durch einen Sprecher erzählen zu lassen, entschieden sich die Macher, am Set ohne Synchronton zu drehen. Die gesamte Nachvertonung sollte spä-

	35mm	S16mm	DSLR / Camcorder	Digitale Filmkamera
Kameraequipment				
Arricam Studio mit 4 Zeiss HS-Festbrennweiten und Zubehör	5.450,00 €			
Arri 16 SRIII mit 4 Zeiss HS-Festbrennweiten und Zubehör		1.580,00 €		
Canon EOS 5D mit 5 Zeiss ZF-Festbrennweiten und Zubehör			800,00 €	
Arri Alexa mit 4 Zeiss HS-Festbrennweiten und Zubehör				5.600,00 €
Herstellung Video-Master				
Film-/Videomaterial	3.000,00 €	700,00 €	100,00 €	100,00 €
Negativentwicklung	1.000,00 €	400,00 €		
Transfer auf Video zum Schnitt	600,00 €	270,00 €		
Kosten Endformat Video	**10.050,00 €**	**2.950,00 €**	**900,00 €**	**5.700,00 €**
Herstellung 35 mm Nullkopie				
Negativschnitt	589,00 €	383,00 €		
Blow-up auf 35mm		968,00 €		
Online-Schnitt auf HD				750,00 €
color grading			1.500,00 €	1.500,00 €
tape-to-film recording			2.338,00 €	2.338,00 €
Kosten Endformat 35mm-Negativ	**10.639,00 €**	**4.301,00 €**	**4.738,00 €**	**10.288,00 €**

ter im Tonstudio vorgenommen werden. Durch den niedrigeren Mietpreis für die nicht geräuschgedämpfte Kamera fielen die entsprechenden Kosten rund 25 Prozent günstiger aus als bei einem Dreh mit Ton. Hinzu kamen Einsparungen beim Tonequipment und beim Filmmaterial. Denn bei »stummen« Produktionen kann fast immer – begünstigt durch die geringeren Fehlerquellen (Versprecher etc.) – ein positiveres Drehverhältnis erzielt werden. Diesem Effekt stand jedoch ein höherer Aufwand in der Postproduktion gegenüber, da alle Töne nachproduziert werden mussten. Im Fall von *Der Schüler* war dies relativ problemlos möglich, da es nur wenige markante Geräusche gab und der gesamte Text von einem Sprecher gesprochen wurde. Bei Filmen, in denen komplexere Geräuschwelten oder Dialoge nachsynchronisiert werden müssten, lohnt sich dieses Verfahren nicht. Hier sollte der Ton in jedem Fall bereits bei den Dreharbeiten mit aufgezeichnet werden.

Checkliste: Formatwahl

Die folgende Checkliste soll Ihnen bei Ihrer Formatentscheidung helfen.

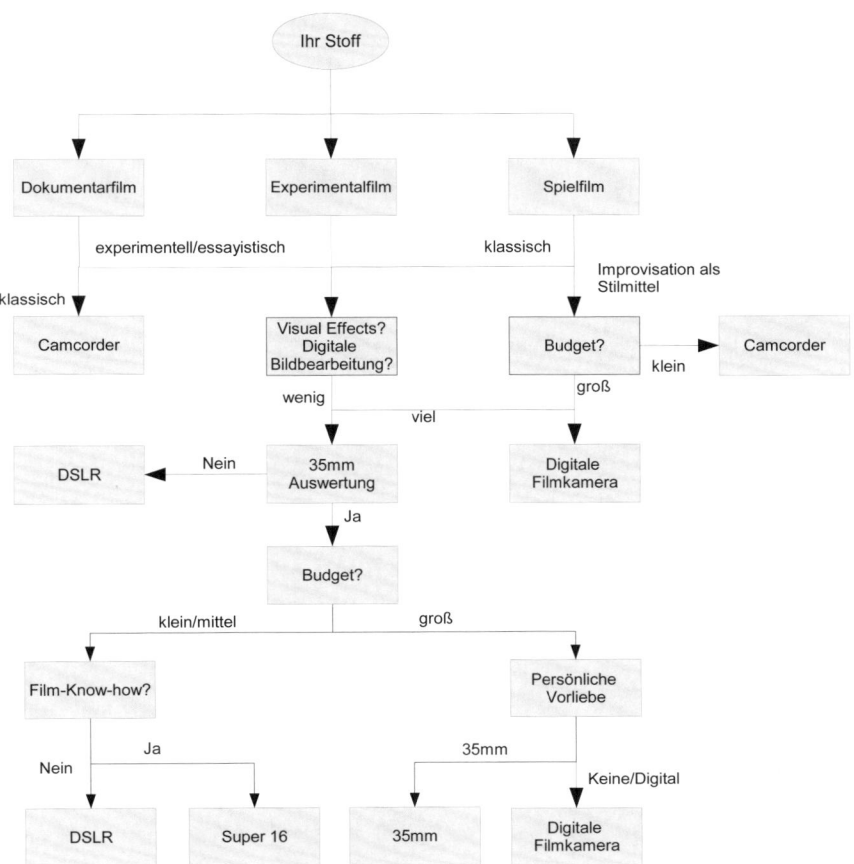

Elf Freunde sollt Ihr sein ...

...sprach einst Sepp Herberger zu seinen Kickern. Wie das Fußballspielen ist auch das Filmemachen ein ausgesprochener Mannschaftssport. Als regieführender Produzent oder produzierender Regisseur sind Sie Präsident, Trainer und Spielmacher gleichzeitig. Aber wie der Trainer auf seine Fußballer, sind Sie als Regisseur und Produzent auf Ihren Stab und Ihre Schauspieler angewiesen. Ohne Team, das motiviert zur Sache geht und für die Dreharbeiten seine Zeit opfert (meistens kostenlos), bleibt ein Filmemacher immer ein Einzelkämpfer, der – um im Bild zu bleiben – allein vor einer Abwehrmauer steht.

Ein gutes Team für einen Low-Budget-Kurzfilm muss vor allem drei Eigenschaften haben: ausreichend Zeit, Lust Filme zu machen und eine gute Portion Durchhaltevermögen. Wenn die Teammitglieder außerdem ihren Job beherrschen und sie menschlich zusammenpassen, ist ein schon fast idealer Zustand erreicht.

Die elf Freunde

Wie groß sollte das ideale Team eines No-Budget-Filmemachers sein? Einfache Antwort: Das kommt darauf an. Auf alle Fälle sollte es möglichst kompakt und klein gehalten werden. Dafür sprechen gleich mehrere Gründe. Ein kleines Team verursacht weniger Kosten – zum Beispiel für das Catering. Es ist leichter handzuhaben, denn es stehen weniger Teammitglieder wartend herum. Und es wird schneller zur »eingeschworenen« Gemeinschaft. So genannte »Set-Touristen«, die kurz mal vorbeischauen, um zu sehen, wie der Dreh läuft, haben bei den Dreharbeiten nichts zu suchen. Genauso wenig diejenigen, die es lediglich schick finden, bei den Dreharbeiten mitzumachen, ohne dass sie wirklich produktiv dazu beitragen.

Daher sind weder das aufgeblasene 30-Mann-Team noch die One-Man-Show ideal. Die sinnvolle Größe Ihres Teams hängt vielmehr direkt vom Stoff ab, der realisiert werden soll. Bei Dokumentarfilmen reichen häufig drei Leute (Regie, Kamera, Ton). Bei szenischen Filmen werden es in aller Regel deutlich mehr sein. Eine typische Aufstellung der ersten »Elf« sieht so aus:

- Regisseur
- Regieassistent
- Kameramann

- Kameraassistent
- (Ober-)Beleuchter
- Tonmeister
- Tonassistent
- Ausstatter
- Maskenbildner
- Produktionsleiter
- Runner

Nach oben ist diese Liste offen. So bedeutet der Schritt von 16 mm auf 35 mm in aller Regel einen zusätzlichen Materialassistenten im Kamera-Department, während bei Digitaldrehs oft ein DIT hinzukommt. Auch die Bereiche Licht und Ausstattung müssen meistens mit mehreren Personen besetzt werden, zumindest an den Drehtagen, die entsprechend aufwendige Sets beziehungsweise Lichtaufbauten benötigen. In *Der Schüler* wirkten zum Beispiel 17 Teammitglieder bei den Dreharbeiten mit, wobei die Ausstattung mit vier Personen und das Licht mit drei Personen besetzt waren.

Wer macht was beim Dreh?

Effektive Teamarbeit am Set bedeutet immer, dass jedes Teammitglied seine genau abgegrenzten Aufgaben hat und diese so reibungslos wie möglich erledigt. Hier kurz eine Definition der wichtigsten Jobs am Set unter Berücksichtigung der Ansprüche einer Kurzfilmproduktion. Wer mehr über die einzelnen Berufsbeschreibungen wissen möchte, sollte die entsprechenden Berufsverbände kontaktieren (siehe Anhang). Aufgelistet sind im Übrigen die Aufgaben mit ihren deutschen Bezeichnungen und ihren amerikanischen Pendants, wenngleich sich die Jobs im Detail, durch die verschiedenen Arbeitsweisen hier und dort, unterscheiden.

Regisseur (Director)

Er trägt die künstlerische Verantwortung für den Film. In der Vorproduktionsphase macht er zusammen mit dem Kameramann die so genannte »Auflösung«, bei der das Drehbuch Szene für Szene in einzelne Kameraeinstellungen unterteilt wird. Parallel dazu erarbeitet er gemeinsam mit Kameramann und Szenenbildner die visuelle Umsetzung. Der Regisseur sucht geeignete Locations und Schauspieler, mit denen er auch die Proben durchführt. Bei den Dreharbeiten selbst ist er die zentrale Führungsfigur und sollte sich vor allem auf die Arbeit mit den Schauspielern konzentrieren.

Regieassistenz (1st AD)

Die Regieassistenz unterstützt den Regisseur im organisatorischen, künstlerischen sowie technischen Bereich. Besonders wichtig sind dabei die organisatorischen Aufgaben, beispielsweise die Organisation des Drehablaufs und die Erstellung der Tagesdisposition. Eine gute Regieassistenz entlastet den Regisseur von diesen Aufgaben. Er hält ihm den Rücken frei, sodass dieser sich voll auf seine künstlerischen Entscheidungen konzentrieren kann.

Continuity

Die Continuity hat die wichtige Aufgabe, auf so genannte »Anschlüsse« zu achten. Anschlüsse sind Einstellungen, die später im Schnitt direkt aneinander montiert werden. Typisches Beispiel: Ein Schauspieler verlässt das Haus. Am ersten Drehtag wird innen gedreht, wie er die Haustür öffnet. Am zweiten Drehtag außen, wie er aus der Tür ins Freie tritt. Die Continuity muss (zusammen mit allen anderen!) darauf achten, dass bei diesen Anschlussszenen die Bewegungen des Schauspielers (mit welcher Hand hält er die Türklinke?), sein Timing (sagt er das »Tschüss«, bevor oder nachdem er die Tür öffnet?), das Aussehen des Schauspielers (ist der Mantel offen oder zugeknöpft?), die Requisiten (ist die Zigarette, die er raucht, abgebrannt oder wurde sie gerade erst angezündet?) etc. übereinstimmen.

Script

Wie die Continuity gehört auch das Script zu den eher unterschätzten Aufgaben am Set. Das hängt wohl auch mit dem Klischee des Scriptgirls zusammen, das vor allem hübsch zu sein hat. Wie viele andere Klischees rund um den Film ist auch dieses Blödsinn. Ein gut geführtes Script ist eine ganz wichtige Hilfe während und vor allem nach dem Dreh, beim Schnitt. Damit das so ist, notiert das Scriptgirl (oder der Scriptboy) während der Dreharbeiten, wie oft welche Einstellung wiederholt, wurde, welche Technik verwendet wurde (Brennweite, Kamerageschwindigkeit etc.), wie lange der Take war (in Meter und in Sekunden) und vor allem, wie die Takes vom Regisseur bewertet wurden. Script und Continuity können bei kleineren Projekten gut von einer Person abgedeckt werden.

Produktionsleiter (Line Producer)

Er trägt die wirtschaftliche und organisatorische Verantwortung für die Produktion. Im Vorfeld kalkuliert er den Film, holt Angebote ein und macht (zumindest bei kleineren Low-Budget-Produktionen) Verträge mit Dienstleistern und Mitarbeitern. Bei Kurzfilmen übernimmt der Produktionsleiter oft auch die Aufgaben der Filmgeschäftsführung. In dieser Funktion sammelt er alle Rechnungen und Belege, behält den Überblick, wo die Produktion finanziell gerade steht und verwaltet die Handkasse.

Set-Aufnahmeleiter

Der Set-Aufnahmeleiter organisiert den Dreh vor Ort. Er hat alle Drehgenehmigungen und er weiß, wer wann wo erscheinen muss. Diese Arbeit ähnelt im organisatorischen Bereich sehr stark der Regieassistenz, sodass ein eigener Set-Aufnahmeleiter bei kleineren Drehs nicht unbedingt erforderlich ist.

Kameramann (Director of Photography)

Der Kameramann ist verantwortlich für die Bildgestaltung. Das ist zum einen ein sehr kreativer, zum anderen aber auch ein technisch anspruchsvoller Job, der zusätzlich noch Führungsqualitäten erfordert. Weil das so ist, ist der Kameramann neben dem Regisseur die zweitwichtigste Person am Set. Beide müssen eng zusammenarbeiten. Der Regisseur sollte dem Kameramann so viel Vertrauen entgegen bringen, dass er sich selbst während der Dreharbeiten weitestgehend auf die Arbeit mit den Schauspielern konzentrieren kann. Wichtigste Ansprechpartner des Kameramanns sind neben dem Regisseur der Oberbeleuchter und der Kameraassistent.

Kameraassistent (Focus puller)

Die englische Berufsbezeichnung fasst die wesentliche Aufgabe des Kameraassistenten gut zusammen. Er »zieht« die Schärfe. Das bedeutet, er ist dafür verantwortlich, dass die Schärfe des Bildes zu jeder Zeit auf dem bildwichtigen Teil liegt. Bei Kurzfilmen, die auf 16 mm oder Video gedreht werden, kümmert sich der Kameraassistent darüber hinaus um den Aufbau und das Einrichten der Kamera.

Materialassistent (Clapper loader)

Der Materialassistent hat bei Produktionen auf Filmmaterial einen sehr verantwortungsvollen Job. Er legt den unbelichteten Rohfilm in die Kassetten der Kamera ein, um nach dem Dreh das belichtete Filmmaterial wieder aus den Kassetten auszulegen. Das muss mit absoluter Präzision erfolgen. Sonst kann die gesamte Arbeit eines Drehtages vernichtet werden. Am Set sorgt er dafür, dass immer die richtige Kameratechnik und ausreichend Filmmaterial verfügbar sind. Der Materialassistent agiert aber auch regelmäßig vor der Kamera: Er ist es nämlich, der die berühmte Filmklappe schlägt. Bei 16 mm-Produktionen wird allerdings vielfach auf ihn verzichtet. Seine Aufgaben werden dann häufig auf den Kameraassistenten oder das Script übertragen.

Digital Imaging Technician (DIT)

Das Berufsbild des DIT ist recht neu in der Filmbranche. Mit Einzug der Digitaltechnik an den Sets wurde eine relativ einfache Technik (Film) durch eine so komplexe ersetzt, dass es diese Spezialisten braucht. Ähnlich wie es die Aufgabe des Oberbeleuchters ist, die vom Kameramann gewünschte Lichtstimmung umzusetzen, ist der DIT für die Setups der Kamera zuständig. Zusätzlich ist er meistens das Bindeglied zur Postproduktion und stellt den Workflow und das Datenmanagement sicher. Er ist also auch für die Sicherung der Daten zuständig. In kleineren Produktionen ersetzt der DIT oft den Materialassistenten.

Tonmeister (Sound recordist)

Was der Kameramann fürs Bild ist, ist der Tonmeister für den (guten) Ton. Der kommt leider bei vielen No-Budget-Produktionen zu kurz. Das muss aber nicht so sein. Deshalb sollte der Tonmeister bereits bei der Suche geeigneter – leiser – Locations zurate gezogen werden. Ebenso sollte man im wahrsten Sinne des Wortes auf ihn hören, wenn er am Set zusätzliche Proben für den Ton benötigt.

Tonassistent (Boom operator)

Der Tonassistent ist der Mann oder die Frau mit der Angel. Er muss das Mikrofon möglichst so in der Szene positionieren, dass der Ton optimal ist und weder das Mikrofon noch sein Schatten im Bild zu sehen sind.

Oberbeleuchter (Gaffer)

Der Oberbeleuchter ist der engste Ansprechpartner des Kameramannes bei der Lichtgestaltung. Er setzt dessen Gestaltungswünsche konkret um, wählt aus, welche Lampen wie und wo positioniert und welche Filter eingesetzt werden. Gleichzeitig ist er in der Regel auch für die gesamte Stromversorgung am Set zuständig.

Beleuchter (Electrician)

Sie unterstützen den Oberbeleuchter und bauen die entsprechenden Lampen auf bzw. ab.

Kamerabühne (Grip)

Der Bühnen- oder Gripmann bedient den Dolly – ein Kamerawagen, der auf Schienen oder Luftreifen läuft – und Kräne. Er verlegt auch die Schienen für die Dollys.

Szenenbildner (Set design)

Der Szenenbildner legt zusammen mit dem Regisseur, und teilweise auch dem Kameramann fest, wie die Sets aussehen sollen. Er prägt damit ganz entscheidend den Look und damit die Stimmung eines Films. Bei vielen Kurzfilmen sind die Szenenbildner gleichzeitig auch Ausstatter, Requisiteure und Kostümbildner. Sie haben also alle Hände voll zu tun.

Maske (Make up artist)

Eine gute Maskenbildnerin oder einen guten Maskenbildner zu finden, ist gerade bei Low-Budget-Produktionen eine schwierige Aufgabe. Zwar gibt es jede Menge Friseurinnen und Kosmetikerinnen und auch eine ganze Anzahl guter Stylistinnen, die vornehmlich für Fotografen arbeiten, allen gemeinsam ist aber, dass ihr Beruf – klassisch ausgeübt – immer zum Ziel hat, die Menschen schöner zu machen. Maske aber bedeutet mehr. Hier geht es darum, das Aussehen (und das Spiel des Schauspielers) visuell zu unterstützen. Für viele Schauspieler ist die Maske eine wertvolle Hilfe. Sie verwandelt ihn optisch in den dargestellten Charakter. Sie muss immer echt wirken, darf aber nie zum Selbstzweck verkommen.

Tipp: Für Special Effects-Masken (zum Beispiel viel Blut oder schwere Verletzungen) kann man versuchen, das Deutsche Rote Kreuz oder ähnliche Rettungsdienste zu gewinnen. Diese Institutionen verfügen in der Regel über Spezialisten, die für Notfallübungen und Trainings schwerste Verletzungen sehr glaubhaft »schminken« können.

Stunt Coordinator

Nicht immer müssen bei einem Stunt gleich reihenweise Autos explodieren. Stunts fangen schon bei einem einfachen Stolperer an, bei dem es – laut Drehbuch – den Hauptdarsteller vor der Angebeteten auf den Boden legt. Die Planung dieser Stunts liegt in den Händen des Stunt Coordinators. Wenn Sie Ihre Mitarbeiter und Schauspieler nicht fahrlässig Risiken aussetzen wollen, sollten Sie auch bei vermeintlich einfachen Stunts den Rat dieser Fachleute einholen.

Runner

Runner haben nichts zu sagen, viel zu tun und sind im Idealfall immer und überall zur Stelle, wenn die Arbeit ruft. Meistens unterstehen sie dem Aufnahmeleiter oder der Regieassistenz, der die Runner, dort wo's brennt, einsetzt.

Produktionsfahrer

Spezielle Produktionsfahrer im Team zu haben, erscheint reichlich luxuriös. Ist es aber nur auf den ersten Blick. Denn Produktionsfahrer haben zwei Vorteile: Sie sind für das Auto verantwortlich, das sie fahren. Das Motto »wer das Auto braucht, kann es nehmen« lässt ein Auto in zwei Wochen um fünf Jahre altern, wenn es danach überhaupt noch fahrfähig ist. Und die Fahrer sorgen dafür, dass Schauspieler und ggf. auch das restliche Team pünktlich am Drehort erscheinen und auch wieder unbeschadet heimkommen.

Teamfindung

Ein Team zu finden ist ganz einfach, wenn man schon einen Kurzfilm gemacht hat. Dann gilt der berühmte Spruch »Never change a winning team«. Wenn Sie allerdings nicht auf ein angestammtes Kernteam zurückgreifen können, stellt sich bei jedem Film aufs Neue die Frage: Wie lässt sich die richtige Teambesetzung finden? Hier gibt es keine Patentlösung. Alle Wege zum eigenen Team laufen aber auf zwei Grundvarianten hinaus. Bei der ersten Variante versuchen die Filmemacher eine möglichst erfahrene und professionelle Crew um sich zu scharen, um von deren Know-how zu profitieren und – zumindest gefühlsmäßig – sicher zu sein, dass sie damit eine optimale Basis für ihren Film geschaffen haben.

In der zweiten Variante scharen die Filmemacher Bekannte und Bekannte von Bekannten um sich, die sich entweder für das Filmemachen interessieren oder erste Vorkenntnisse im Filmemachen mitbringen.

Auf den ersten Blick scheint Variante eins die klar bessere zu sein. Auf den zweiten Blick stellt sich aber schnell die Frage, wie ein Vollprofi davon überzeugt werden kann, für wenig bis gar kein Geld an einem Kurzfilm mitzuarbeiten. Ist es die Qualität des Drehbuchs? Ist der Filmemacher besonders nett? Oder warum? Zweifelsohne wird jeder, den Sie ansprechen, andere Gründe für eine positive oder negative Entscheidung haben. Mitmachen wird ein Profi aber nur dann, wenn er in irgendeiner Form persönlich davon profitiert. Das muss nicht unbedingt finanziell sein. Manchmal ist es auch die Hoffnung, an einem erfolgreichen Projekt partizipiert zu haben. Viel öfter reizt einen Profi jedoch, wenn er in einem Kurzfilm Neues ausprobieren und seinen eigenen Erfahrungshorizont erweitern kann.

Eine andere interessante Idee brachte der altgediente Tonmeister und Produktionsleiter Wilm Bruckner in seiner regelmäßigen Kolumne in der Fachzeitschrift »Film & TV Kameramann« zur Sprache. Bruckner rät seinen (professionellen) Kollegen generell davon ab, ohne Geld zu arbeiten. Gleichzeitig schlägt er ihnen vor, sich als Mentoren zur Verfügung zu stellen, und damit die weniger erfahrenen Filmemacher oder Neueinsteiger bei den kreativen und organisatorischen Fragen einer Produktion zu unterstützen.

Ehrlichkeit siegt

Wenn Sie sich dafür entscheiden, so viele Profis wie möglich einzusetzen, sollte Ihnen klar sein, dass diese Mitarbeiter drei Dinge erwarten: professionelle Drehbedingungen, professionelle Technik und vor allem einen professionellen Regisseur. Um hier auf beiden Seiten keine bösen Enttäuschungen zu erleben, helfen nur Ehrlichkeit und Offenheit.

Erstgespräche mit potenziellen Teammitgliedern laufen oft ganz ähnlich ab. Das Drehbuch hierfür könnte so aussehen:

FILMEMACHER
Ich hab dir doch schon mal von meinem
neuen Projekt erzählt. Wir wollen das
demnächst angehen. Ich würde es toll
finden, wenn du da die Kamera machen
würdest. Hast du Lust?

KAMERAMANN
Lust auf jeden Fall, kommt aber darauf an,
wie es zeitlich bei mir aussieht.

FILMEMACHER
Der Drehtermin steht schon grob fest,
wahrscheinlich eine Woche im Mai, kommt
aber darauf an, ob wir die Finanzierung
dann zusammenhaben.

KAMERAMANN
Hmm, da habe ich noch nichts. Könnte also
gehen. Wie sieht denn dein Budget aus?
Meinst du denn, du kannst was zahlen, du
weißt schon…

FILMEMACHER
Keine Frage, versteh dich vollkommen. Aber
du weißt, wie es ist. Zusagen kann ich dir
gar nichts. Aber wenn die Filmförderung
noch aufspringt, sieht es eventuell anders
aus.

KAMERAMANN
Es wär schon schön...

FILMEMACHER
Da hast du Recht. Was ich dir auf
jeden Fall anbieten kann, ist ne
Fahrtkostenerstattung. Und natürlich
sind auch Kost und Logis frei. Wenn du

```
willst, kann ich dir gern auch einen
Rückstellungsvertrag anbieten, aber du
weißt ja...dass man mit einem Kurzfilm
in die Gewinnzone fährt, ist fast
ausgeschlossen.

          KAMERAMANN
Wäre aber trotzdem gut, einen Vertrag zu
haben. Schick mir auf jeden Fall mal das
Drehbuch. Interesse habe ich schon. Wir
telefonieren dann nächste Woche noch mal.
OK?
```

Im Vorfeld fällt es leicht, den eigenen Film in den schönsten Farben darzustellen. Sicherlich hilft das auch dabei, Leute von Ihrem Film zu überzeugen. Denken Sie aber daran, dass Sie spätestens am ersten Drehtag Farbe bekennen müssen. Wenn Sie Ihre Versprechen dann nicht einhalten können, fragen sich Ihre Mitarbeiter sofort, warum sie sich das alles überhaupt antun. Im besten Fall ist das Vertrauen in Sie (den Produzenten und/oder Regisseur) angeknackst. Im schlimmsten Fall aber macht Ihr Team »Dienst nach Vorschrift« – ohne jegliche Lust und Kreativität.

So weit zur Theorie. Wie findet man aber ganz konkret den richtigen Kameramann, einen guten Maskenbildner oder einen Beleuchter, der etwas von Lichtsetzung versteht und gleichermaßen von Starkstromanschlüssen? Naturgemäß fällt das in Städten wie Berlin, Hamburg, Köln oder München leichter als auf dem flachen Land. Schließlich sind diese Großstädte klassische Medienhochburgen. Hier gibt es fast immer ambitionierte Filmbegeisterte, die gern einmal für ein paar Tage ein kreatives, nicht-kommerzielles Projekt unterstützen. Schwieriger wird es, wenn Sie einen Film außerhalb dieser Regionen produzieren möchten. Dann bleibt oftmals nur der Weg über Internetseiten mit Jobbörsen, Newslettern oder die Veröffentlichungen der entsprechenden Berufsverbände. Durchaus ratsam kann auch der Besuch der einschlägigen Filmfestivals sein. Gute Festivals sind immer auch Treffpunkte der Filmemacher und eine Kontaktbörse für Namen, Adressen, und, und, und. Ein recht Erfolg versprechendes Konzept der Teamzusammenstellung ist es, gezielt erfahrene Fachleute aus dem zweiten Glied zu kontaktieren. Viele Kamera-, Grip- oder Produktionsassistenten haben reichlich Erfahrung und werden einen Kurzfilm als Chance und Schritt vorwärts auf der eigenen Karriereleiter begreifen.

Checkliste Teamzusammenstellung

❑ Suchen Sie ein Team, das von Know-how und Alter zusammenpasst und den Regisseur als Teamleader akzeptiert.

❑ Suchen Sie nur dann Profis, wenn Sie Ihren Film auch professionell realisieren möchten.

❑ Richten Sie sich darauf ein, dass Profis auch kurzfristig noch abspringen. Zum Beispiel wenn ein lukrativer Job dazwischen kommt.

❑ Sagen Sie die Wahrheit und gaukeln Sie Ihrem Team nichts vor. Versprechen Sie kein Geld, wenn keines da ist. Versprechen Sie keinen Zehn-Stunden-Tag, wenn der Drehplan zwölf vorsieht. Versprechen Sie kein Erste-Klasse-Catering, um dann jeden Tag eine andere Familien-Pizza zu servieren.

❑ Geben Sie Talenten eine Chance. Kurzfilmproduktion bedeutet in der Regel, dass ein geringes Budget mit viel Engagement kompensiert werden muss. Das bringen talentierte Leute, die nach oben möchten, oftmals eher mit als Leute, die schon oben sind.

❑ Vermeiden Sie, wo es nur geht, Jobsharing nach dem Motto »Die ersten drei Tage macht A den Ton, dann zwei Tage B und am letzten Tag C.« Die Erfahrung zeigt, dass die Gesamtqualität durch diese Arbeitsteilung leidet.

❑ Vertrauen Sie Ihrem gesunden Menschenverstand. Blender gibt es im Filmgeschäft verdammt viele. Und der beste Kameramann ist nicht der, der die besten Anekdoten erzählt. Sondern der, der die besten Bilder schnell und problemlos liefert.

Verträge mit dem Team

Fast immer, wenn es um die Produktion eines Kurzfilms geht, fällt irgendwann das Schlagwort »Rückstellungsvertrag«. Rückstellungsverträge sind Arbeits- oder Werkverträge, in denen der Produzent mit seinen Mitarbeitern zwar ein Honorar vereinbart, das aber erst dann gezahlt wird, wenn der Film in der Auswertungsphase einen entsprechenden Gewinn erzielt. An einem Beispiel lässt sich das Prinzip verdeutlichen:

Ein Film kostet in der Produktion 10.000 Euro. Davon werden 9.000 Euro durch eine nicht rückzahlbare Förderung gedeckt. Der Filmemacher selbst investiert also 1.000 Euro. Nachdem der Film auf einigen Festivals erfolgreich war, wird er für 1.500 Euro von einem Fernsehsender angekauft und für 500 Euro an einen Onlinedienst lizenziert. Durch die Auswertung des Films konnte damit einen Gewinn von 1.000 Euro erwirtschaftet werden. Wurden im Vorfeld mit den Mitarbeitern Rückstellungsverträge geschlossen, müssen diese 1.000 Euro nun anteilig an die Mitarbeiter ausgezahlt werden.

Produktionskosten	10.000,00 €		
davon Förderung	9.000,00 €		
Eigenanteil Produzent	1.000,00 €		
Einkünfte			2.000,00 €
abzgl. Eigenanteil Produzent			1.000,00 €
Gewinn			1.000,00 €
zurückgestellte Gagen	Honorar	Anteil am Gesamthonorar	Auszahlungsbetrag
Drehbuchautor	500,00 €	2,1 %	20,83 €
Regisseur	4.000,00 €	16,7 %	166,67 €
Kameramann	2.500,00 €	10,4 %	104,17 €
Hauptdarsteller	5.000,00 €	20,8 %	208,33 €
Nebendarsteller	2.000,00 €	8,3%	83,33 €
alle anderen Mitarbeiter	10.000,00 €	41,7 %	416,67 €
Summe	**24.000,00 €**		**1.000,00 €**

Rückflüsse aus Gagenrückstellungen

Das Berechnungsbeispiel zeigt, dass für die allermeisten Kurzfilme, selbst bei einer erfolgreichen Auswertung, eine Zahlung der vollen Honorare aus den Auswertungserlösen unrealistisch ist. Vielmehr muss sich glücklich schätzen, wer jemals aus einem Rückstellungsvertrag nachträglich ein Honorar bekommen hat. Über den Wert von Rückstellungsverträgen lässt sich daher streiten. Für Sie als Produzent ist es grundsätzlich einfacher, mit den Mitarbeitern klar zu vereinbaren, ob bzw. wie viel Geld sie durch ihre Mitarbeit am Film verdienen. Sie ersparen sich so über Jahre hinaus eine regelmäßige Abrechnung und Aufteilung der Einnahmen des Films auf die Mitarbeiter mit Rückstellungsverträgen.

Andererseits sollten Sie auch die Mitarbeiter verstehen, die einen Rückstellungsvertrag ausdrücklich wünschen. Mit dem Rückstellungsvertrag erkennen Sie die professionelle Leistung der Mitarbeiter an. Gleichzeitig geben Sie ihnen das Gefühl, genau zu wissen, was die Arbeit der Teammitglieder wert ist. Und Sie vermitteln diesen die Sicherheit, am Erfolg des Films beteiligt zu werden. Nicht zuletzt erwarten auch einige Filmfördereinrichtungen, dass in der Kalkulation die Gagen mit branchenüblichen Honoraren angesetzt werden. Für diese Gagen können dann Rückstellungsvereinbarungen getroffen werden, sodass sie nur unter den genannten Bedingungen ausgezahlt werden müssen.

> **Tipp:** Sobald Sie Mitarbeiter beschäftigen, sind Sie Arbeitgeber. Konsultieren Sie daher frühzeitig einen Steuerberater, der die entsprechenden Steuer- und Sozialversicherungsanmeldungen für Sie durchführt und Sie über die anfallenden Kosten für die Beschäftigung der Mitarbeiter informiert.

Regieverträge

Wenn Sie als Produzent auf der sicheren Seite sein wollen, sollten Sie insbesondere Ihre (geschäftlichen) Beziehungen zu Autor, Regisseur, Schauspielern und anderen Rechteinhabern wie zum Beispiel dem Komponisten der Filmmusik regeln. In diesen Verträgen müssen vor allem die urheberrechtlichen Fragen geklärt werden. Zum anderen sollten aber auch ganz praktische Dinge, wie die Verteilung von Preisgeldern, geregelt werden. Gerade was den letzten Punkt angeht, kann es ohne vorherige Absprache im Nachhinein zu handfesten Zerwürfnissen zwischen Produzent, Autor und Regisseur kommen. Zahlreiche Preise, die auf Festivals vergeben werden, gehen nämlich an den Regisseur. So lange diese Preise nicht mit einem mehr oder weniger hohen Geldbetrag dotiert sind, ist das meistens kein Problem. Was ist aber, wenn Sie als Produzent den Film ganz oder teilweise mit eigenem Geld finanziert haben und der Regisseur dann für diesen Film einen satten Geldpreis mit nach Hause nimmt? Oder andersherum: Sie haben als Regisseur einen Film gemacht, der von der FBW mit dem Prädikat »wertvoll« ausgezeichnet wurde. Der Produzent nutzt den damit verbundenen Anspruch auf Fördermittel und produziert mit diesem Geld einen neuen Kurzfilm, leider aber mit einem anderen Regisseur als Ihnen.

Beide Fälle – die öfter vorkommen, als man denkt – hinterlassen einen faden Beigeschmack. Einer der bislang erfolgreich zusammenarbeitenden Partner wird sich immer ungerecht behandelt fühlen. Dabei hätte dieses Problem durch eine einfache Vereinbarung bereits im Vorfeld der Produktion aus der Welt geschafft werden können. In dieser wird geklärt, wie mit den Ergebnissen aus der Auswertung des Films und den Preisen, die er eventuell gewinnt, umgegangen wird. Ein relativ gerechtes Modell für eine solche Vereinbarung könnte so aussehen:

- Alle Preise für den Film werden – unabhängig davon, ob sie an den Regisseur oder die Produktion gehen – zunächst zur Deckung der Ausgaben, die bei der Produktion des Films entstanden, verwendet.
- Sind die Ausgaben gedeckt, werden die überschüssigen Preisgelder in einen neuen gemeinsamen Film investiert.
- Preis- oder Referenzgelder, die an die Produktion eines neuen Kurzfilms gebunden sind, wie zum Beispiel der Deutsche Kurzfilmpreis, werden ebenfalls in einen neuen Film investiert. Zusätzlich sollten Sie vereinbaren, dass Sie als Produzent die Preisgelder in Anspruch nehmen können, wenn Sie und der Regisseur sich nicht innerhalb einer bestimmten Frist auf ein neues Projekt einigen können.
- Preise, die für die kreative Leistung eines Filmschaffenden vergeben werden (wie beispielsweise ein Preis für die beste Regie oder die beste Bildgestaltung), bleiben bei der ausgezeichneten Person selbst, auch dann, wenn sie mit Geld dotiert sind.

In der Regel sollten mit einer solchen Regelung alle Beteiligten einverstanden sein. Sie ist natürlich nur dann relevant, wenn Sie nicht Produzent, Autor und Regisseur des Films in Personalunion sind. Dann gehören sowieso alle Preise Ihnen.

Schauspieler

Fast alles, was für die Teammitglieder hinter der Kamera gilt, kann so ähnlich auch auf das Team vor der Kamera, die Schauspieler, übertragen werden. Eins vorweg: Schauspieler und Schauspielerinnen sind ganz normale Menschen. Sie beherrschen ihr Handwerk genauso (oder nicht) wie der Regisseur, der Kameramann oder alle anderen Teammitglieder. Durch Ihr Spiel vor der Kamera prägen sie jedoch den Charakter eines fiktionalen Films ganz unmittelbar. Das ist beim Kurzfilm nicht anders als bei einem abendfüllenden Film.

Die richtige Besetzung für eine Rolle zu finden, ist nicht einfach. Fast immer stellt sich die Frage, wie professionell der Cast sein soll. Sollen die Hauptrollen mit Schauspielern, die aus dem Fernsehen bekannt sind, besetzt werden? Oder sind unbekannte Laienschauspieler die bessere Wahl? Eine klare Antwort auf diese

Frage kann es, ähnlich wie bei der Zusammenstellung des Drehstabs, nicht geben. Stars sind keine Garanten für einen erfolgreichen Film. Laien garantieren auf der anderen Seite auch keine besondere Authentizität. Entscheidend ist vielmehr, dass der Cast zum Projekt passt und der Regisseur mit den Schauspielern auf Augenhöhe arbeiten kann.

Während heute beim abendfüllenden Spielfilm das Casting üblicherweise von darauf spezialisierten Casting-Agenten vorgenommen wird, ist die Besetzung bei den meisten Kurzspielfilmen eine der wichtigsten Aufgaben des Regisseurs. Für eine erste grobe Auswahl gibt es drei wichtige Quellen:

Möchte man mit Profis arbeiten, führt der Weg praktisch immer über deren Agenten. Fast alle Schauspielagenturen sind im Internet vertreten oder schicken gern einen Katalog mit Bildern und Kurzporträts der von ihnen vertretenen Schauspieler zu. Schauspieler, die von einer Agentur gemanagt werden, haben in der Regel bereits einiges an Filmerfahrung aufzuweisen. Dennoch sind auch von ihnen viele bereit, bei Kurzfilmen mitzuwirken. Geld kann sie dabei kaum locken. Schließlich sprengen die üblichen TV-Honorare von 1.000 bis 3.000 Euro pro Tag jedes Kurzfilmbudget. Fast immer sind es daher das Drehbuch und die Rolle, die der Schauspieler spielen soll, die für ein »Ja« oder »Nein« ausschlaggebend sind.

Die zweite Möglichkeit, Schauspieler zu finden, ist die Recherche in den einschlägigen Internetforen und -stellenmärkten. Noch besser ist hier die Schaltung eines Inserats mit einer kurzen, prägnanten Rollenbeschreibung. Das kann zwar zu einer Flut an Bewerbungen ganz unterschiedlicher Qualität führen, hat aber den Vorteil, dass man eine sehr breite Auswahl an potenziellen Interessenten erhält.

Die dritte wichtige Besetzungsquelle sind große und kleine Theater, wo teilweise hervorragende Schauspieler gefunden werden können. Ebenso lohnt sich einen Blick auf Laienspielgruppen, in denen immer wieder gute Talente zu finden sind. Laienschauspieler machen häufig allein aus Freude an der Schauspielerei bei einem Kurzfilm mit. Theaterschauspieler und Schauspieler, die bislang nur in kleineren Filmrollen zu sehen waren, sind in erster Linie daran interessiert, mit einer tragenden Rolle ihre Filmerfahrung auszubauen. Sie wollen sich als Darsteller in einer Hauptrolle präsentieren. Auch für sie ist daher die Qualität von Drehbuch und der für sie vorgesehenen Rolle von besonderer Bedeutung. Stimmt beides, werden viele dieser Schauspieler für wenig oder auch ganz ohne Honorar an Ihrem Film mitwirken. Selbstverständlich sollten Sie als Produzent aber für ein ordentliches Hotel, eine angenehme Betreuung am Set und die Reisekosten sorgen.

Neuer Kurzfilm oder neues Auto?

Die Produktionskosten von Kurzfilmen reichen von wenigen Euro (wie zum Beispiel bei Klaus Hammerlindls *Grundig Super Stereo*) bis weit über 100.000 Euro bei professionellen Produktionen. Freilich sind diese 100.000 Euro eher ein schöner Wunsch als gängige Praxis. Manch einer träumt eben vom Porsche, kann sich aber nur einen alten Golf leisten. Realistisch sind heute Kurzfilmbudgets zwischen 1.000 und 30.000 Euro. Abhängig ist das vor allem von der verwendeten Technik und der Länge des Films. Aber natürlich spielen auch das Genre und ganz generell der Aufwand eine Rolle. Trotzdem ist Filmemachen, wenn es ernsthaft betrieben wird, noch immer eine teure künstlerische Ausdrucksform. Und so ist es auch bei kleinen Projekten sinnvoll, zu überlegen, ob der finanzielle Einsatz und das zu erwartenden Ergebnis in einem gesunden Verhältnis stehen. Immerhin könnte man sich vom investierten Geld auch ein neues Auto kaufen.

Allein schon aus diesem Grund sollte jeder Film vor der Produktionsentscheidung genau durchkalkuliert werden. Eine detaillierte Vorkalkulation hilft Ihnen nicht nur bei der Einschätzung der entstehenden Kosten, sondern vor allem auch bei der Kostenüberwachung während des Drehs. Absolut notwendig wird sie, wenn Sie für Ihren Film öffentliche Fördermittel beantragen wollen. Die Erstellung einer Kalkulation kostet Zeit. Und sie bedeutet auch einen gewissen Aufwand, der sich aber lohnt. Ausgangspunkt für die Kalkulation ist immer das vorliegende Drehbuch, aus dem sich die Länge des Films, seine Drehorte, die Schauspieler, die Ausstattung, das Kostüm und alle anderen wichtigen Kostenfaktoren ableiten lassen. Üblicherweise wird hierzu für jede Szene ein Drehbuchauszug erstellt, der alle diesbezüglichen Angaben enthält. Besonders wichtig ist hierbei die Stoppzeit – die Zeit, die diese Szene später im Film voraussichtlich dauern wird. Die Ermittlung der Stoppzeit ist nicht immer ganz einfach. Bei dialogorientierten Drehbüchern spricht oder spielt man die Dialoge laut und addiert die entsprechenden Zeiten. Dramaturgische Pausen und die Bewegungen der Schauspieler müssen dabei mit einkalkuliert werden. Um die Zeit einzuschätzen, die zum Beispiel ein Schauspieler braucht, der (laut Drehbuch) zwischen zwei Dialogsätzen vom Sofa in die Küche und wieder zurück gehen soll, müssen Sie die Aktion vor Ihrem geistigen Auge durchspielen. Gleiches gilt für alle »stummen« Szenen.

Beispiel für einen Drehbuchauszug		
Der Schüler	Szene Nr. 3	Anzahl Einstellungen : 6
Innen/Außen	**Tag/Nacht**	Motiv: **Pauls Zimmer**
Drehbuchseiten: 0,75	Gestoppte Zeit: 25 s	
Inhalt: **Paul wird von seiner Mutter aufgeweckt.**		
Rollen: Paul Mutter	Komparsen:	Requisiten: altes Bett, Wecker, Socken, Schrank, Bettdecke mit Fischen
		Kostüm: Schlafanzug Paul Hauskleidung Mutter
		Make-up: Paul verschlafen
Stunt: keine	SFX: keine	KFZ: keine
Kameratechnik: Standard	Ton: Standard	Tiere: keine
Bemerkung		

Aus der Stoppzeit und den anderen Informationen der Drehbuchauszüge kann dann mithilfe einiger Durchschnittswerte die Gesamtdrehzeit kalkuliert werden.

Wenn alle Einstellungen an einem Spielort gedreht werden, können pro Tag zwischen zwei und vier Minuten des fertigen Films abgedreht werden. Je nach Szene und Aufwand bei Licht und Kamera kann es Abweichungen nach oben und unten geben. Der Mittelwert bei einem Kurzspielfilm wird aber in dieser Größenordnung liegen.

- Pro Drehtag können rund 20 Einstellungen geschafft werden. Auch dieser Wert gilt wieder für den Dreh an einer Location. Und auch hier sind wieder deutliche Abweichungen möglich. Nach unten, wenn zum Beispiel eine Einstellung besonders schwierig ist. Oder nach oben, wenn vielleicht im Dogma-Stil gedreht wird, aus der Hand, ohne Stativ, auf Video.
- Jeder Wechsel der Kameraposition kostet Zeit, speziell wenn auf 35 mm-Film oder mit einer digitalen Filmkamera wie der Red oder der Arri Alexa gedreht wird.
- Jeder Wechsel eines Drehorts während eines Drehtages kostet zwischen zwei und vier Stunden Zeit für Transport, Auf- und Abbau, Einleuchten des Sets etc.

Für den Kurzfilm *Der Schüler* ergaben sich aus den Drehbuchauszügen folgende Parameter:

- Gesamtlänge ohne Titel: sieben Minuten,
- Zahl der Drehorte: neun, davon drei Innenlocations an einem Ort und drei Außenlocations,
- Anzahl Einstellungen: ca. 75,
- Besonderheit: Dreh mit Kindern.

Insgesamt wurde der Dreh auf Basis dieser Daten auf fünf Tage angesetzt. Der Grund für diese relativ großzügige Planung waren die besonderen Anforderungen des Jugendarbeitsschutzes, die bei einem Dreh mit Kindern berücksichtigt werden müssen.

> **Tipp**: Das Jugendarbeitsschutzgesetz beschränkt die Zeit, die Kinder am Set arbeiten dürfen, recht drastisch auf wenige Stunden. Zusätzlich muss das zuständige Gewerbeaufsichtsamt die Teilnahme an den Dreharbeiten für jedes einzelne Kind genehmigen. Für alle Beteiligten bedeutet das eine Menge Papierkram, da hierzu verschiedenste Einverständniserklärungen vom Kinderarzt über die Schule bis hin zum Jugendamt beigebracht werden müssen.

Ausgehend von den Ergebnissen der Drehbuchauszüge können dann entsprechende Angebote bei Verleihfirmen und anderen Dienstleistern eingeholt werden. Auf deren Basis kann dann die Kalkulation des Films erstellt werden.

Die Kalkulation eines Kurzfilms

In der Kalkulation werden alle planbaren und möglichst auch die unplanbaren Kosten eines Films tabellenförmig so zusammengestellt, dass Sie als Produzent einen möglichst genauen Überblick erhalten, wo welche Kosten wann anfallen.

> **Tipp**: Gerade der Aspekt, wann die Kosten anfallen, wird häufig vernachlässigt. Das Ergebnis sieht dann meist so aus, dass mit dem Abschluss der Dreharbeiten auch alle finanziellen Ressourcen aufgebraucht sind. Viele dieser Filme werden nie oder erst nach sehr, sehr langer Zeit fertig.

Filmkalkulationen folgen formal alle einem gewissen Muster, das in Deutschland mehr oder weniger durch das Kalkulationsschema der Filmförderungsanstalt FFA vorgegeben wird. Für Kurzfilme ist dieses Kalkulationsschema mit seinen über 300 Teilpositionen in der Regel viel zu komplex und detailliert. Ein Blick auf das als Datei von der FFA-Homepage www.ffa.de downloadbare Kalkulationsschema lohnt sich aber allemal. Öffnet das Formular doch die Augen dafür, welche Einzelheiten bei einer größeren Filmproduktion kostenrelevant sind und beachtet werden müssen.

Für die Kalkulation eines Kurzfilms reicht eine vereinfachte Form des Schemas aus. Offizielle Formulare dafür gibt es allerdings keine. Hier sind die Tabellenkalkulationskünste jedes einzelnen Filmemachers gefragt. Idealerweise sollten Sie sich aber beim Aufbau Ihrer eigenen Tabelle an der Grundstruktur der FFA-Standardkalkulation orientieren, da diese bei allen Filmförderern bekannt ist.

> **Tipp**: In Kalkulationen werden üblicherweise nur dann Bruttobeträge angegeben, wenn der Produzent oder Filmemacher keinen entsprechenden Gewerbebetrieb angemeldet hat und nicht vorsteuerabzugsberechtigt ist. Produzenten, die vorsteuerabzugsberechtigt sind, kalkulieren immer die Nettobeträge, das heißt ohne die gesetzliche Mehrwertsteuer. Sie profitieren davon, dass sie die bezahlte Umsatzsteuer vom Finanzamt erstattet bekommen. Inwieweit es sich also lohnen kann, für die Produktion eines Films ein Gewerbe anzumelden, sollten Sie gegebenenfalls mit Ihrem Steuerberater diskutieren.

Das Kalkulationsschema besteht aus einem Übersichtsblatt, in dem die einzelnen Posten zusammengefasst und die endgültigen Herstellungskosten berechnet werden. Auf einem zweiten Tabellenblatt werden dann die Einzelkosten aufgeführt und kalkuliert.

Die Übersicht

In der Übersicht der Kalkulation werden in den Positionen I bis X alle Einzelposten der Kalkulation zusammengefasst. Auf diese Einzelposten wird gleich noch näher eingegangen. Neben den Einzelposten enthält die Übersichtstabelle in den letzten Zeilen auch die Berechnung der Herstellungskosten. Diese ergeben sich aus den Fertigungskosten A, der Summe der Einzelpositionen I bis X, sowie den Handlungskosten B, den Finanzierungskosten C und den Wirtschaftsprüfergebühren D.

Als **Handlungskosten** werden dabei alle Kosten bezeichnet, die bei einem Produktionsunternehmen anfallen, aber nicht eindeutig dem Projekt zuzuordnen sind. Das sind zum Beispiel: allgemeine Kosten für den Unterhalt eines Büros oder allgemeine Porto- und Telefongebühren. Wie hoch die Handlungskosten veranschlagt werden, hängt von der Filmförderung ab, bei der Sie einen Antrag stellen möchten. Einige Förderer sehen einen Maximalbetrag von 7,5 % der Fertigungskosten vor. Bei der bundeseigenen Filmförderanstalt können sogar 15 %

Übersicht über die Kalkulation des Kurzfilms *Der Schüler*		
I.	Vorkosten	
II.	Rechte und Manuskript	1.500,00 €
III.	Gagen	32.000,00 €
a)	Produktionsstab	3.400,00 €
b)	Regiestab	16.650,00 €
c)	Ausstattungsstab	3.800,00 €
d)	sonstiger Stab	2.800,00 €
e)	Darsteller	1.700,00 €
f)	Musiker	0,00 €
g)	Zusatzkosten Gagen	3.650,00 €
IV.	Atelier	
V.	Ausstattung und Technik	5.550,00 €
a)	Genehmigungen und Mieten	200,00 €
b)	Bau und Ausstattung	500,00 €
c)	Technische Ausrüstung	4.850,00 €
VI.	Catering, Reise- und Transportkosten	1.700,00 €
VII.	Filmmaterial und -bearbeitung	6.504,00 €
VIII.	Endfertigung	6.000,00 €
IX.	Versicherungen	700,00 €
X.	allgemeine Kosten	1.380,00 €
A.	Fertigungskosten	55.334,00 €
B.	Handlungskosten pauschaliert 7,5 %	4.150,05 €
C.	Finanzierungskosten	
D.	Wirtschaftsprüfergebühren	260,00 €
	Herstellungskosten	59.744,05 €

der Fertigungskosten (maximal jedoch 5.000 Euro) als Handlungskosten geltend gemacht werden.

Finanzierungskosten sind Kosten, die dadurch entstehen, dass Sie zum Beispiel Ihr Bankkonto überziehen müssen, um eine Rechnung des Verleihers zu bezahlen. Dazu kann es kommen, wenn Fördergelder oder andere »Einnahmen« rund um den Film erst relativ spät fließen und zwischenzeitlich bereits Rechnungen bezahlt werden müssen. Für Kurzfilmproduktionen spielt dieser Posten aber eine eher untergeordnete Rolle.

Wirtschaftsprüfergebühren fallen an, wenn der Film von einer Filmförderung unterstützt wird, die die Prüfung von Kalkulation und Abrechnung des Films in die Hände eines externen Wirtschaftsprüfers gelegt hat. Das ist zum Beispiel beim Medienboard Berlin-Brandenburg der Fall. Dort werden nach einem positiven Förderbescheid alle Finanzierungsbausteine und die spätere Abrechnung von der Investitionsbank des Landes Brandenburg auf Herz und Nieren überprüft. Als Honorar für den Wirtschaftsprüfer werden von der Förderung, die ein Film bekommt, 3 % einbehalten. Bei einer bewilligten Förderung von beispielsweise 20.000 Euro bekommen Sie als Filmemacher nur 19.400 Euro ausgezahlt. Die restlichen 600 Euro gehen direkt an den Wirtschaftsprüfer. Wirtschaftsprüferkosten müssen daher bei der Kalkulation mit eingerechnet werden.

Handlungskosten, Finanzierungskosten und Wirtschaftsprüfergebühren sind nur dann für Ihre Kalkulation relevant, wenn Sie Ihren Film bei einer Filmförderung einreichen möchten. Für alle, die ihren Film selbst oder über private Sponsoren finanzieren und auch keinen Kredit für die Finanzierung ihres Films aufnehmen wollen, gilt, dass die Fertigungskosten gleichzeitig auch die Herstellungskosten des Films sind.

Auf den nächsten Seiten sollen nun die einzelnen Posten der Kalkulation näher beleuchtet werden.

I. Die Vorkosten

Im ersten Abschnitt der Kalkulation werden die Vorkosten des Projekts zusammengefasst. Vorkosten sind alle Ausgaben, die im Vorfeld der Produktion entstehen. Das sind zum Beispiel Kosten für Recherchen, die Stoffentwicklung, die Locationsuche, die Vorkalkulation, das Casting oder auch die Einreichungen bei der Förderung. Bei den allermeisten Kurzspielfilmen sind diese Aufgaben sehr überschaubar und werden vom Filmemacher selbst oder vom Produzent und dem Regieteam übernommen. Sie fließen deshalb erst gar nicht in die Kalkulation ein. Anders sieht das bei Dokumentarfilmen mit ihrem teilweise sehr hohen Rechercheaufwand aus. Dieser geht mit allen anfallenden Reisekosten und eventuellen Gebühren für Archivnutzungen als Vorkosten in die Kalkulation ein.

II. Rechte und Manuskript

Im zweiten Abschnitt »Rechte und Manuskript« werden alle Kosten, die in Zusammenhang mit dem Erwerb von Urheberrechten stehen, aufgeführt.

Vorkalkulation am Beispiel von *Der Schüler*		
	Position	**Betrag**
II.	**Rechte und Manuskript**	
a)	Verfilmungsrechte	750,00 €
b)	Drehbuch	250,00 €
c)	Ausschnittrechte	
d)	Nutzungsrechte Musik	500,00 €
e)	GEMA	
f)	Dolby Lizenz	
g)	sonstiges	

Die ersten beiden Teilpositionen behandeln die **Stoffrechte**, so wie sie bereits im Kapitel »Stoffe für Kurzfilme« diskutiert wurden. Im Fall des *Schüler* wurde mit dem Autor der Originalgeschichte ein Erwerb der Verfilmungsrechte auf Rückstellungsbasis in Höhe von 750 Euro vereinbart. Da im speziellen Fall des *Schüler* die Originalgeschichte nahezu eins zu eins als Vorlage für den Film übernommen wurde, beschränkte sich die Erstellung des Drehbuchs vor allem auf die Auflösung in Szenen und Einstellungen. Deshalb fiel das Drehbuchhonorar entsprechend niedrig aus. Es wurde ebenfalls zurückgestellt.

Die dritte Teilposition behandelt die **Ausschnittrechte**. Damit sind alle Rechte gemeint, die Sie erwerben müssen, wenn Sie urheberrechtlich geschützte Film- oder TV-Ausschnitte oder auch Fotografien in Ihrem Film zeigen wollen. Besonders wichtig ist dieser Punkt bei Dokumentarfilmen, wenn Fremdmaterial oder historische Aufnahmen genutzt werden sollen. Aber auch in Kurzspielfilmen können Ausschnittrechte berührt werden. Beispielsweise dann, wenn in einer Szene der Fernseher läuft und das Fernsehprogramm in Bild und oder Ton zu sehen ist.

Tipp: Eine extreme Gratwanderung in diesem Zusammenhang sind die so genannten Found-Footage-Filme, in denen »gefundenes« Filmmaterial neu montiert und collagiert wird. Bei fast allen Filmen dieser Art stellt sich die Frage, ob die Verwendung des gefundenen Materials durch dessen Urheber erlaubt werden muss. Oder ob die verwendeten Filmausschnitte als Filmzitate gewertet werden können, die keinem urheberrechtlichen Schutz unterliegen. Im Zweifelsfall hilft hier nur der teure Gang zu einem urheberrechtskundigen Rechtsanwalt – oder der Mut zum Risiko. Mit der Gefahr, dass Ihr fertiger Film nicht gezeigt werden darf.

Ein ganz ähnlich gelagertes Thema ist die Filmmusik. Mit dem Unterschied, dass der Erwerb von Musikrechten praktisch für alle Filmemacher relevant ist, die nicht selbst die Musik erstellen. Vielleicht herrscht gerade deshalb unter Filmemachern eine so große Unsicherheit, welche Musik man unter welchen Bedingungen verwenden darf. Wenn man einmal aber verinnerlicht hat, dass im Urheberrecht zwischen Nutzungsrechten, Vervielfältigungs- und Verbreitungsrechten sowie Aufführungsrechten unterschieden wird, ist das Thema Musik im Film im Grunde gar nicht so schwer zu verstehen.

Auf der ersten Stufe stehen die Nutzungsrechte. Sie müssen in jedem Fall erworben werden, da sonst das ausgewählte Musikstück nicht in einem Film verwendet werden darf.

> **Tipp:** Das heißt mit anderen Worten: Einfach einen Song aus dem Internet downloaden und als Untermalung für den eigenen Film verwenden, um diesen dann auf Festivals zu zeigen, ist nicht erlaubt. Hierzu müssen die Nutzungsrechte eingeholt werden.

In der Regel liegen die Nutzungsrechte von nicht veröffentlichten Musikstücken beim Komponisten. Der Rechteinhaber von Musik, die bereits auf CD vorliegt, ist normalerweise der Musikverlag. Oder das Label, das die CD veröffentlicht hat. Der Erwerb der Nutzungsrechte (die GEMA nennt diese auch Herstellungsrechte) erfolgt am einfachsten direkt beim Rechteinhaber, kann aber auch über die GEMA abgewickelt werden. Sehr hilfreich bei der Suche nach diesem ist die Online-Datenbank der GEMA (www.gema.de), in der praktisch alle in Deutschland veröffentlichten Songs mit ihren Rechteinhabern verzeichnet sind.

Die Kosten für den Erwerb der Nutzungsrechte sind sehr unterschiedlich. Sie hängen vom Bekanntheitsgrad des Songs beziehungsweise des Musikers ab, vor allem aber von Ihrem Verhandlungsgeschick und der Verhandlungsbereitschaft des Rechteinhabers. Die Spanne reicht bei einer geschickten Verhandlungsführung von der kostenlosen Einräumung der Nutzungsrechte bis hin zu mehreren tausend Euro für einen bekannten Song. Leider erscheinen einigen Labelinhabern noch immer die Dollarnoten vor Augen, sobald sie »Film« hören. Selbst Forderungen von 10.000 Euro für die Nutzung eines unbekannten Songs einer unbekannten Band kommen gelegentlich vor. Hier hilft dann auch keine lange Diskussion, sondern nur ein schnelles »Danke für das Angebot« und die Suche nach einem anderen, genauso passenden Musikstück, das auf einem anderen Label erschienen ist. Welchen Preis Sie zu zahlen bereit sind, sollten Sie von der Bedeutung des Songs für Ihren Film abhängig machen. Je wichtiger der Song, umso mehr sollte er Ihnen wert sein.

> **Tipp:** Erwerben Sie die Nutzungsrechte immer für die weltweite und zeitlich uneingeschränkte Nutzung auf allen denkbaren Medien (Kino, DVD, Internet etc.). Nur so stellen Sie die spätere umfassende Auswertung des Films sicher. Lassen Sie sich auch nicht auf Vereinbarungen wie »Sobald der Film kommerziell ausgewertet wird, muss eine Nutzungsgebühr entrichtet werden« ein, ohne gleichzeitig die Höhe der späteren Gebühr festzulegen.

Um sicher zu gehen, sollten Sie die Nutzung der Musik für Ihren Film auch bei der GEMA anmelden. Speziell dann, wenn Sie mehrere Musikstücke verschiedener Komponisten und Textdichter verwenden. Das entsprechende Anmeldeformular finden Sie auf der GEMA-Homepage. Mit dem Erwerb der Nutzungsrechte und der Anmeldung sind Sie als Filmemacher zunächst aus dem Schneider. Sie können nun Ihren Film auf Festivals oder bei anderen Events zeigen. Für den Erwerb der Aufführungsrechte bei der GEMA stehen dann die Festivalveranstalter in der Pflicht – im Übrigen genauso wie DVD-Verleger, Video-on-Demand-Anbieter und Fernsehanstalten, die Ihren Film lizenzieren.

Aufpassen müssen Sie, wenn Sie Ihren Film selbst auf DVD herausbringen. Dann nämlich müssen Sie selbst die entsprechenden Vervielfältigungs- und Verbreitungsrechte für das benutzte Musikstück bei der GEMA einholen. Die Gebühr berechnet sich bei DVDs aus dem Vergütungssatz von 6,25 %, dem Verkaufspreis der DVD, ihrer Auflage und dem prozentualen Anteil der Musik an der Gesamtlänge des Films, mindestens jedoch 0,31 Euro pro DVD. Bei einem Verkaufspreis von fünf Euro, einer Auflage von 1.000 Stück und einem 40 %-Anteil der Musik wären das rund 125 Euro.

Bei einer Verbreitung über das Internet stehen Sie als Filmemacher nach Aussage der GEMA derzeit nicht in der Pflicht. Hier sind es die Online-Anbieter, die die entsprechenden Gebühren für die Vervielfältigungs- und Verbreitungsrechte bezahlen müssen. Eine Alternative zur Lizenzierung von Musik aus der Konserve ist die Komposition einer eigenen Filmmusik. Aus kreativer Sicht bringt das einige Vorteile: Die Musik kann ganz individuell und bildgenau auf die Filmhandlung abgestimmt werden und die dramatische Wirkung des Films Szene für Szene entscheidend unterstützen. Produktionstechnisch ergibt sich durch die Auftragskomposition allerdings nur dann ein Vorteil, wenn der Komponist kein Mitglied der GEMA ist. Dann können Sie alle Nutzungs-, Vervielfältigungs- und Aufführungsrechte direkt von ihm erwerben, sodass auch ein Eigenvertrieb auf DVD oder übers Internet ohne weitere Lizenzkosten möglich ist.

Der letzte Punkt innerhalb der Position Rechte und Manuskript sind die Kosten für den Erwerb der **Dolby-Lizenz**. Diese Position betrifft Sie nur dann, wenn Ihr Film als 35 mm-Kopie mit Dolby SR-, Dolby Digital- oder Dolby Digital Surround EX-Ton fertig gestellt werden soll. Ist das der Fall, brauchen Sie ein »Motion Picture Service and Worldwide Trademark & Standardisation Agreement« der Dolby Laboratories, um deren Technologie nutzen zu dürfen. Für Kurzfilme bietet Dolby dabei ein vereinfachtes Verfahren an, bei dem die Tonmischung nicht wie bei abendfüllenden Filmen durch einen Dolby-Berater abgenommen werden muss. Stattdessen reicht es, wenn die Endmischung des Films in einem Dolbylizenzierten Studio, zum Beispiel bei einem der größeren Kopierwerke, durchgeführt wird. Wichtig ist, dass die Dolby Laboratories bereits vor der Mischung kontaktiert werden, da die Mischstudios einen Film nur dann abmischen dürfen, wenn ihnen für diesen Film eine entsprechende Genehmigung durch Dolby vorliegt. Für ihre Leistungen – wozu auch die Bereitstellung des für die Dolby-Mischung notwendigen Equipments zählt – berechnet das Unternehmen bei Kurzfilmen eine Pauschale von 300 Britischen Pfund, wenn diese in Dolby Digital oder Dolby Digital Surround EX abgemischt werden. Low-Budget-Filme werden dahingehend unterstützt, dass die Lizenz für das analoge Dolby SR kostenlos ist.

Die Konditionen für die Vergabe einer Dolby-Lizenz können sich ändern. Kontaktieren Sie daher das Unternehmen frühzeitig per E-Mail (productionservices@dolby.co.uk) und klären Sie die aktuell gültigen Regeln.

III. Gagen

Im dritten Block einer Kalkulation wird es entweder sehr teuer oder ganz billig. Teuer, wenn Sie sich entschlossen haben, mit Ihrem Team Gagen zu vereinbaren. Denn diese müssen hier aufgeführt werden – unabhängig ob sie gezahlt oder zurückgestellt werden.

Wie die Gagentabelle genau aussieht, ist von Film zu Film verschieden und kommt auf die Größe des Teams an. In der hier aufgeführten Tabelle sind die Mitarbeiter gelistet, die an der Produktion des Kurzfilms *Der Schüler* mitgearbeitet haben. Die Höhe der Gagen orientierte sich bei der Kalkulation an den zu diesem Zeitpunkt gültigen Tarifgagen und der Erfahrung der entsprechenden Teammitglieder. Grundsätzlich können natürlich alle Gagen frei ausgehandelt werden. Sie sollten sich aber bewusst sein, dass die Kalkulation bei einer Fördereinreichung hinsichtlich der so genannten »Grundsätze der sparsamen Wirtschaftsführung« überprüft wird. Am einfachsten und auch sichersten ist es daher, den allgemein akzeptierten und zwischen der Dienstleistungsgewerkschaft ver.di und den Arbeitgeberverbänden der Filmwirtschaft abgeschlossenen Tarifvertrag als Maßstab für die Höhe der Gagen heranzuziehen.

Je nach Förderinstitution, bei der Sie Ihren Film einreichen wollen, müssen Sie zusätzliche Anforderungen beachten, die Sie den jeweiligen Richtlinien entnehmen können.

Immer wieder vergessen und vor allem unterschätzt werden die Zusatzkosten Gagen. Hinter dieser Position verbergen sich in erster Linie die Lohnnebenkosten, die Sie als Produzent tragen müssen. Für sozialversicherungspflichtige Mitarbeiter sind das – je nach Höhe der aktuellen Krankenkassen-, Arbeitslosen- und

	Position	Einheit	à	Gage
Gagentabelle am Beispiel von *Der Schüler*				
III.	**Gagen**			**32.000,00 €**
a)	**Produktionsstab**			**3.400,00 €**
	Produktionsleiter	2 Wochen	1.050,00 €	2.100,00 €
	Aufnahmeleitung	2 Wochen	650,00 €	1.300,00 €
b)	**Regiestab**			**16.650,00 €**
	Regie	pauschal		2.500,00 €
	Animationszeichnungen	pauschal		1.300,00 €
	Regieassistenz	1,5 Wochen	600,00 €	900,00 €
	Kamera	2 Wochen	1.800,00 €	3.600,00 €
	Kameraassistenz	6 Tage	200,00 €	1.200,00 €
	Materialassistenz	7 Tage	150,00 €	1.050,00 €
	Tontechniker Aufnahme	4 Tage	200,00 €	800,00 €
	Mischtonmeister	5 Tage	400,00 €	2.000,00 €
	Cutter	2 Wochen	1.125,00 €	2.250,00 €
	Script	1 Woche	650,00 €	650,00 €
	Helfer	1 Woche	400,00 €	400,00 €
c)	**Ausstattungsstab**			**3.800,00 €**
	Maske	1 Woche	700,00	€ 700,00 €
	Kostüm	2 Wochen	700,00 €	1.400,00 €
	Ausstattung	2 Wochen	700,00 €	1.400,00 €
	Helfer	1 Woche	300,00 €	300,00 €
d)	**sonstiger Stab**			**2.800,00 €**
	Oberbeleuchter	1 Woche	1000,00 €	1.000,00 €
	Grip	1 Woche	600,00 €	600,00 €
	Beleuchter	1 Woche	600 €	600,00 €
	Beleuchter	1 Woche	600 €	600,00 €
e)	**Darsteller**			**1.700,00 €**
	Darsteller	5 Tage	100 €	500,00 €
	Darsteller	0,5 Tag	400 €	200,00 €
	Darsteller	1 Tag	500 €	500,00 €
	Darsteller	1 Tag	500 €	500,00 €
f)	**Musiker**			
g)	**Zusatzkosten Gagen**			**3.650,00 €**

Rentenversicherungsbeiträge – rund 20–25 % der vereinbarten Gage. Und selbst für die künstlerisch tätigen Mitarbeiter, die auf Rechnung arbeiten, fallen Sozialbeiträge in Höhe von rund 5 % bei der Künstlersozialkasse an.

IV. Atelier

In dieser Rubrik werden alle Kosten aufgeführt, die im Zusammenhang mit Studiodreharbeiten stehen. Da aber die allermeisten Kurzfilme an realen Locations gedreht werden, bleibt der entsprechende Posten in der Kalkulation fast immer leer. Auch *Der Schüler* wurde nicht in einem Filmstudio gedreht. Allerdings wurden einige Sets in einer ehemaligen Fabrikhalle erstellt, da ihnen durch die Ausstattung ein ganz bestimmter Look gegeben werden sollte. Für Miete und Stromversorgung in diesem improvisierten Studio wurde daher ein Betrag von 650 Euro angesetzt.

V. Ausstattung und Technik

Im fünften Abschnitt der Kalkulation werden alle Kosten für Ausstattung und Technik aufgelistet. Zweifellos ein sehr breites Feld, das von der Drehgenehmigung bis zur Miete für die Tontechnik reicht.

	Position	Einheit	à	Gage
Kalkulation der Kosten für Ausstattung und Technik am Beispiel von ***Der Schüler***				
V.	**Ausstattung und Technik**			**5.450,00 €**
a)	**Genehmigungen und Mieten**			**100,00 €**
	Genehmigung Kinderarbeit Gewerbeaufsichtsamt			100,00 €
	Drehgenehmigungen Außendreh		100,00 €	100,00 €
b)	**Bau und Ausstattung**			**500,00 €**
	Kostüm	pauschal		150,00 €
	Setbau	pauschal		350,00 €
c)	**Technische Ausrüstung**			**4.850,00 €**
	Kameraequipment	pauschal		2.500,00 €
	Licht	pauschal		1.500,00 €
	Stromgenerator	pauschal		350,00 €
	Licht-LKW	1 Woche		250,00 €
	Tonequipment	pauschal		250,00 €

Drehgenehmigungen sind in der Regel kein allzu großer Kostenfaktor bei Kurzfilmen. Allerdings kann es jede Menge Arbeit machen, eine Drehgenehmigung zu bekommen. Aber wann braucht man überhaupt eine Drehgenehmigung? Eigentlich immer. Klar ist, dass bei allen privaten Räumlichkeiten oder Objekten der Eigentümer bzw. Besitzer um eine entsprechende Erlaubnis gefragt werden muss, bevor auf seinem Grund und Boden gedreht werden kann. Ähnliches gilt aber auch für den öffentlichen Raum. Hierzu heißt es beispielsweise bei der Stadt Stuttgart lapidar: »Für die Benutzung öffentlicher Verkehrsflächen für Film- und Fernsehaufnahmen bedarf es grundsätzlich einer Erlaubnis.« In anderen Städten und Gemeinden ist das nicht anders. Ein weniger einheitliches Bild ergibt sich dagegen bei den Genehmigungsbehörden, die von Bundesland zu Bundesland und von Stadt zu Stadt verschieden sind.

Um in Berlin eine Szene zu drehen, in der zwei Schauspieler einen Gehweg entlang gehen, braucht es zunächst eine Allgemeine Drehgenehmigung, die von der Verkehrslenkung Berlin erteilt wird. Mit dieser in der Hand kann dann beim zuständigen Tiefbauamt die Sondernutzungserlaubnis für den benötigten Gehwegabschnitt beantragt werden. Dabei muss dann beachtet werden, dass der Antrag bis zu 14 Tage Bearbeitungszeit in Anspruch nimmt. Wem das alles viel zu kompliziert ist, riskiert einen Abbruch der Dreharbeiten durch die Polizei. Unter Umständen verdonnert ihn diese auch noch zu einem gesalzenen Bußgeld. Möglicherweise ist es da geschickter, in einer Stadt oder Gemeinde zu drehen, die nicht so stark von Filmteams heimgesucht wird wie Berlin, München, Köln, Hamburg oder Stuttgart. In vielen anderen Städten sind die Abläufe teilweise erheblich einfacher und auch kostengünstiger.

Mit ganzen fünf Einzelposten fällt der Punkt »**Technische Ausrüstung**« in der Kalkulation des *Schülers* relativ dünn aus. Der Grund liegt darin, dass für die Posten »Kameraequipment«, »Licht« und »Tonequipment« zunächst Angebote der entsprechenden Verleihfirmen eingeholt wurden. Das beste Angebot wurde dann als Pauschale in die Kalkulation übernommen. Diese Vorgehensweise macht sehr viel Sinn. Zum einen spart man sich das mühsame Auflisten aller Einzelteile, beispielsweise der Kameraausrüstung. Zum anderen geben die Preislisten der Verleiher immer nur grobe Anhaltspunkte hinsichtlich der Equipmentmiete. Die tatsächlichen Mietkosten weichen davon zum Teil sehr stark ab. Speziell wenn Sie bei einem Verleiher ein ganzes Paket mit der benötigten Ausrüstung leihen, gewähren diese teilweise erhebliche Rabatte. Wie hoch der Rabatt ausfällt, hängt vor allem von der Verfügbarkeit des Equipments ab. (Im Sommer wird mehr gedreht. Also ist die Nachfrage größer und demzufolge der Rabatt geringer.) Die Dauer der Dreharbeiten spielt natürlich ebenfalls eine große Rolle. Auch bei den Verleihern kann es allerdings nicht schaden, deutlich zu machen, dass man einen Kurzfilm dreht und daher nur ein beschränktes Budget zur Verfügung hat.

Damit die Verleiher ein realistisches Angebot erstellen können, brauchen sie einige Grundinformationen. Dazu gehören der voraussichtliche Mietzeitraum und natürlich eine Liste, in der das gesamte gewünschte Equipment detailliert aufgeführt wird.

Tipp: Bei der Erstellung dieser Liste sollten Sie sehr eng mit dem Kameramann und gegebenenfalls auch dem Oberbeleuchter zusammenarbeiten, da diese am besten wissen, was sie brauchen. Es kann allerdings nicht schaden, die Wünsche der Kameraleute kritisch zu hinterfragen, da Kamera- und Lichtequipment auch mit Rabatten teuer ist. Daher sollte sich die Anmietung auf das wirklich essenzielle Equipment konzentrieren.

VI. Catering, Reise- und Transportkosten

In diesem Abschnitt ist der Name Programm. Und deshalb soll an dieser Stelle nur darauf hingewiesen werden, dass ein gutes Catering und die Übernahme aller Reise- und Übernachtungskosten gerade dann eine Selbstverständlichkeit sein sollte, wenn das Team ohne Gage oder auf Rückstellungsbasis arbeitet.

	Catering, Reise- und Transportkostenkalkulation am Beispiel von *Der Schüler*			
	Position	**Einheit**	**à**	**Kosten**
VI.	**Catering, Reise- und Hotelkosten**			**1.700,00 €**
a)	Catering			800,00 €
b)	Reisekosten			700,00 €
c)	Transportkosten			200,00 €

Die zu kalkulierenden Kosten in diesem Bereich können oft nur ungenau geschätzt werden. Bei einem Zehn-Stunden-Arbeitstag sollte für das Catering jedoch mindestens mit zehn Euro pro Mann und Tag gerechnet werden. Die Inanspruchnahme professioneller Caterer kann jedoch auch deutlich teurer sein. Eine gute Quelle für vergleichsweise günstiges Catering sind übrigens Kantinen großer Unternehmen, von denen sich mittlerweile viele auch unternehmensfremden Gästen geöffnet haben. Die Nutzung dieser Kantinen macht allerdings nur dann Sinn, wenn sie in unmittelbarer Nähe zum Drehort liegen, sodass sie schnell und ohne großen Aufwand erreicht werden können.

VII. Filmmaterial und -bearbeitung

Die bisherigen Positionen – nimmt man die »Technische Ausrüstung« aus – sind unabhängig vom verwendeten Aufnahmeformat immer gleich hoch. Die Unterschiede zwischen Dreharbeiten auf Film und »digitalen« Dreharbeiten werden jedoch im Abschnitt »Filmmaterial und -bearbeitung« besonders deutlich. Bei einem digitalen Videodreh sind hier lediglich die Kosten für Datenträger und, falls erforderlich, für ihre Konvertierung in das Videoformat des Schnittsystems zu finden. Diese Kosten sind fast immer sehr niedrig. Bei 16 mm- oder 35 mm-Produktionen wirkt sich diese Position dagegen stark auf das Gesamtbudget aus, da das Filmmaterial und seine Weiterverarbeitung relativ viel Geld kosten.

Kalkulation der Kosten für Filmmaterial und -bearbeitung für *Der Schüler*, gedreht auf 35 mm				
	Position	Einheit	à	Kosten
VII.	Filmmaterial und Filmbearbeitung			6.504,00 €
a)	Rohfilmmaterial	1586 m	1,91 €	3.034,00 €
b)	Tonmaterial			50,00 €
c)	Kopierwerksleistungen			2.550,00 €
	Negativentwicklung			950,00 €
	Negativschnitt			600,00 €
	Tonnegativ und Nullkopie			1.000,00 €
d)	Tonüberspielung			70,00 €
e)	Video- und MAZ-Bearbeitung			600,00 €
f)	Fotomaterial und Fotobearbeitung			200,00 €

Für den Kauf von Filmmaterial und die Leistungen des Kopierwerks gilt das Gleiche, was bereits zu den Mietpreisen für das Kamera- und Lichtequipment gesagt wurde: Preislisten sind allenfalls eine grobe Orientierung. Die echten Preise erfährt man erst, wenn man ein konkretes filmspezifisches Angebot vorliegen hat. Speziell die Kopierwerke bieten in der Regel sehr attraktive Komplettpakete an, die alle Arbeitsschritte von der Negativentwicklung bis zur fertigen Nullkopie beinhalten.

VIII. Endfertigung

In diesem Abschnitt werden die Kosten aufgestellt, die im Schnittraum und im Tonstudio anfallen. Das sind vor allem Mieten, können aber auch Kosten für Verbrauchsmaterialien sein.

Endfertigungskosten am Beispiel von *Der Schüler*				
	Position	Einheit	à	Kosten
VIII.	Endfertigung			6.000,00 €
a)	Miete Schnittplatz	10 Tage	300,00 €	3.000,00 €
b)	Miete Tonstudio	5 Tage	600,00 €	3.000,00 €

IX. Versicherungen

Filmproduktionen sind riskante Unternehmungen. So verwundert es kaum, dass Versicherungen eine eigene Position in der Kalkulation darstellen. Nicht versichert werden können Qualität und Erfolg eines Kurzfilms. Ansonsten sind die Möglichkeiten, Filmversicherungen abzuschließen, recht vielfältig. Sie reichen von der Wetterversicherung bis hin zur Fertigstellungsversicherung. Nicht alles davon macht wirklich Sinn, darum hier ein kurzer Überblick über die im Kurzfilmbereich wichtigsten Filmversicherungen:

Die Produktions-Haftpflichtversicherung

Sie sichert, ähnlich einer privaten Haftpflichtversicherung, die Produktion gegenüber Schadensersatzansprüchen Dritter ab, denen in Zusammenhang mit den Dreharbeiten ein Schaden entsteht. Produktions-Haftplichtversicherungen können für die Dauer der Drehzeit oder pauschal für ein ganzes Jahr abgeschlossen werden. Drehen Sie mehrere Filme im Jahr, ist die Jahresversicherung deutlich günstiger.

Die Negativversicherung

Die Negativversicherung greift immer dann, wenn das Negativ in der Kamera oder während der Verarbeitung im Kopierwerk beschädigt wird. Im Schadensfall werden die Kosten für den Neudreh der entsprechenden Passagen ersetzt. Ähnliche Versicherungen gibt es auch für den Verlust von Daten oder Datenträgern.

Die Geräte-Versicherung

Professionelle Film- und Videogeräte sind sehr teuer, sodass im Schadensfall der Ersatz oder die Reparatur einer beschädigten Kamera leicht einige tausend Euro kosten kann. Die Haftpflichtversicherung greift hier nicht, da die Geräte geliehen sind und damit nicht vom Versicherungsschutz der Haftpflicht abgedeckt werden. Für diesen Fall gibt es jedoch die Geräte-Versicherung, die inzwischen von fast allen Geräteverleihern bei der Anmietung der Technik mit angeboten wird. In der Regel verlangen die Verleiher zur Deckung der Versicherungskosten einen obligatorischen Beitrag zwischen 5 und 10% der Listenmiete.

Die Ausfallversicherung

Sie versichert den Produzenten gegen Schäden, die durch den krankheitsbedingten Ausfall eines Hauptdarstellers oder des Regisseurs entstehen.

Die Unfallversicherung

Sie greift, wenn die Gesundheit eines Teammitglieds während der Dreharbeiten durch einen Unfall geschädigt wird.

Welche Versicherung für Ihren Dreh sinnvoll ist, müssen Sie von Fall zu Fall selbst entscheiden. Zu empfehlen sind in jedem Fall eine Produktions-Haftpflichtversicherung und die Geräte-Versicherung(en). Lassen Sie sich dazu am besten von einem auf den Filmbereich spezialisierten Versicherungsmakler beraten. Dieser kann Ihnen auch die Konditionen der Einzelversicherungen nennen oder ein Komplettangebot unterbreiten.

X. Allgemeine Kosten

Der letzte Posten einer Kalkulation fasst alles zusammen, was sonst nirgends unterzubringen ist.

	Position	Einheit	à	Kosten
X.	**allgemeine Kosten**			**1.327,00 €**
a)	Fotokopien	pauschal		50,00 €
b)	Büromaterial	pauschal		50,00 €
c)	Telefon	pauschal		400,00 €
d)	Porto	pauschal		250,00 €
e)	FSK-Gebühren	pauschal		397,00 €
f)	FBW-Gebühren	220 m	0,82 €	180,00 €
g)	Rechts-und Steuerberatungskosten			

Die Posten Fotokopien, Büromaterial, Telefon und Porto brauchen nicht weiter erläutert zu werden. Interessanter sind da schon die Gebühren für die FSK und die FBW.

Die FSK, oder, wie sie offiziell heißt, **Freiwillige Selbstkontrolle der Filmwirtschaft** vergibt die Altersfreigaben für Filme – auch für Kurzfilme. Diese Altersfreigaben werden eigentlich nur dann benötigt, wenn der Film im Kino oder auf

DVD kommerziell ausgewertet werden soll. Dass dieser Posten in der Kalkulation trotzdem auftaucht, liegt daran, dass einige Filmförderungen eine FSK-Freigabe verpflichtend fordern. Dazu gehören zum Beispiel die Filmförderanstalt und der Beauftragte für Kultur und Medien der Bundesregierung. Für die Freigabe muss der Film in seiner endgültigen Fassung der FSK vorgelegt werden, die dann die Altersfreigabe vergibt: »ohne Altersbeschränkung freigegeben«, »freigegeben ab sechs Jahren«, »freigegeben ab zwölf Jahren«, »freigegeben ab sechzehn Jahren« oder »keine Jugendfreigabe«. Hierfür werden von der FSK Prüfgebühren erhoben:

- Für die Prüfung von Kurzspielfilmen beträgt die Gebühr 10,63 Euro pro Minute, mindestens jedoch 345 Euro.
- Billiger kommen Dokumentar- und Animationsfilmer weg. Für Filme unter 30 Minuten Länge werden pauschal 75 Euro berechnet.

Wem dies zu viel Geld ist, der kann bei der FSK eine Reduzierung der Gebühren über eine Härtefallregelung beantragen.

Die **Deutsche Film- und Medienbewertung** – kurz FBW genannt – wird häufig mit der FSK verwechselt. Sie hat aber eine gänzlich andere Funktion. Bekannt geworden ist sie durch die Vergabe der Prädikate »wertvoll« und »besonders wertvoll«, mit der qualitativ hochwertige Filme ausgezeichnet werden. Speziell das Prädikat »besonders wertvoll« hat eine ganz besondere Bedeutung für den Kurzfilm, da die so ausgezeichneten Filme von der Filmförderanstalt FFA als so genannte Referenzfilme anerkannt werden. Für den Filmemacher bedeutet das, auf Antrag von der FFA Kurzfilmförderung entsprechende Referenzgelder für einen neuen Film zu erhalten. Wie das genau funktioniert, wird im Kapitel »Filmförderung« beschrieben.

Es kann sich also richtig lohnen, seinen Kurzfilm der FBW zur Begutachtung vorzulegen. Allerdings muss auch hier Geld in die Hand genommen werden, da die FBW Prüfgebühren in Höhe von 0,82 Euro pro Filmmeter (rund 22,50 Euro pro Minute) in Rechnung stellt. Hochschulfilme sowie Filme, die von einer Länderförderung unterstützt werden, berechnet die FBW mit 20,50 Euro pro Minute. Sobald der Film mitsamt dem Antrag auf Begutachtung und die Prüfgebühr bei der Deutschen Film- und Medienbewertung eingegangen ist, wird er auf einer der nächsten Sitzungen dem fünfköpfigen Bewertungsausschuss vorgelegt. Dieser entscheidet dann, ob der Film das Prädikat »besonders wertvoll«, »wertvoll« oder kein Prädikat erhält. Eine wichtige Besonderheit ist, dass die Entscheidung in einem Gutachten kurz begründet wird. Sie als Filmemacher können sich also ein Bild über die Gründe machen, die aus Sicht der Jury für oder gegen eine Prädikatisierung Ihres Films gesprochen haben.

Erhält Ihr Film nicht das gewünschte Prädikat, können Sie gegen die Entscheidung innerhalb eines Monats Widerspruch einlegen. Dieser Widerspruch sollte schriftlich begründet werden. Dabei sollten Sie möglichst konkret auf das Gutachten der Film- und Medienbewertung eingehen und versuchen, die dort genannten Gründe für die Ablehnung argumentativ zu entkräften. Über den Widerspruch entscheidet der Hauptausschuss der FBW, dessen Jurymitglieder nicht identisch sind mit den Jurymitgliedern, die den Film bereits begutachtet haben. Weil das so ist, können die Entscheidungen – und vor allem die Begründungen in den Gutachten – zwischen Bewertungsausschuss und Hauptausschuss sehr unterschiedlich ausfallen. Es passiert deshalb auch gar nicht so selten, dass ein Film im Widerspruchsverfahren doch noch ein Prädikat erhält. Dennoch ist auch der Widerspruch mit einem gewissen finanziellen Risiko verbunden, da für die Vorlage beim Hauptausschuss nochmals die Prüfgebühr entrichtet werden muss. Diese wird jedoch gutgeschrieben, wenn der Film schließlich sein Prädikat erhält.

Es geht auch einfacher

Eine Kalkulation kann sehr umfangreich und komplex sein. Das muss aber nicht zwangsläufig so sein. Bei kleinen unabhängigen Filmen, die ohne Förderung entstehen sollen, kann die Kurzfilmkalkulation auch auf einen Bierdeckel passen. Hier sollte die Kalkulation auf diejenige Kosten reduziert werden, die auch wirklich anfallen. Leistungen wie der eigene Schnittplatz oder die eigene Kamera können in diesen vereinfachten Kalkulationen weggelassen werden. Ebenso Honorare, die zu 100 % zurückgestellt werden.

Sobald Ihr Film jedoch etwas aufwendiger wird, empfiehlt es sich, eine Gesamtkalkulation aufzustellen, die auch Ihre eigenen Leistungen und die Ihres Teams berücksichtigt. Gleiches gilt, wenn Sie Filmförderung beantragen wollen. Eine Kalkulation ist kein statisches Objekt. Vielmehr muss und kann sie mit jedem neuen Angebot und mit jeder eingehenden Rechnung ständig an die Realität angepasst werden.

So entwickelt sich aus der Vorkalkulation dynamisch die Nachkalkulation, in der alle tatsächlich entstandenen Kosten aufgeführt werden. Gleichzeitig hilft Ihnen eine während des gesamten Produktionsprozesses kontinuierlich weitergeführte Kalkulation, die Kosten unter Kontrolle zu halten. Unliebsame Überraschungen lassen sich so relativ einfach vermeiden.

Checkliste Kalkulation

☐ Kalkulieren Sie realistisch und so exakt wie möglich. Es macht keinen Sinn, einen Film in Erwartung höherer Fördermittel teurer zu kalkulieren, als er sein muss. Genauso unsinnig ist es, das Budget künstlich niedrig zu halten, um das Gefühl zu haben, dass sich das Projekt finanzieren lässt.

☐ Kalkulieren Sie, wo immer möglich, auf der Basis konkreter Angebote von Verleihfirmen, Kopierwerken oder anderen Dienstleistern.

☐ Überlegen Sie, ob Sie den Film bei einem oder mehreren Filmförderern vorlegen wollen. Wenn ja, nehmen Sie frühzeitig Kontakt mit den jeweiligen Förderreferenten auf. Klären Sie welche formalen und inhaltlichen Bedingungen die Kalkulation erfüllen muss bzw. sollte.

☐ Beziehen Sie Leistungen und Waren, die Sie selbst oder andere kostenlos beisteuern, in die Kalkulation mit ein, wenn die Förderungen, bei denen Sie einreichen wollen, eine vollständige Kalkulation aller Kosten haben möchte.

☐ Wenn Sie keine Förderung beantragen wollen, können Sie die Kalkulation auf jene Posten reduzieren, für die Sie konkret Geld ausgeben müssen. Sie erhalten so einen schnellen Überblick über Ihren Finanzbedarf.

☐ Verwenden Sie grundsätzlich Nettobeträge, wenn Sie als Unternehmer vorsteuerabzugsberechtigt sind.

☐ Überlegen Sie sich immer wieder, ob die Kosten für den Film in einem für Sie persönlich angemessenen Verhältnis zum zu erwartenden Ergebnis stehen. Wenn ja, ist alles gut.

Der Finanzierungsplan

Das Budget Ihres Films ergibt sich aus der Kalkulation. Woher aber das Geld für die Produktion kommt, ist aus ihr nicht ersichtlich. Diesen Zweck erfüllt der so genannte Finanzierungsplan. In ihm werden alle Finanzierungsquellen mit den jeweiligen Finanzierungsanteilen aufgelistet.

Für den Kurzfilm *Der Schüler* sah der Finanzierungsplan nach Abschluss der Produktion so aus:

Finanzierungsplan am Beispiel von *Der Schüler*			
	Betrag	Summe	Anteil
Eigenanteil des Produzenten		17.484,05 €	29,1 %
Eigenmittel	8.994,05 €		15,4 %
Eigenleistung (Tonmeister)			
• Tonmeister	2.000,00 €		3,3 %
Beistellungen			0,0 %
• Schnittplatz	3.000,00 €		5,0 %
• Tonstudio	3.000,00 €		5,0 %
• Tonaufnahmeequipment	250,00 €		0,4 %
Rückstellungen	31.000,00 €	31.000,00 €	51,7 %
Verfilmungsrechte	750,00 €		
Drehbuch	250,00 €		
Gagen	30.000,00 €		
Sponsoring	0,00 €	0,00 €	0,0 %
öffentliche Mittel		11.500,00 €	19,2 %
Stadt Nürnberg über Filmbüro Franken e. V.	1.500,00 €		2,5 %
FFF Bayern	10.000,00 €		16,7 %
Summe		**59.744,05 €**	**100,0 %**

Dieser Finanzierungsplan ist durchaus typisch und umfasst mit Eigenanteil, Rückstellungen, Sponsoring und öffentlichen Mitteln alle wichtigen Komponenten, die üblicherweise zur Finanzierung eines Kurzfilms beitragen. Der Trick dabei ist, dass hier alle Posten der Kalkulation, die nicht bezahlt werden müssen (zum Beispiel die zurückgestellten Honorare des Teams), als Finanzierungsbausteine wieder auftauchen.

Aufbau des Finanzierungsplanes

Eigenanteil

Der Eigenanteil umfasst alle Finanzierungsbausteine, die vom Filmemacher beziehungsweise vom Produzenten selbst erbracht werden.

Das sind zum einen die Eigenleistungen, also die in der Kalkulation aufgeführten Gagen des Produzenten, die nicht ausgezahlt, sondern in den Film »investiert« werden. Üblicherweise ist das bei Kurzfilmen das Produzentenhonorar oder, wenn der Produzent auch Regie führt, zusätzlich das Regiehonorar. Im Beispielfilm *Der Schüler* wurde das Tonmeisterhonorar als Eigenleistung eingebracht, da hier der Produzent zugleich der Tonmeister der Produktion war.

Der zweite Baustein, der zum Eigenanteil gerechnet werden kann, sind die so genannten Beistellungen. Hierbei handelt es sich in der Regel um technische Güter, die der Produzent entweder selbst besitzt oder die ihm kostenlos durch einen Dritten, der das Filmprojekt unterstützen will, zur Verfügung gestellt werden. Unter den Punkt »Beistellungen« fallen also die eigene Kamera, der eigene Schnittplatz, aber auch Lichtequipment, das man von einem Verleiher kostenlos geliehen bekommen hat.

Der dritte Baustein des Eigenanteils ist derjenige, der weh tut: die Eigenmittel. Bargeld, das in die Produktion eingebracht werden muss. Sie lassen sich ganz einfach berechnen: die Differenz zwischen den kalkulierten Kosten und der Summe aller anderen Finanzierungsmittel.

Wie viel Eigenkapital Sie also in Ihren Film investieren müssen, hängt direkt davon ab, ob und in welcher Höhe Sie andere Finanzierungsquellen für den Film finden. Im schlimmsten Fall muss der gesamte Film selbst finanziert werden. Die Eigenmittel decken dann 100 % der kalkulierten Kosten ab. Diese Lösung ist teuer, aber auch einfach, klar und bürokratiefrei. Sie gibt Ihnen alle Freiheiten, das Geld so auszugeben, wie Sie es als Filmemacher für richtig halten. Auf der anderen Seite gab der große John Ford dem damals siebzehnjährigen Steven Spielberg eine Weisheit auf den Weg, die viel Wahres in sich birgt: »Never spend your own money to make a movie.«

Wie viel Geld man letztes Endes selbst in seinen Film investieren will, kann oder muss, hängt von der persönlichen Vermögenssituation und den zu finanzierenden Gesamtkosten des Films ab. Je niedriger diese sind, umso mehr sollten Sie sich fragen, ob sich Aufwand und Mühe lohnen, Ihren Film bei Förderungen einzureichen oder Sponsoren zu suchen. Gleichzeitig macht es aber auch wenig Sinn, das gesamte Erbe seiner Großmutter in einen 50.000 Euro teuren Kurzfilm zu stecken. Es sei denn, Sie sind sich sicher, dass Sie mit diesen 50.000 Euro Ihren Durchbruch als begnadeter Filmemacher schaffen. Aber wie oft passiert das schon?

Eigenmittel innerhalb des Finanzierungsplans sind nicht nur im Hinblick auf den eigenen Geldbeutel interessant. Auch wenn Sie eine Filmförderung beantragen, müssen Sie in der Regel einen bestimmten Prozentsatz der kalkulierten Kosten als Eigenmittel aufbringen. Bei vielen Förderungen, wie beispielsweise dem FilmFernsehFonds Bayern muss die Eigenmittelquote mindestens bei 5 % liegen. Dieser Wert wird im Fallbeispiel *Der Schüler* mit 15,4 % deutlich übertroffen. Insgesamt wurden hier 8.994,05 Euro als Eigenmittel kalkuliert. Eine stolze Summe, die allerdings etwas freundlicher aussieht, wenn man ihr die kalkulierten Handlungskosten des Films in Höhe von 4.150,05 Euro gegenüberstellt. Da diese zur Finanzierung der laufenden Kosten des Unternehmens dienen, tragen sie rein kalkulatorisch auch zur Deckung eines Teils der Eigenmittel bei. Zuerst werden also die Handlungskosten als Ausgaben definiert, um anschließend wieder in Form von Eigenmitteln im Finanzierungsplan aufzutauchen. Effektiv selbst finanzieren mussten die Produzenten des *Schüler* also den Differenzbetrag aus Eigenmitteln und Handlungskosten. Das waren 4.844 Euro.

Welchen Sinn macht dieses Hin und Her mit den Handlungskosten? Wenn Sie keine Filmförderung beantragen wollen: gar keinen. Dann sollten Sie einfach keine Handlungskosten kalkulieren. Ihre Eigenmittel stimmen dann eins zu eins mit dem überein, was Sie selbst an Bargeld beisteuern müssen. Möchten Sie dagegen Fördermittel nutzen, macht die Einbeziehung der Handlungskosten sehr viel Sinn. Durch die rechnerisch notwendigen Eigenmittel werden die Handlungskosten höher. So wird der von den Förderern geforderte 5 %-Eigenmittelanteil relativ unproblematisch erreicht.

Rückstellungen

Der zweite große Block neben dem Eigenanteil sind die Rückstellungen, auf die bereits im Kapitel »Elf Freunde sollt Ihr sein« eingegangen wurde. Rückstellungen fließen in den Finanzierungsplan ein, weil sie nur im Erfolgsfall ausgezahlt werden. Im Beispielfilm *Der Schüler* wurden die Gagen zu 100 % zurückgestellt. Daher erscheinen sie in voller Höhe auch im Finanzierungsplan. Oftmals sind aber nur Teilrückstellungen möglich. Dann werden beispielsweise 25 % der Gage direkt ausgezahlt und 75 % zurückgestellt. In diesem Fall tragen natürlich nur die 75 % zur Finanzierung des Projektes bei.

Sponsoring

Sponsoring kann gerade bei kleineren Projekten mit niedrigem Budget einen wichtigen Beitrag zur Finanzierung eines Films leisten. Grundsätzlich sind drei Variationen des Sponsorings denkbar:

- die finanzielle Beteiligung am Film, ohne dass eine Gegenleistung erwartet wird,
- die finanzielle Beteiligung am Film, für die aber eine Gegenleistung wie Product-Placement erwartet wird,
- das Sponsoring durch Sachleistungen, angefangen vom Bäcker, der die Frühstücksbrötchen zur Verfügung stellt, bis zum kostenlosen Mietwagen.

Von der ersten Sponsoringform träumen alle Filmemacher. Leider gibt es diese Art des Mäzenatentums außerhalb der eigenen Familie nur noch sehr selten. Und auch das Product-Placement als Finanzierungsquelle stößt beim Kurzfilm schnell an seine Grenzen. Zum einen kann man als Kurzfilmproduzent die Sponsoren nicht damit ködern, dass der Film ein großes Publikum erreichen wird. Zum anderen muss man sich aber auch genau überlegen, ob das zu bewerbende Produkt zum eigenen Film passt. Und wie es in den Film integriert werden soll. Das gilt ganz speziell dann, wenn der Sponsor zum Beispiel fordert, dass sein Produkt mindestens »zehn Sekunden in einer Großaufnahme« zu sehen sein muss.

Sehr viel besser und unproblematischer ist es, wenn Sponsoren durch Sachleistungen zum Film beitragen. Viele Unternehmen helfen gerne, wenn sie das Gefühl haben, dass ein Projekt mit Ernsthaftigkeit betrieben wird und sie einen Beitrag dazu leisten können.

Tipp: Diese Großzügigkeit ist keine Selbstverständlichkeit und muss, damit es nicht bei einer einmaligen Unterstützung bleibt, entsprechend honoriert werden. Die pünktliche Rückgabe eines Mietwagens, eine DVD des fertigen Films oder die Einladung zur Premiere sowie ein persönliches Dankeschön nach dem Ende der Dreharbeiten sollten daher eine Selbstverständlichkeit sein.

Die Akquisition von Sponsoringgeldern und -leistungen kostet Zeit und Kraft. Manche Filmemacher fühlen sich dabei wie Hausierer, andere freuen sich leidenschaftlich über jeden kleinen Teilerfolg. Wie dem auch sei – überlegen Sie genau, welche Leistungen von Sponsoren Sie wirklich weiterbringen. Jeden Tag zehn Brötchen gesponsort zu bekommen, ist nett, bringt aber im Hinblick auf die Gesamtfinanzierung Ihres Films nicht sehr viel. Und wenn das Catering am fünften

Drehtag immer noch gesponsorte Tütensuppen serviert, wird die Stimmung am Set bestimmt nicht besser. Konzentrieren Sie sich daher bei der Suche nach Sponsoren auf Güter oder Leistungen, die Ihren Film wirklich weiter bringen.

Crowdfunding

Eine vergleichsweise neue Form der Filmfinanzierung ist das Crowdfunding. Die Idee dazu ist einfach: Man wirbt im Internet für sein Projekt und sammelt dann in der Community kleinere Beträge ein, die zur Finanzierung beitragen. Ein System, das auf den ersten Blick Erfolg versprechend wirkt. Und tatsächlich gibt es einige Beispiele, die zeigen, dass vieles machbar ist – bis hin zu fünfstelligen Beträgen für Kurzfilme, wie bei *Hotel Desire* von Sergej Moya. Zu Euphorie gibt es jedoch keinen Anlass, konnte *Hotel Desire* doch gleich mit zwei Faktoren glänzen: echtem Sex und einer exzellenten Präsenz in allen Medien. Dank dem Partner teamWorx, einem der wichtigsten TV-Produzenten, der hier ganz hervorragende Pressearbeit leistete. Wer nicht auf diese Ressourcen zurückgreifen kann, sollte sich mit weniger zufrieden geben. Realistischer erscheinen heute Beträge von 500 bis 5.000 Euro, die per Crowdfunding eingespielt werden können.

Möchten Sie Crowdfunding nutzen, stehen Ihnen prinzipiell zwei Möglichkeiten offen. Entweder Sie sammeln selbst oder Sie präsentieren Ihr Projekt auf einer der speziellen Crowdfunding-Plattformen. Selbst zu sammeln funktioniert im Prinzip ganz einfach: Sie richten eine Homepage für das Projekt ein und platzieren dort einen »Unterstützen/Donate«-Button, der mit Paypal, giropay oder einem anderen Bezahlsystem gekoppelt ist. Interessant ist auch die SMS-Bezahlung. Die Geldgeber senden hier einfach eine SMS an eine Handynummer und Sie erhalten die Gebühren, die Sie zuvor festgelegt haben. Abzüglich natürlich des Anteils, den der Dienstanbieter bzw. das Bezahlsystem für sich nimmt.

Wer diesen (auch kaufmännischen) Aufwand nicht treiben will, sollte sich an Crowdfunding-Portale wie startnext.de aus Deutschland oder dessen internationalen Pendants indiegogo.com, kickstarter.com und wreckamovie.com wenden.

Anna Theil ist zuständig für die Öffentlichkeitsarbeit bei startnext.de, einem deutschen Crowdfunding-Portal. Laut Homepage können auf startnext.de »Starter ihre Projekte durch viele einzelne Personen finanzieren lassen (Crowdfunding). Im Gegenzug bekommen die Supporter (Fans, Freunde, Bekannte, Familie, Firmen und Mäzene) vom Starter einzigartige Dankeschöns.«

Frank Becher: Welche Projekte suchen auf startnext.de nach Finanzierung?
— **Anna Theil:** Da ist die ganze Bandbreite kreativer Projekte von Kunst bis zur Softwareentwicklung vertreten. 30 bis 50% davon sind zurzeit Projekte in der Kategorie Film/Video.

FB: Gibt es bestimmte Themen oder Projektideen, die besonders viel Geld einsammeln können?
— **Anna Theil:** Das ist schwer zu sagen. Genauso wichtig wie die Projektidee ist auch die Art und Weise wie das Projekt präsentiert wird. Die Präsentation sollte authentisch, transparent und ehrlich sein und es sollte klar werden, um was es im Film geht, wer hinter dem Projekt steht und warum diese Person den Film unbedingt machen möchte. Der Pitch ist sehr wichtig, um die Neugier zu wecken. Das Vertrauen der Supporter gewinnt der Initiator am besten über ein Pitch-Video, in dem er sich und sein Projekt vorstellt.

FB: Welche Rolle spielen die »Dankeschöns« für die Supporter, also die Geldgeber?
— **Anna Theil:** Die sind für uns ganz wichtig. Gelder, die durch Crowdfunding eingesammelt werden, sind keine Spenden, wie viele denken. Crowdfunding ist ein Geben und Nehmen, gewissermaßen ein Tauschhandel. Wie die Belohnung für die Supporter aussieht, bleibt der Kreativität der Filmemacher überlassen. Das kann z. B. eine vom Künstler signierte DVD, eine Nennung im Abspann oder ein exklusives Meet & Greet sein. Je spannender und höher der Erlebniswert, umso attraktiver ist das für die Supporter.

FB: Wenn ein Filmemacher oder eine Filmemacherin ein Projekt bei startnext.de präsentieren möchte: Was muss er oder sie tun?
— **Anna Theil:** Ein Projekt durchläuft bei uns drei Phasen. In der Projektphase müssen die »Starter«, wie wir sie nennen, ihre Projektpräsentation entwickeln. Sobald diese reif für die Veröffentlichung ist, beginnt die Startphase. Das Projekt ist dann online und die Starter erhalten Feed-back aus der Community. Sie können dann noch mal ihren Auftritt optimieren. Findet das Projekt genügend Fans, startet die Finanzierungsphase. Das Projekt hat dann drei Monate Zeit, um die gewünschte Finanzierung zusammen zu bekommen.

FB: Das heißt, bei Ihnen gilt das Alles-oder-nichts-Prinzip?
— **Anna Theil:** Ja, genau. Wird die Finanzierungssumme in drei Monaten nicht erreicht, geht das Geld zurück an die Supporter. Derzeit schaffen es aber rund 40 bis 45 % in dieser Zeit. Das richtige Timing und die adäquate Finan-

zierungssumme sind also ganz wichtig. Oft wird Crowdfunding dazu genutzt, um die letzte Finanzierungslücke zu schließen.

FB: Wie hoch ist der Anteil der über startnext.de gesammelten Gelder, die in das Projekt fließen?
— **Anna Theil:** Bei uns gehen 100 % des Betrags, den ein Unterstützer zahlt, an den Starter. startnext.de verlangt als gemeinnützige Plattform keine Provision. Außerdem übernimmt startnext.de die gesamte Abwicklung des Geldverkehrs und stellt die Plattform zur Verfügung.

FB: Welchen Tipp würden Sie Startern geben, die Crowdfunding in Betracht ziehen?
— **Anna Theil:** Damit Crowdfunding funktioniert, muss das Projekt das Interesse der Supporter wecken. Ein gutes Marketing ist deshalb essenziell. Foren, soziale Netzwerke, klassische Pressearbeit und natürlich auch Mund-zu-Mund-Propaganda – all das sollten die Starter nutzen, um im Idealfall einen »viralen« Effekt zu erzeugen.

Checkliste Crowdfunding

Lohnt sich Crowdfunding für Ihr Projekt? Damit Sie eine Antwort auf diese Frage finden, sollten Sie folgende Punkte beachten:

❑ Hat Ihr Projekt ein Alleinstellungsmerkmal, mit dem Sie die Aufmerksamkeit potenzieller Geldgeber gewinnen können? Alleinstellungsmerkmale sind z. B. ein bestimmtes Thema oder die Verortung des Filmes in einer definierten Community.

❑ Haben Sie einen Plan, wie und wo Sie die Geldgeber ansprechen? Kennen Sie die Foren und sozialen Netzwerke, in denen Sie die Geldgeber finden?

❑ Haben Sie Zeit und Energie, Ihren Film entsprechend zu »vermarkten«? Oder kennen Sie jemanden, der diesen Job für Sie übernimmt?

❑ Welche Gegenleistung bieten Sie den Geldgebern? Sind diese aus Sicht der Geldgeber attraktiv?

❑ Haben Sie die Kosten hierfür berechnet? Beispiel DVD: Die Produktion einer DVD kostet inklusive Cover rund 2 Euro. Hinzu kommt das Porto von 1,45 Euro für den Versand. Hat der Geldgeber 5 Euro gegeben, bleiben für die Deckung der Filmproduktionskosten gerade mal 1,55 Euro!

Öffentliche Mittel

Film ist ein Kulturgut und das gilt für den Kurzfilm natürlich auch. Dementsprechend fördert die öffentliche Hand den Kurzfilm auf verschiedenste Art und Weise. Fördergelder werden nicht nur von den Filmförderungen der Länder und des Bundes, die im nächsten Kapitel ausführlich dargestellt werden, bereitgestellt, sondern teilweise auch von Gemeinden, Landkreisen und Bezirken. Spezielle Mittel für die Filmförderung wird man hier jedoch nur im Ausnahmefall finden. Fördermittel für einen Film fließen hier in der Regel aus einem allgemeinen Topf für die Unterstützung kultureller Projekte. Zuständig sind jeweils die Kulturreferate oder Kulturämter.

Finanzierungsplan und Filmförderung

Der Finanzierungsplan ist, genau wie die Kalkulation, bei praktisch allen Filmförderungen Pflichtbestandteil der einzureichenden Unterlagen. Er muss daher zu einem Zeitpunkt angefertigt werden, an dem die wesentlichen Bausteine des Plans noch nicht in Zement gegossen sind. In seiner ersten Fassung ist ein Finanzierungsplan daher eher eine Zielvorgabe als eine gesicherte Zusammenstellung aller Finanzierungsquellen.

Ursprünglicher Finanzierungsplan *Der Schüler* vor Einreichung bei den Förderungen			
	Betrag	Summe	Anteil
Eigenanteil des Produzenten	11.984,05 €		20,0 %
Eigenmittel	3.734,05 €		6,2 %
Eigenleistung (Tonmeister)	2.000,00 €		3,3 %
Beistellungen	6.250,00 €		10,4 %
Rückstellungen	24.000,00 €	24.000,00 €	
Sponsoring	0,00 €	0,00 €	
öffentliche Mittel		24.000,00 €	40,0 %
Stadt Nürnberg über Filmbüro Franken e.V.	1.500,00 €		2,5 %
FFF Bayern	10.000,00 €		16,7 %
BKM Filmförderung	12.500,00 €		20,8 %
Summe		**59.984,05 €**	**100,0 %**

Im Beispiel war ursprünglich eine Finanzierung des Films sowohl über den Film-FernsehFonds Bayern als auch durch die Kurzfilmförderung des Beauftragten für Kultur und Medien der Bundesregierung geplant. Gleichzeitig sollten die Mitarbeiter nicht 100 % ihrer Gage, sondern »nur« 75 % davon zurückstellen. Nachdem vom BKM ein ablehnender Bescheid kam, blieben zwei Möglichkeiten: Entweder hätten die Kosten um 12.500 Euro gesenkt werden müssen oder die Finanzierung musste an die neue Situation angepasst werden. Eine Kostenreduktion in dieser Höhe erschien kaum möglich, weshalb sich die Produktion zu einer Änderung der Finanzierung entschloss und die fehlenden 12.500 Euro durch 100 %-Rückstellungen und einen erhöhten Eigenmittelanteil kompensierte.

> **Tipp**: Das Beispiel macht auch deutlich, warum Teammitgliedern erst dann ein Honorar zugesichert werden sollte, wenn die Finanzierung »steht«. Zusagen, die revidiert werden müssen, sorgen für schlechte Stimmung. Im Beispielfall war das kein Problem, da sich im Vorfeld der Antragstellung alle angesprochenen Teammitglieder bereiterklärt hatten, ohne Honorar am Film mitzuarbeiten.

Finanzierung »schließen«

Ein Finanzierungsplan bleibt so lange virtuell, bis er »geschlossen« ist. Das bedeutet nichts anderes, als dass die letzte Finanzierungslücke geschlossen wurde und alle Finanzierungsbausteine von den einzelnen Investoren bestätigt wurden. Üblicherweise wird auch erst zu diesem Zeitpunkt die erste Förderrate von der Filmförderung ausgezahlt.

Hierzu müssen der Förderung die entsprechenden Nachweise vorgelegt werden.

Checkliste Nachweis Finanzierungsmittel

Eigenmittel
❑ Ein aktueller Kontoauszug mit der entsprechenden Deckung. Das Guthaben auf dem Konto muss also mindestens so hoch sein wie die Eigenmittel. Alternativ reicht auch eine Bestätigung der Bank, dass Sie über die Höhe der Eigenmittel innerhalb eines Kreditrahmens verfügen können.

Beistellungen
❑ Bestätigungsschreiben der Unternehmen bzw. Personen, die die Beistellung leisten. Die Leistungen sollten auf dem Bestätigungsschreiben genau bezeichnet werden. Für eigene Beistellungen (zum Beispiel die eigene Kamera) müssen ebenfalls Bestätigungsschreiben vorliegen.

Rückstellungen
❑ Rückstellungsverträge mit allen betroffenen Teammitgliedern

Sponsoren
❑ Bestätigungsschreiben der Unternehmen bzw. Personen, die als Sponsor auftreten.

Öffentliche Förderer
❑ Bewilligungsbescheide der Förderer über die geförderte Summe

Kann eine geschlossene Finanzierung nicht nachgewiesen werden, verfällt die Förderung nach einer bestimmten Zeit. Umso wichtiger ist es, den Finanzierungsplan so realistisch wie möglich aufzustellen. Wird deutlich, dass die Finanzierung eines Projektes auf wackeligen Füßen steht oder sogar unwahrscheinlich ist, sollten Sie zunächst nochmals einen Blick in Ihre Kalkulation werfen. Zusammen mit Autor, Regisseur und Kameramann sollten Sie Einsparungsmöglichkeiten diskutieren. Fast immer wird sich dann eine Lösung finden lassen – sei es »die Entfernung« eines aufwendigen, dramaturgisch aber nicht unbedingt notwendigen Details aus einer Drehbuchszene, sei es, dass der Dreh auf einem kostengünstigeren Aufnahmeformat erfolgt.

Kurzfilmförderung

Neben Eigenleistungen, Eigenmitteln und Gagenrückstellungen sind Fördergelder aus den Töpfen der Filmförderung die wichtigste Finanzierungsquelle für Kurzfilme. Um die Struktur der Filmförderlandschaft zu verstehen, reichen einige wenige Stichworte zur Charakterisierung aus. Mit ihnen lässt sich das gesamte System umreißen.

Die ersten beiden Stichworte sind »Föderalismus« und »Kulturhoheit« der Länder. Beide sind im Grundgesetz fixiert. Im Zusammenhang mit der Kurzfilmförderung bedeutet das, dass diese zunächst einmal Sache der Bundesländer ist. Praktisch alle Bundesländer, mit Ausnahme von Rheinland-Pfalz, unterhalten daher Fördereinrichtungen, die Filme mit Bezug zum jeweiligen Bundesland fördern.

Zusätzlich zu den Länderförderungen gibt es drei bundesweit agierende Filmförderer: das Kuratorium junger Film (das wiederum eine Einrichtung der Länder ist), den Beauftragten der Bundesregierung für Kultur und Medien (kurz BKM) und die Filmförderanstalt FFA in Berlin.

Das zweite Stichwortpaar, das bei der Einteilung der Förderlandschaft hilft, heißt »kulturelle« und »wirtschaftliche« Filmförderung. Wobei gerade letzterer Begriff missverständlich ist. Auch die oftmals als wirtschaftlich bezeichneten Filmförderer nehmen zuallererst immer einen kulturellen Auftrag wahr, der aber durch standortpolitische und filmwirtschaftliche Aufgaben ergänzt wird.

Zu diesen wirtschaftlich orientierten Filmfördereinrichtungen gehören alle großen Filmförderer:

* der FilmFernsehFonds Bayern,
* die Filmstiftung Nordrhein-Westfalen,
* das Medienboard Berlin-Brandenburg,
* die Medien- und Filmgesellschaft Baden-Württemberg,
* die Mitteldeutsche Medienförderung (Thüringen, Sachsen, Sachsen-Anhalt),
* der nordmedia Fonds (für Niedersachsen und Bremen),
* die Filmförderung Hamburg Schleswig Holstein,
* Saarmedia aus dem Saarland (als vergleichsweise kleiner Förderer).

Typischerweise sind diese wirtschaftlich orientierten Fördereinrichtungen gemeinsame Unternehmen der Landesregierungen und der verschiedenen öffentlich-rechtlichen und privaten Sender. Sie verfolgen eine mehr oder weniger klare Standortpolitik und stehen, vor allem im Spielfilmbereich, im Wettbewerb. Jede

Förderung versucht, die attraktivsten Produktionen ganz oder teilweise an das jeweilige Bundesland zu binden, und sonnt sich natürlich gern im Erfolg, den die geförderten Projekte an der Kinokasse oder bei Festivals haben. Laut FFA und eigenen Recherchen investierten die sieben größten Länderförderungen zusammen mit der FFA im Jahr 2012 rund 2,7 Millionen Euro in Kurzfilme.

> **Tipp**: Filmförderung ist immer auch ein Geben und Nehmen. Die Filmförderungen geben Geld, wünschen sich aber auch, dass Sie dafür eine Gegenleistung über den Film hinaus erbringen. Dazu gehört, dass Sie die Förderung über Preise, Auszeichnungen oder die Teilnahme an besonders wichtigen Festivals informieren. Diese Erfolgsmeldungen sind wichtig für die Förderer, da sie damit gegenüber der Politik zeigen können, wie wichtig und richtig die Filmförderung ist.

Länderfilmförderung

Praktisch allen genannten Förderungen gemeinsam ist die Prozedur, die Sie als Filmemacher durchlaufen müssen, wenn Sie Ihren Film mit Fördermitteln finanzieren möchten. Kurz gefasst lässt sie sich in vier Schritte unterteilen:

Am Anfang steht die Einreichung des Förderantrags, für die es in der Regel feststehende Fristen gibt. Die eingereichten Anträge werden dann von den Förderern gesichtet und einem Entscheidungsgremium vorgelegt. Dieses wählt die Projekte aus, die zur Förderung vorgeschlagen werden. Nach dem grundsätzlichen Förderentscheid sind wieder Sie als Filmemacher gefragt. Damit die Förderung auch ausgezahlt werden kann, müssen alle noch erforderlichen Unterlagen, vor allem die Finanzierungsnachweise erbracht werden. Sind alle Formalitäten erledigt, fließt in der Regel zum ersten Mal Geld. Die Produktion kann beginnen, der Film wird gedreht. Während der Postproduktion oder spätestens nach Fertigstellung muss der Film von den Förderern abgenommen werden. Die Abnahme ist dabei weniger als inhaltliche Abnahme im Hinblick auf Dramaturgie, Schauspielführung etc. zu verstehen. Es geht vielmehr darum, dass die Förderer überprüfen wollen und müssen, ob mit ihrem Fördergeld auch der Film entstanden ist, den der Filmemacher ursprünglich in Drehbuchform bei der Förderung vorgelegt hatte. Zusätzlich muss meist ein Schlussbericht mit dem nachweisbaren Schlusskostenstand vorgelegt werden.

> **Tipp**: Die Ausgestaltung des Förderprozesses ist von Förderung zu Förderung verschieden. Sie sollten sich daher intensiv mit den jeweiligen Förderrichtlinien auseinandersetzen. Es lohnt sich, die infrage kommenden Förderer bereits im Vorfeld zu kontaktieren und sich den Prozess erklären zu lassen. Als Filmemacher sind Sie zwar Bittsteller, Sie

sollten sich aber immer bewusst sein, dass Filmförderer öffentliche Dienstleister sind, deren Aufgabe die Unterstützung der Filmemacher ist.

Wie eine Länderfilmförderung im Detail abläuft, zeigt das Beispiel der Nachwuchsförderung des FilmFernsehFonds (kurz: FFF) Bayern. Der FFF Bayern ist zusammen mit der Filmstiftung NRW und dem Medienboard Berlin-Brandenburg der finanzstärkste deutsche Länderförderer. Seine Aufgaben beschreibt der FFF auf seiner Homepage wie folgt:

»Zu den Aufgaben des FilmFernsehFonds gehören die Förderung des Kinofilms vom Drehbuch über die Projektvorbereitung und Produktion bis zum Verleih, Vertrieb und Marketing, die Förderung von Fernsehproduktionen und die Förderung von Filmtheatern. Ein besonderes Augenmerk gilt dem Nachwuchs. Gefördert werden auch Maßnahmen zur Verbesserung der Infrastruktur und zur Stärkung des Medienstandorts Bayern.«

Für den Kurzfilm gibt es beim FFF keine eigene Sektion. Vielmehr fällt dieser unter den Bereich »Nachwuchsprojekte«, in der allerdings nach oben offen auch abendfüllende Filmprojekte gefördert werden können.

Julia Rappold
Quelle: FFF Bayern

Julia Rappold ist Förderreferentin beim FilmFernsehFonds Bayern und dort für die Bereiche Abschlussfilm und sonstiger Nachwuchs zuständig.

Frank Becher: Welche Fördermöglichkeiten bietet der FilmFernsehFonds Bayern für Kurzfilmproduzenten?

— **Julia Rappold:** Der Kurzfilm ist bei uns kein eigener Bereich, sondern Teil der Nachwuchsförderung. Innerhalb des Nachwuchsfilms werden Kurzfilme in den Förderbereichen Abschlussfilm und Erstlingsfilm sowie sonstiger Nachwuchs gefördert. Die Einreichung im Bereich Abschlussfilm und Erstlingsfilm ist jedoch nur für Filmemacher möglich, die an der Hochschule für Fernsehen und Film in München (HFF München) oder der Macromedia Hochschule für Medien und Kommunikation in München (MHMK) studieren. Grundsätzlich dürfen im gesamten Förderbereich des FilmFernsehFonds Bayern keine Studenten und Schüler einreichen, mit den eben erwähnten Ausnahmen.

FB: Neben dem Abschlussfilm gibt es den Förderbereich »sonstiger Nachwuchs«.

Wer kann in diesem Bereich einreichen?
— **Julia Rappold:** Hier wollen wir ganz ausdrücklich Seiteneinsteiger fördern. Für den Bereich sonstiger Nachwuchs darf der Antragsteller nicht an einer Filmhochschule gewesen sein. Wir wollen Filmemachern ermöglichen, eine erste Visitenkarte zu produzieren, und sich in der professionellen Filmwelt zu etablieren. Das kann zum Beispiel ein Regieassistent sein, der zum ersten Mal einen eigenen Film als Regisseur inszeniert. Oder jemand, der Geschichte studiert hat und nach Abschluss seines Studiums einen Dokumentarfilm zu einem historischen Thema machen möchte. Erfahrungen im Filmbereich sollten jedoch vorhanden sein.

FB: Wie hoch ist das für die sonstige Nachwuchsförderung zur Verfügung stehende Budget und wie viele Filme werden durchschnittlich pro Jahr gefördert?
— **Julia Rappold:** Insgesamt stehen pro Jahr für den Bereich sonstiger Nachwuchsfilm 150.000 Euro zur Verfügung. Ein einzelnes Kurzfilmprojekt kann mit maximal 25.000 Euro gefördert werden. Aber es besteht grundsätzlich auch die Möglichkeit, dass ein abendfüllender Spielfilm in diesem Förderbereich gefördert wird, sodass wir in der Regel zwischen vier und acht Projekte pro Jahr unterstützen können. Eingereicht werden natürlich deutlich mehr, schätzungsweise rund 30 Drehbücher pro Jahr. Da muss dann schon jedes einzelne Projekt sehr überzeugen, damit es vom Auswahlgremium zur Förderung empfohlen wird. Zwischen Einreichtermin und Förderentscheidung liegen beim FFF nur vier Wochen. Die Entscheidung liegt somit vergleichsweise schnell vor.

FB: Wird die Förderung als Zuschuss gewährt oder muss sie zurückgezahlt werden?
— **Julia Rappold:** Die Förderung ist in der Regel ein Zuschuss, muss also nicht zurückgezahlt werden. Auch dann nicht, wenn der Film, was wir immer hoffen, erfolgreich ist.

FB: Gibt es weitere besondere Voraussetzungen, die ein Filmemacher beachten muss, wenn er bei Ihnen einreicht?
— **Julia Rappold:** Zunächst einmal müssen natürlich die Voraussetzungen der Förderrichtlinien erfüllt werden. Eine besondere Voraussetzung für alle Projekte des FFF ist der erforderliche Regionaleffekt. Der Regionaleffekt muss normalerweise in allen Förderbereichen des FFF bei wenigstens 150 % liegen. Es muss also das 1,5-fache der Fördersumme in Bayern ausgegeben werden.

Bei einem Nachwuchsfilm kann der Effekt in berechtigten Fällen geringer angesetzt werden. Es ist daher nur von Vorteil, wenn ein Film regional oder personell mit Bayern zu tun hat – oder beides.

FB: Kann auch ein Filmemacher einreichen, der nicht in Bayern ansässig ist?
— **Julia Rappold:** Ja, natürlich. Wichtig ist der Bayernbezug, wie ich ihn gerade geschildert habe. Dabei ist es egal, ob der Filmemacher selbst in Bayern wohnt oder nicht. Gerade im Nachwuchsbereich ist aber der Wohnsitz in Bayern ein Pluspunkt.

FB: Gibt es Einschränkungen in technischer Hinsicht? Muss zum Beispiel am Schluss eine 35 mm-Kopie vorliegen?
— **Julia Rappold:** Nein, das bleibt dem Filmemacher überlassen. Natürlich hängt es auch vom Filmstoff selbst ab, welches Format das beste ist. Film oder digital – beides ist möglich. Allerdings sollte am Schluss der Film in einem professionellen Format vorliegen.

FB: Wie wichtig ist Ihnen die Kommunikation mit dem Filmemacher?
— **Julia Rappold:** Mir persönlich ist sie sehr wichtig. So bekomme ich ein besseres Bild vom Antragsteller und seinem Projekt. Ich würde mir wünschen, dass die Filmemacher sich trauen, schon im Vorfeld einer Einreichung zu uns zu kommen. Dass sie unsere Beratungsangebote wahrnehmen. Zwingend notwendig ist die Kommunikation nach einer positiven Entscheidung, also wenn der Filmemacher eine Förderung erhält. Gibt es nach der Entscheidung formale oder inhaltliche Änderungen, müssen wir unbedingt frühzeitig davon erfahren. Kommunikation ist hier das A und O. Alle größeren Änderungen im Budget müssen von uns genehmigt und mit uns besprochen werden. Wir können wertvolle Tipps geben und manchmal Probleme gemeinsam lösen, bevor sie überhaupt erst auftreten.

Die formalen Vorgehensweisen rund um Einreichung, Entscheidung, Auszahlung und Schlussbericht sind beim FilmFernsehFonds Bayern für alle Produktionsförderungen gleich – unabhängig davon, ob es sich um einen mehrere Millionen Euro teuren Mainstream-Film oder Ihre 10.000 Euro-Kurzfilmproduktion handelt. Der Aufwand, der betrieben werden muss, ist daher sehr hoch. Nicht jeder Förderer wird alle Unterlagen, die der FFF Bayern einfordert, von Ihnen als Kurzfilmemacher haben wollen. Der Förderablauf beim FFF kann aber doch als exemplarisch für alle anderen Förderungen betrachtet werden.

Die Einreichung

Am Anfang des Förderprozesses steht die fristgerechte Einreichung eines vollständigen Förderantrags, der in der Regel aus einem Antragsformular und einer Vielzahl verschiedener Anlagen besteht. Praktisch alle Förderer verlangen als Basis für ihre Entscheidung ein Drehbuch (oder bei nicht-szenischen Filmen eine ausführliche Projektskizze), eine Vorkalkulation und den dazu passenden Finanzierungsplan.

In der Vorkalkulation muss zusätzlich ausgewiesen werden, welche Ausgaben in Bayern gemacht werden, bzw. in einem anderen Bundesland, dessen Filmförderung ebenfalls in Anspruch genommen werden soll. Hieraus kann abgelesen werden, welche Rolle das Bundesland in wirtschaftlicher Hinsicht für den Film spielt.

Am einfachsten ist es, dazu das Kalkulationsschema um die entsprechenden Spalten zu erweitern, sodass die Höhe des Ländereffekts direkt erkennbar ist. Im Fall des Beispielfilms *Der Schüler* wurden auf Länderebene Fördermittel nur beim FFF Bayern beantragt. So mussten nur diese Ländereffekte berücksichtigt werden.

Die Beispielkalkulation des *Schülers* ergibt einen Bayern-Effekt von 431 %, da eine Fördersumme von 10.000 Euro beantragt wurde. Der Effekt liegt damit deutlich über den geforderten 150 %, was jeden Länderförderer freut. Hier zeigt sich, dass die Einbeziehung von Gagen und Rückstellungen auch von Vorteil sein kann, da diese entscheidend zur Höhe des Ländereffekts beitragen.

Tipp: Kalkulieren Sie den Ländereffekt gerade so hoch, wie Sie Geld ganz sicher im betreffenden Bundesland ausgeben. Üblicherweise wird der ausgewiesene Ländereffekt im Fall einer Förderung Teil des Fördervertrages und muss dann auch wirklich erreicht werden. Wird dann zum Beispiel statt eines bayerischen Kameraverleihers eine günstigere Verleihfirma aus Hamburg gewählt, kann ganz schnell die Erfüllung des Fördervertrages gefährdet sein, weil der Ländereffekt nicht mehr gegeben ist.

Über Drehbuch, Kalkulation und Finanzierung hinaus fordert der FFF Bayern zusätzlich folgende Unterlagen:

- Eine aktuelle Bilanz oder Einnahmen-/Verlustrechnung. Diese muss allerdings nur dann vorgelegt werden, wenn Sie als Unternehmen einen Förderantrag stellen und, aufgrund der Rechtsform Ihres Unternehmens, bilanzpflichtig sind.
- Eine einseitige Inhaltsangabe des Films.
- Eine Beschreibung der Hauptcharaktere.

- Den Nachweis der Verfilmungsrechte. Das ist entweder ein entsprechender Vertrag mit dem Autor oder die schriftliche Bestätigung, dass die Filmidee und das Drehbuch von Ihnen selbst stammen.
- Einen Drehplan, aus dem hervorgeht, wann Sie mit den Dreharbeiten beginnen werden und wie lange diese dauern sollen.
- Eine Stabliste und die Filmografien der wichtigsten Teammitglieder.
- Eine Besetzungsliste und die Filmografien der Hauptdarsteller.
- Wenn möglich Visualisierungshilfen wie ein Storyboard oder Fotos.

Die Zusammenstellung dieser Unterlagen macht Arbeit, kostet Mühe und auch Geld, da beim FFF Bayern alle Unterlagen in 16-facher Ausfertigung vorgelegt werden müssen. Andererseits handelt es sich bei den Unterlagen um Informationen, die zumindest bei größeren Produktionen sowieso beschafft werden müssen und die für eine gewisse Professionalität in der Vorproduktion sorgen. Nutzen Sie in jedem Fall die Beratungsangebote der Filmförderer, wenn Ihnen bestimmte Punkte in der Zusammenstellung der Einreichungsunterlagen unklar sind. Beim Medienboard Berlin-Brandenburg ist ein solches Beratungsgespräch sogar Voraussetzung, um zur Einreichung zugelassen zu werden.

Hat Ihr Antrag die Filmförderung rechtzeitig vor Ablauf der Einreichfrist erreicht, prüfen die zuständigen Förderreferenten, ob Ihr Antrag den formalen Bedingungen entspricht. Ist das der Fall, wird Ihr Antrag auf die Tagesordnung des Vergabeausschusses genommen. Diesem gehören beim FFF Bayern 12 Mitglieder aus der Filmbranche selbst, aus Fernsehanstalten sowie der Staatsverwaltung an. Jedes Mitglied erhält ein Antragsexemplar mit den Anlagen, sodass bei der Fördersitzung alle auf dem gleichen Stand sind. Deshalb werden auch so viele Kopien der Antragsunterlagen benötigt. Dieses Gremium entscheidet dann, welches Projekt mit welcher Fördersumme unterstützt werden soll.

Der Vergabeausschuss in Bayern dürfte der größte und schnellste seiner Art sein. Vier bis sechs Wochen nach dem Einreichtermin tagt der Ausschuss. Direkt danach werden die Bescheide versendet. Bei anderen Förderern sind die Auswahlgremien erheblich kleiner, dafür dauern die Entscheidungen aber manchmal auch deutlich länger. Woran das liegt, ist allerdings unklar.

Sobald der Vergabeausschuss entschieden hat, kommt die Fördermaschine erst richtig in Gang. Sie erhalten einen positiven oder negativen Bescheid, in dem auch die Ihnen zugesprochene Fördersumme aufgeführt wird. Diese muss nicht unbedingt mit der von Ihnen beantragten Summe übereinstimmen. Sondern sie kann auch geringer ausfallen. Gehören Sie zu den Glücklichen, die gefördert werden, wird Ihr Projekt an die LfA Förderbank weitergereicht. Diese prüft die Kalkulati-

Kalkulierte Ausgaben in Bayern bei *Der Schüler*

		Vorkalkulation	Bayern-Effekt
I.	**Vorkosten**		
II.	**Rechte und Manuskript**	1.500,00 €	1.000,00 €
III.	**Gagen**	32.000,00 €	24.000,00 €
a)	Produktionsstab	3.400,00 €	1.400,00 €
b)	Regiestab	16.650,00 €	12.650,00 €
c)	Ausstattungsstab	3.800,00 €	2.800,00 €
d)	sonstiger Stab	2.800,00 €	1.800,00 €
e)	Darsteller	1.700,00 €	1.700,00 €
f)	Musiker	–	–
g)	Zusatzkosten Gagen	3.650,00	€ 1.650,00 €
IV.	**Atelier**	–	–
V.	**Ausstattung und Technik**	5.550,00 €	3.050,00 €
a)	Genehmigungen und Mieten	200,00 €	200,00 €
b)	Bau und Ausstattung	500,00 €	500,00 €
c)	Technische Ausrüstung	4.850,00 €	2.350,00 €
VI.	**Catering, Reise- und Transportkosten**	1.700,00 €	1.000,00 €
VII.	**Filmmaterial und -bearbeitung**	6.504,00 €	2.870,00 €
VIII.	**Endfertigung**	6.000,00 €	6.000,00 €
IX.	**Versicherungen**	700,00 €	–
X.	**allgemeine Kosten**	1.380,00 €	790,00 €
A.	**Fertigungskosten**	55.334,00 €	–
B.	**Handlungskosten pauschaliert 7,5 %**	4.150,05 €	4.150,05 €
C.	**Finanzierungskosten**	–	–
D.	**Wirtschaftsprüfergebühren**	260,00 €	260,00 €
	Herstellungskosten	59.744,05 €	
	Ausgaben Bayern		43.120,05 €

on auf Nachvollziehbarkeit, Rechenfehler und die Einhaltung der Richtlinien des FFF und des Filmfördergesetzes. Darüber hinaus wird von der LfA der Finanzierungsplan geprüft. Hier geht es vor allem darum, ob Sie als Filmemacher den vollständigen Nachweis über alle Finanzierungsbestandteile führen können. Dazu haben Sie neun Monate Zeit. Können Sie innerhalb dieser Zeit die Finanzierung nicht schließen, verfällt die Förderzusage. Spätestens zwölf Monate nach dem Förderbescheid muss mit den Dreharbeiten begonnen werden. Beide Deadlines sind fix. Sie können aber in berechtigten Fällen auf Antrag verlängert werden.

Tipp: Es kommt recht häufig vor, dass der ursprünglich vorgelegte Finanzierungsplan geändert werden muss. Das fängt damit an, dass die Förderung Ihrem Film eine geringere Fördersumme zuspricht, als Sie beantragt haben. Die dadurch entstehende Finanzierungslücke müssen Sie – durch Geld aus anderen Quellen – schließen. Ist das nicht zu schaffen, sollten Sie möglichst frühzeitig mit der Förderung besprechen, ob diese einer Neukalkulation zustimmt, in der die Kosten um den Fehlbetrag reduziert werden.

Liegen schließlich alle Finanzierungsnachweise vor, wird von der LfA Förderbank der Fördervertrag ausgefertigt und dem Filmemacher zur Unterschrift vorgelegt.

Checkliste Förderung

☐ Lesen Sie die Förderrichtlinien und Merkblätter der Landesförderung Ihres Heimatbundeslandes und prüfen Sie, ob diese Filmförderung für Sie in Frage kommt. Wenn nicht, überprüfen Sie, ob eine bundesweite Förderung in Frage kommt – oder eine andere Landesförderung, wenn Sie einen entsprechenden Länder-Bezug herstellen.

☐ Stellen Sie die erforderlichen Unterlagen nach bestem Wissen und Gewissen zusammen. Machen Sie eine erste Kalkulation und einen ersten Finanzierungsplan.

☐ Kontaktieren Sie die gewünschte Filmförderung und stellen Sie dieser das Projekt anhand Ihrer Unterlagen vor. Fragen Sie konkret, welche Unterlagen Sie noch benötigen und ob der Film, so wie Sie ihn planen, die Richtlinien erfüllt (Format etc.).

☐ Korrigieren und ergänzen Sie Ihre Unterlagen entsprechend und bereiten Sie die Einreichung vor.

☐ Halten Sie die Einreichfrist ein und achten Sie darauf, dass die Einreichunterlagen auch wirklich komplett sind.

❏ Informieren Sie sich bei der Förderung, wann die Fördersitzungen sind und bis wann Sie mit dem Förderentscheid rechnen können.

❏ Bei einem negativen Bescheid können Sie versuchen, die Förderung zu kontaktieren und um eine Begründung bitten. Nicht immer wird man Ihnen diese geben. Das sollten Sie verstehen, da Förderentscheidungen nicht nach messbaren Kriterien erfolgen (können) und die Begründungen daher immer angreifbar sind.

❏ Bei einem positiven Bescheid sollten Sie schnellstmöglich den Kontakt zur Förderung suchen, sich bedanken und die weitere Vorgehensweise besprechen.

Der Fördervertrag

Der Fördervertrag enthält eine ganze Reihe von Bestimmungen, die detailliert vorgeben, was Sie als Filmemacher alles beachten müssen, damit die Förderung schlussendlich als ordnungsgemäß durchgeführt bewertet wird. Kernpunkte des Vertrages sind auf der »Nehmen-Seite« die Fördersumme und ihre Auszahlungsmodalitäten und auf der »Geben-Seite« die Bedingungen, die Sie für die Auszahlung erfüllen müssen. Zu diesen Bedingungen zählt vor allem die Einhaltung der Kalkulation und des Finanzierungsplans, die beide Bestandteil des Vertrages werden. Hieraus können sich bei der Schlussabrechnung verschiedene unangenehme Konsequenzen ergeben.

Keine Probleme gibt es, wenn nach Beendigung des Films die Nachkalkulation mit der im Vertrag festgelegten Kalkulation relativ genau übereinstimmt. Auch wenn der Film teurer wurde als geplant, Sie aber in Ihrem Schlussbericht die Finanzierung des erhöhten Budgets nachweisen können, gibt es keine Probleme. Beides muss jedoch glaubhaft erklärt werden können, damit der Wirtschaftsprüfer die erhöhten Kosten anerkennt.

Schwierig wird es, wenn Ihr Film billiger wird als in der Kalkulation ausgewiesen. Dann ist der Film »überfinanziert«, sodass die Filmförderung vertragsgemäß das Recht hat, die Fördersumme nachträglich anteilig zu kürzen. Wie sich eine Unterschreitung der Kosten auf das Budget auswirken kann, zeigt das folgende Beispiel. In der ersten Tabelle sehen Sie das Budget und die Finanzierung, wie im Fördervertrag vereinbart.

Kalkulation und Finanzierung laut Fördervertrag	
kalkulierte Herstellungskosten laut Fördervertrag	**20.000,00 €**
Finanzierungsplan laut Fördervertrag	
Eigenanteil	8.000,00 €
städtischer Kulturfonds	2.000,00 €
Länderfilmförderung	10.000,00 €
Summe	**20.000,00 €**

Liegen nach Fertigstellung des Films die tatsächlichen Herstellungskosten unter der Vorkalkulation (im Beispiel Unterschreitung um 5.000 Euro), wird die Fördersumme um den gleichen prozentualen Anteil (hier 25 %) gekürzt.

Unterschreitung der kalkulierten Kosten (Schematisches Beispiel)	
tatsächliche Herstellungskosten	**15.000,00 €**
Unterschreitung der Vorkalkulation um	25 %
gekürzte Fördersumme	**7.500,00 €**

Ähnliches gilt, wenn bei gleich bleibendem Budget eine zusätzliche Finanzierungsquelle hinzukommt. Das kann zum Beispiel passieren, wenn nach Abschluss des Fördervertrages eine Sendeanstalt als Koproduzent in das Projekt einsteigt. Auch in diesem Fall kann die Förderung nachträglich gekürzt werden:

Überfinanzierung (Schematisches Beispiel)	
kalkulierte Herstellungskosten laut Fördervertrag	**20.000,00 €**
Finanzierungsplan laut Fördervertrag	
Eigenanteil	8.000,00 €
städtischer Kulturfonds	2.000,00 €
Länderfilmförderung	10.000,00 €
Zusätzliche Finanzierungsquelle	
Co-Produktion TV	2.000,00 €
Summe	**22.000,00 €**
Überfinanzierung	10 %
gekürzte Fördersumme	9.000,00 €

Damit das nicht passiert, hilft nur: genau und realistisch kalkulieren und nicht versuchen, mehr Geld von der Förderung zu beantragen, als später auch sinnvoll ausgegeben werden kann.

Tipp: Gibt es dennoch Veränderungen, die bei einem dynamischen Prozess wie der Filmproduktion nie ausgeschlossen werden können, sollten Sie Ihren Förderreferenten frühzeitig informieren und die Veränderungen mit ihm besprechen.

Nach Unterzeichnung des Fördervertrages können Sie die erste Förderrate abrufen. Beim FFF Bayern sind das in der Regel 25 % der Fördersumme. Mit diesem Geld in der Tasche kanns dann endlich losgehen und Sie können mit den Dreharbeiten starten. Die weiteren Auszahlungsstufen sind:

- 50% mit fortschreitenden Dreharbeiten,
- 15 % nach Abnahme der Rohschnittfassung,
- 10% nach Fertigstellung des Films.

Fertigstellung

Für die Auszahlung der letzten Rate muss ein Schlussbericht bei der LfA vorgelegt werden. In diesem müssen nochmal alle wichtigen Daten des Films zusammengefasst werden:

- Länge und Format des Films,
- Stab und Besetzung,
- Nachkalkulation mit ausgewiesenem Ländereffekt,
- Begründung,
- Endgültiger Finanzierungsplan,
- die Tagesberichte, die während der Dreharbeiten erstellt wurden.

Die Mitarbeiter der LfA kontrollieren den Schlussbericht und führen darüber hinaus eine Rechnungsprüfung durch. Dazu braucht die LfA in der Regel eine Auflistung aller angefallenen Kosten mit den entsprechenden Originalrechnungen. Zum Nachweis, dass die Rechnungen wirklich bezahlt wurden, müssen auch die Kontoauszüge beigelegt werden. Es wird für alle Rechnungen auf Herz und Nieren geprüft, ob sie ordnungsgemäß sind und als Kosten des Films anerkannt werden können. Passt alles, bestätigt die LfA die Richtigkeit und Sie können die verbleibende Fördersumme abrufen.

Zur Vereinfachung der Schlussabrechnung sollten Sie folgende Checkliste bei der Kassenführung beachten.

Checkliste Kassenführung

❑ Eröffnen Sie für die finanzielle Abwicklung Ihres Projektes ein eigenes Bankkonto, über das ausschließlich die projektbezogenen Einnahmen und Ausnahmen laufen. Das schafft Übersichtlichkeit und hat den zusätzlichen Vorteil, dass der Wirtschaftsprüfer keinen unnötigen Einblick in Ihre Einkommenssituation erhält.

❑ Machen Sie von allen Rechnungen, Quittungen und Kontoauszügen eine Kopie. Die Kopien können dann in die normale Buchhaltung einfließen, während die Originale in einem eigenen Projektordner abgelegt werden.

❑ Nummerieren Sie die Rechnungen und Rechnungskopien durch.

❑ Erstellen Sie eine Tabelle mit Rechnungsnummer, Rechnungssteller, dem Grund der Rechnung und dem Rechnungsbetrag. Die einzelnen Rechnungen können Sie dann für die Nachkalkulation zusammenfassen.

❑ Besprechen Sie mit Ihrem Steuerberater die genaue Vorgehensweise!

Der auf Seite 106 vorgestellte Förderprozess ist beispielhaft für den FFF Bayern, entspricht aber auch der prinzipiellen Vorgehensweise vieler anderer Förderer. Die genauen Regularien sind jedoch von Förderung zu Förderung unterschiedlich und ändern sich auch von Zeit zu Zeit. Informieren Sie sich daher frühzeitig über die jeweiligen Richtlinien und studieren Sie die Merkblätter, die fast alle Fördereinrichtungen herausgeben. Das gilt natürlich nicht nur für die Länderförderungen sondern auch für die bundesweit tätigen Fördereinrichtungen, die im Folgenden dargestellt werden.

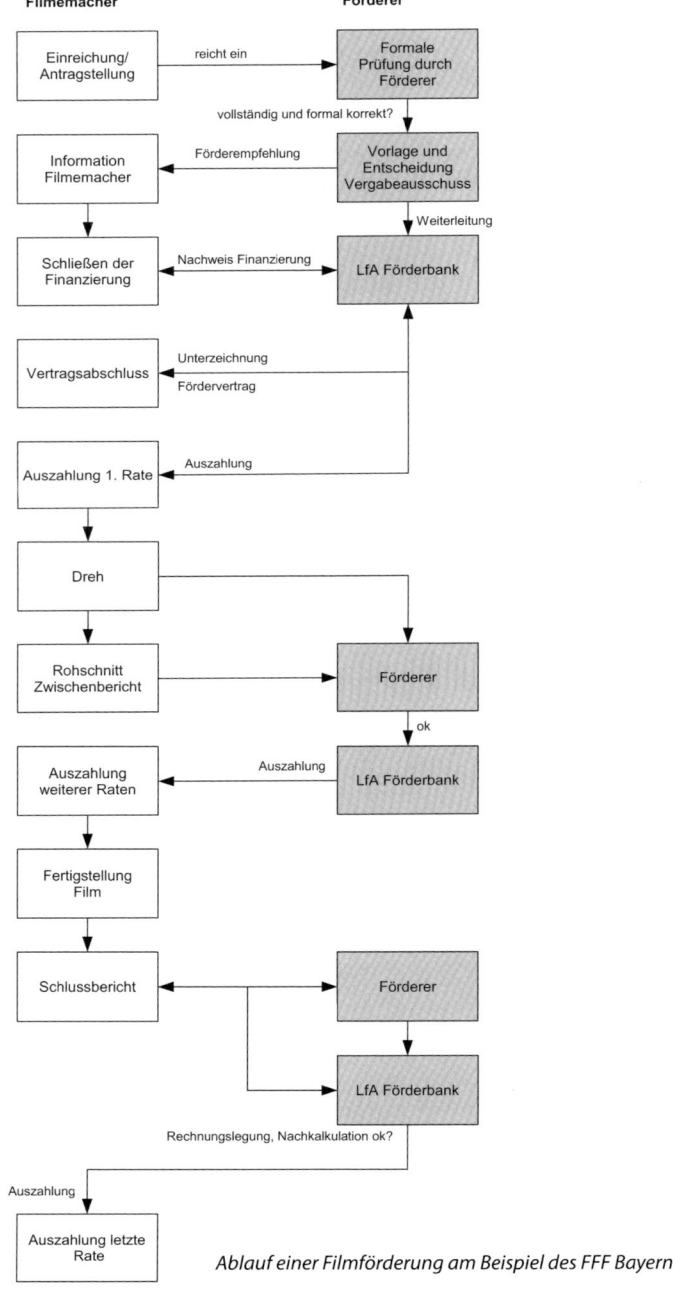

Ablauf einer Filmförderung am Beispiel des FFF Bayern

Kurzfilmförderung des Kuratoriums junger deutscher Film

Das Kuratorium junger deutscher Film ist eine bundesweit agierende Fördereinrichtung, die jedoch von den Bundesländern finanziert wird. In der Vergangenheit wurde immer wieder die Auflösung des »Kuratoriums« diskutiert, was aber stets verhindert werden konnte – unter anderem auch durch die massive Intervention der Filmemacher. Das Kuratorium fördert Filme aller Genres und Längen, konzentriert sich jedoch auf den Kinder- und Talentfilm. Als Talentfilme werden die ersten und zweiten Filme eines Regisseurs nach seiner Ausbildung bezeichnet. Hochschulfilme dagegen werden generell nicht gefördert, egal ob es sich um einen Übungs- oder Abschlussfilm handelt. Jährlich werden insgesamt etwa fünf Kurzfilme (2011 waren es sieben) unterstützt. Die unterstützten Filme müssen für eine Kinoauswertung geeignet sind. Die maximale Fördersumme beträgt 15.000 Euro. Entsprechende Anträge können zweimal im Jahr, normalerweise im Februar und September, gestellt werden.

Die Kurzfilmförderung des Kuratoriums ist – zusammen mit der Projektfilmförderung des Beauftragten der Bundesregierung für Kultur und Medien – die einzige, die Filmemacher unabhängig von Ländereffekten beantragen können.

Die Kurzfilmförderung des Beauftragten der Bundesregierung für Kultur und Medien

Die Bundesregierung unterstützt den Kurzfilm in zweierlei Hinsicht: Durch die so genannte Produktionsförderung B und den Deutschen Kurzfilmpreis, der in Form von Fördermitteln für neue Projekte vergeben wird.

Produktionsförderung B

Die Produktionsförderung B kann von allen Filmemachern beantragt werden, die einen Kurzfilm bis zu einer Länge von 30 Minuten planen und diesen im Kino auswerten möchten. Es gibt einen einzigen Einreichtermin im Jahr (derzeit im Januar), zu dem Sie eine Förderung bis zur maximalen Fördersumme von 15.000 Euro beantragen können. 2012 wurden so 18 Filmvorhaben unterstützt.

Das Förderverfahren ähnelt auf den ersten Blick demjenigen, das weiter oben für den FFF Bayern beschrieben wurde. Beachtet werden müssen jedoch ein paar gravierende Unterschiede. Zunächst einmal ist die BKM-Förderung keine Nach-

wuchsförderung. Sie kann also von Filmemachern aller Alters- und Erfahrungs-
klassen beantragt werden. Allerdings sind nur Produktionsfirmen antragsberech-
tigt, die zumindest als Einzelfirma beim Finanzamt angemeldet sind.

Ein Relikt aus Zeiten, in denen der Kurzfilm als Vorfilm im Kino lief, ist die
Bedingung, dass der Film der FSK zur Freigabe als Kinofilm vorgelegt werden
muss. Eine Kopie des Films muss zudem beim Bundesarchiv eingelagert werden.
Digital produzierte Filme können hier auch nach Abstimmung mit dem BKM als
DigiBeta vorgelegt werden, wurde auf Film gedreht, muss aber auch eine Filmko-
pie abgegeben werden. Das ist im Übrigen auch bei vielen Länderförderungen der
Fall. Beide Vorgaben verursachen Zusatzkosten, die eigentlich nicht unbedingt
notwendig sind, um einen guten Kurzfilm herzustellen.

> **Tipp**: Das Geld für die 35mm-Archivkopie lässt sich sparen, wenn Sie einen Deposi-
> talvertrag mit dem Bundesarchiv abschließen. Der Vertrag sieht vor, dass Sie nach der
> Auswertung des Films dem Bundesarchiv Negativ und Tonnegativ kostenlos überlassen.
> Selbstverständlich behalten Sie aber das Recht, Kopien des Films ziehen zu dürfen. Auf
> diese Weise sparen Sie sich die Kosten für die Kopie selbst – und doppelt gespart hält
> besser – zusätzlich auch die Kosten für die sachgerechte Aufbewahrung des Negativs.

Das BKM wickelt den verwaltungstechnischen Teil des Verfahrens nicht über
einen Wirtschaftsprüfer oder eine Bank ab, sondern über die Filmförderanstalt
FFA. Diese erlässt, wenn alle Unterlagen und Nachweise da sind, den so genannten Zuwendungsbescheid und überweist auch die entsprechenden Raten auf das
Projektkonto. Das BKM verlangt übrigens verpflichtend, dass der Filmemacher
das Projekt über eine eigene Projektbuchhaltung und ein ausschließlich für dieses
Projekt bestimmtes Bankkonto abwickelt.

Der Deutsche Kurzfilmpreis

Eine Fördermaßnahme, die sich völlig von allem bisher Beschriebenen unterscheidet, ist der Deutsche Kurzfilmpreis. Er wird jedes Jahr in den Kategorien

- Kurzspielfilm bis sieben Minuten Laufzeit,
- Kurzspielfilm mit mehr als sieben und weniger als 30 Minuten Laufzeit,
- Animationsfilm bis 30 Minuten Laufzeit,
- Experimentalfilm bis 30 Minuten Laufzeit,
- Dokumentarfilm bis 30 Minuten Laufzeit
- und optional an einen Film mit einer Länge zwischen 30 und 78 Minuten

vergeben. Bereits die Nominierung wird mit einer Förderprämie in Höhe von 15.000 Euro honoriert. Noch besser dotiert ist der Deutsche Kurzfilmpreis selbst, der dem Sieger in den ersten fünf Kategorien 30.000 Euro und in der letzten Kategorie 20.000 Euro sowie eine »Goldene Lola« als Trophäe beschert. Den Preis erhält der Produzent des Films. Er muss die Fördersumme jedoch innerhalb von zwei Jahren für die Produktion oder die Entwicklung eines neuen Films verwenden.

Zum Deutschen Kurzfilmpreis dürfen laut Ausschreibung nur Verbände und Einrichtungen des deutschen Films einen Film einreichen. Das sind zum Beispiel die AG Kurzfilm, die Berufsverbände der Filmschaffenden (Bundesverband Regie, Verband der Drehbuchautoren etc.), die AG Kino, die KurzFilmAgentur, Festivals mit überregionaler Bedeutung, Filmhochschulen sowie Universitäten und Fachhochschulen mit Film- und Medienklassen, Filmförderungseinrichtungen und natürlich die Mitglieder der Jurys des Deutschen Kurzfilmpreises selbst. Sie selbst können Ihren Film nicht einreichen. Sie müssen also darauf hoffen, dass eine der genannten Institutionen dies für Sie macht. Die Jurys werden von den Einrichtungen des deutschen Films vorgeschlagen und vom BKM ernannt. Jährlich sichten sie über 200 Filme. Die Preisvergabe selbst findet in einer feierlichen Zeremonie statt, in dessen Verlauf, fast so wie bei der Oscar-Verleihung, die Gewinner verkündet werden.

Im Anschluss an die Preisverleihung gehen alle nominierten Filme mit dem Programm »Kurzfilmpreis unterwegs« auf Kinotour durch die Republik. Hierfür gibt es allerdings kein weiteres Honorar. Dieses gilt mit der Nominierung als abgegolten.

Die Förderprämie muss, wie bereits erwähnt, innerhalb von zwei Jahren für die Projektentwicklung bzw. die Produktion eines neuen Films eingesetzt werden. Hierzu müssen dem BKM die entsprechenden Unterlagen, wie Antrag, Drehbuch und Kalkulation vorgelegt werden. Erfüllt das neue Projekt alle Richtlinien des BKM, erfolgt die weitere Abwicklung der Förderung über die Filmförderungsanstalt.

Tipp: Die Abwicklung entspricht weitestgehend dem der Referenzfilmförderung der FFA. Weitere Informationen hierzu finden Sie im nächsten Abschnitt.

Die Kurzfilmförderung der Filmförderungsanstalt

Die Filmförderungsanstalt oder kurz FFA ist eine Anstalt des öffentlichen Rechts. Sie wurde gegründet, um »Maßnahmen zur Förderung des deutschen Films sowie zur Verbesserung der Struktur der deutschen Filmwirtschaft durchzuführen«, wie es im Filmfördergesetz FFG heißt. Sie finanziert sich aus Abgaben der Kinobetreiber und Videoprogrammanbieter sowie aus Mitteln der öffentlich-rechtlichen und privaten Fernsehsender. Im Klartext bedeutet das: Von jeder verkauften Eintrittskarte und jeder DVD fließt ein kleiner Teil in die verschiedenen Fördertöpfe der FFA, also auch in den Kurzfilm.

Die gesetzlich verankerte Kurzfilmförderung der FFA ist eine reine Referenzförderung. Sie müssen also bereits einen Film gemacht haben, der die Kriterien eines Referenzfilms erfüllt, um bei der FFA für Ihren neuen Film Geld bekommen zu können. Im Prinzip ist die FFA-Filmförderung also nichts anderes als die Belohnung für einen erfolgreichen Film. Sie muss allerdings, ähnlich wie das Preisgeld aus dem Deutschen Kurzfilmpreis, in ein neues Projekt investiert werden. Kurzfilme, die als Referenzfilme zur Förderung herangezogen werden können, dürfen nicht länger 15 Minuten sein, außer es handelt sich um Kinderfilme, Hochschul- oder Erstlingsfilme.

Die Vergabe der Referenzmittel erfolgt auf der Basis eines Punktesystems. Die Höhe der Förderung hängt dabei von zwei Faktoren ab: der Anzahl der Punkte, die alle gemeldeten Referenzfilme zusammen erreicht haben und der insgesamt zur Verfügung stehenden Fördersumme. Letztere ergibt sich wiederum aus der Höhe der Abgaben, die an die FFA abgeführt wurden. Im Jahr 2011 wurden so 69 Projekte gefördert, für die insgesamt 750.584,49 Euro zur Verfügung standen. Damit erhielt ein Film, der die Mindestpunktzahl von zehn Punkten erreicht hatte, 6.470 Euro, unabhängig davon, wie lange und mit wie viel Aufwand er realisiert wurde.

Diese Summe schwankt von Jahr zu Jahr. 2012 lag sie bei nur noch 3.395 Euro. Gehen mehr Leute ins Kino oder qualifizieren sich weniger Filme als Referenzfilm, steigt die Fördersumme. Im umgekehrten Fall sinkt sie.

Das Verfahren

Die wichtigste Voraussetzung, um in den Genuss einer Referenzfilmförderung der FFA zu kommen, ist ein guter oder besser ausgezeichneter Film, der die Kriterien für einen Referenzfilm erfüllt. Das bedeutet, dass er mindestens zehn Referenzpunkte gesammelt haben muss – je mehr Punkte er erreicht hat, umso höher fällt die Förderung aus. Bei besonders erfolgreichen Filmen, die 30 oder mehr Punkte erreicht haben, wird im Zuge einer Spitzenförderung die Punktzahl automatisch verdoppelt.

Punkte können durch Auszeichnungen und Festivalteilnahmen gesammelt werden. Zehn Punkte gibt es für:

- das Prädikat »besonders wertvoll« der Deutschen Film- und Medienbewertung FBW,
- die Auszeichnung mit dem Deutschen Kurzfilmpreis in Gold,
- die Auszeichnung mit einem national oder international bedeutsamen Preis im Wettbewerb bei einem Festival entsprechend der Festivalliste der FFA.

Fünf Punkte gibt es für:
- die Nominierung zum Deutschen Kurzfilmpreis,
- die Nominierung oder Wettbewerbsteilnahme bei einem anderen international oder national bedeutsamen Preis entsprechend der Festivalliste,
- die Auszeichnung mit dem Deutschen Wirtschaftsfilmpreis,
- die Auszeichnung mit dem Friedrich-Wilhelm-Murnau-Kurzfilmpreis.

Die FFA gibt dazu eine Liste (www.ffa.de/downloads/Festivalliste_Kurzfilm) heraus, in der die Festivals und Preise, die zur Referenzförderung qualifizieren, genauer bezeichnet sind.

Zur Verdeutlichung des Prinzips zwei Beispiele:

Beispiel eins: Ihr Kurzfilm erhält das Prädikat »besonders wertvoll« und läuft auf zahlreichen kleineren Festivals, die nicht auf der Festivalliste der FFA aufgeführt sind. Sie können mit dem Film demnach zehn Punkte für das Prädikat sammeln und haben damit Anspruch auf Referenzförderung. 2011 wurden 647,05 Euro pro Punkt als Förderung ausgeschüttet. Für ein neues Projekt, das Sie in den folgenden beiden Jahren realisieren müssen, erhalten Sie also automatisch eine Förderung von 6.470 Euro.

Beispiel zwei: Ihr Kurzfilm erhält das Prädikat »besonders wertvoll«, gewinnt den Deutschen Kurzfilmpreis und läuft im Wettbewerb von drei wichtigen Festivals aus der Festivalliste der FFA. Mit diesem Film sammeln Sie insgesamt 35 Punkte – jeweils zehn für das Prädikat und den Kurzfilmpreis und drei mal fünf Punkte für die Wettbewerbsteilnahmen. Da Sie mit Ihrem Film über die 30-Punkte-Grenze gekommen sind, verdoppelt die FFA die Punktzahl auf 70. Für Ihr nächstes Projekt stehen Ihnen dann 70 x 647,05 Euro = 45.293,50 Euro zur Verfügung.

Mit dem Überspringen der Zehn-Punkte-Hürde ist der erste – wichtigste – Schritt getan. Jetzt benötigen Sie »nur« noch drei Bestätigungen, damit Sie die Zuwendung von Referenzmitteln bei der FFA beantragen können.

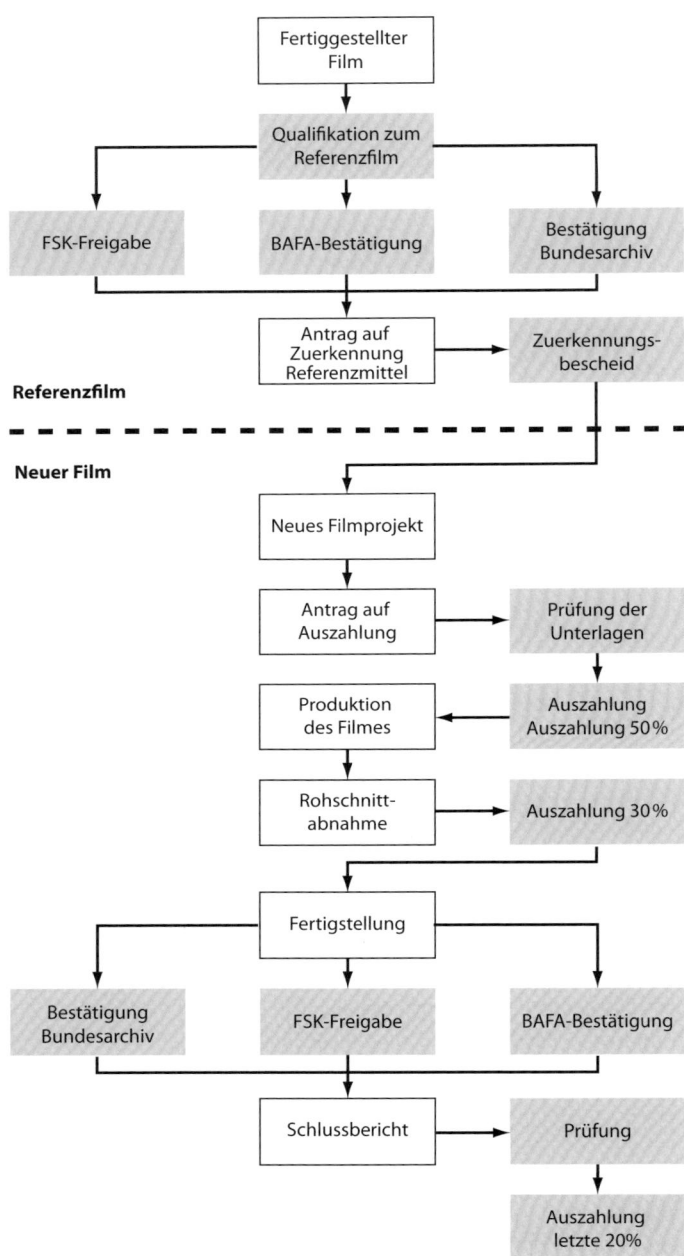

Ablauf einer Referenzfilmförderung

Das sind:

- die Bestätigung des Bundesarchivs, dass Sie dort eine technisch einwandfreie Kopie oder das Negativ des Referenzfilms eingelagert haben,
- eine Altersfreigabe der Freiwilligen Selbstkontrolle für den Referenzfilm,
- die Bestätigung des Bundesamts für Wirtschaft und Ausfuhrkontrolle (BAFA), dass Ihr Referenzfilm als deutscher Film gewertet wird. Hierfür muss die Herstellereigenschaft nachgewiesen und ein kultureller Eigenschaftstest (siehe unten) erfüllt werden.

Alle drei Bestätigungen machen in den meisten Fällen kein Problem, wenngleich vor allem Sinn und Zweck des kulturellen Eigenschaftstest äußerst fraglich ist. Zudem verursacht zumindest die FSK-Freigabe Kosten. Ratsam ist im Übrigen, zunächst die FSK-Freigabe einzuholen. Diese kann dann beim BAFA als Nachweis für die Fertigstellung des Films vorgelegt werden.

Liegen alle Nachweise vor, können Sie den Antrag auf Zuerkennung von Referenzmitteln bei der FFA stellen.

Tipp: Die Zuerkennung erfolgt nur einmal im Jahr, sodass Anträge, die nach dem 31. Januar bei der FFA eingehen, erst im darauffolgenden Jahr bearbeitet werden können. Wenn Sie also bereits an einem neuen Projekt arbeiten, das mit Referenzmitteln finanziert werden soll, müssen Sie diesen Termin unbedingt einhalten.

Ende März oder Anfang April ergeht dann der Zuwendungsbescheid, in dem die Fördersumme bis auf den letzten Cent genau ausgewiesen ist. Gleichzeitig beginnt die Laufzeit von zwei Jahren, in der Sie Ihren neuen Film fertigstellen müssen.

Die Überweisung der Referenzmittel erfolgt nicht automatisch, sondern nur auf Antrag. Die Antragstellung ähnelt dabei sehr der bei anderen Filmförderungen. Einen kleinen, aber wichtigen Unterschied gibt es aber doch: Bei der FFA entscheidet kein Gremium, ob Ihr Film gefördert werden soll oder nicht. Die Referenzmittel sind Ihnen sicher, wenn der Antrag formal korrekt ist, der Film den Richtlinien entspricht und die Finanzierung geschlossen ist.

Eingereicht werden müssen auch bei der FFA die branchenüblichen Unterlagen vom Drehbuch über die Kalkulation bis hin zu den Einzelnachweisen der Finanzierung. Ist alles okay, wird bei Drehbeginn die erste Rate in Höhe von 50% ausgezahlt. Nach der Rohschnittabnahme, die durch den Regisseur und den Produzenten durchgeführt und schriftlich bestätigt werden muss, wird die zweite Rate in Höhe von 30% ausgezahlt.

Tipp: Erfahrungsgemäß dauert es mehrere Tage oder sogar mehrere Wochen, bis die Gelder auf Ihrem Konto als »gebucht« erscheinen. Sie sollten das bei Ihrer Planung berücksichtigen und sicherstellen, dass eventuelle Wartezeiten finanziell überbrückt werden können.

Die letzte Rate wird ausgezahlt, wenn das Projekt aus Sicht der FFA abgeschlossen ist. Dazu müssen Sie für den fertiggestellten Film wiederum die Bestätigungen von FSK, FBW, BAFA und Bundesarchiv einholen und einen Schlussbericht anfertigen. Vergessen Sie deshalb nicht, die FSK- und FBW-Gebühren für den neuen Film mit einzukalkulieren. Der Schlussbericht muss einen Schlusskostenstand beinhalten, aus dem ablesbar ist, wie viel Ihr Film abschließend gekostet hat und wie die Finanzierung zustande kam.

Der kulturelle Eigenschaftstest der BAFA

Filme, die über Referenzmittel der FFA oder das BKM gefördert wurden, müssen »deutsche« Filme sein. Es ist Aufgabe des Bundesamts für Wirtschaft und Ausfuhrkontrolle, dies zu überprüfen. Dabei kommt nach derzeitiger Gesetzeslage auch ein kultureller Eigenschaftstest zum Tragen. Damit Ihr Film diesen besteht, müssen Sie darlegen, welche kulturellen, historischen oder gesellschaftlichen Fragen der Film zum Thema hat und mindestens drei von acht Bedingungen erfüllen:

Fördermöglichkeiten – eine Übersicht

Förderung		Vorgaben für den Film	
Name	Bereich	Länge	Ländereffekt
Länderförderungen			
MFG Baden Württemberg	Produktionsförderung Low-Budget	keine	Baden-Württemberg-Bezug 120% Ländereffekt
FFF Bayern	Erstlingsfilm	keine	Bayern-Bezug 150% Ländereffekt

- Der Film wird in deutscher Sprache als deutscher Beitrag uraufgeführt.
- Es gibt Drehorte in Deutschland, der EU, dem Europäischen Wirtschaftsraum oder in der Schweiz.
- Die Handlung ist deutsch, aus der EU, dem Europäischen Wirtschaftsraum oder der Schweiz.
- Der Film verwendet deutsche Motive oder solche aus der EU, dem Europäischen Wirtschaftsraum oder der Schweiz.
- Der Stoff beruht auf einer literarischen Vorlage.
- Die Handlung oder die Stoffvorlage befasst sich mit Lebensformen von Minderheiten, wissenschaftlichen Themen oder natürlichen Phänomenen.
- Es handelt sich um einen Dokumentarfilm, der sich mit sozialen, politischen oder religiösen Fragen auseinandersetzt.
- Eine Endfassung des Films gibt es mit Audiodeskription (für Blinde) und Untertitel (für Hörgeschädigte).

Für die meisten Filme dürfte das Bestehen des Tests kein Problem sein. Gerade bei experimentellen Filmen oder Filmen, die im nicht-europäischen Ausland gedreht wurden, wird es aber schnell ganz schwierig.

Tipp: Das Filmfördergesetz wird alle vier Jahre novelliert, also überarbeitet. Die nächste Novellierung steht für 2014 an. Im Moment setzt sich die AG Kurzfilm stark dafür ein, dass die Referenzförderung der FFA nicht mehr an die Vorlage der FSK-, FBW- und den kulturellen Eigenschaftstest gebunden ist. Es bleibt abzuwarten, ob diese vernünftige Forderung durchgesetzt werden kann.

(Stand 03/2012)

| Sonstiges | Einreichung | | | | Homepage |
	Termine	max. Fördersumme	Förderart		
– Bevorzugt Animations- und Kinderfilm sowie Projekte von Absolventen der BW-Film-hochschulen – Eigenmittel > 5%	3x jährlich	max. 70% der Herstellungskosten	bedingt rückzahlbares Darlehen		www.mfg.de
Nur erste Filme von Absolventen der HFF München, der Macromedia Hochschule (MHMK)	5x jährlich	keine	bedingt rückzahlbares Darlehen		www.fff-bayern.de

Förderung		Vorgaben für den Film		
Name	Bereich	Länge	Ländereffekt	
	Abschlussfilm	keine	Bayern-Bezug 150% Ländereffekt	
	Anderer Nach- wuchs	keine	Bayern-Bezug 150% Ländereffekt	
Medienboard Berlin- Brandenburg	Produktion Kurzfilm	max. 15 Minuten	– Antragsteller sollte Sitz in Berlin-Brandenburg haben – mindestens 100% Regionaleffekt, möglichst deutlich mehr	
Medienboard Berlin- Brandenburg	Produktion Künstlerischer No- Budget-Film	keine	– Antragsteller sollte Sitz in Berlin-Brandenburg haben – mindestens 100% Regionaleffekt, möglichst deutlich mehr	
Filmbüro Bremen e.V.	Produktion	keine	Bremen-Bezug	
	Microförderung	keine	Bremen-Bezug	
Filmförderung Hamburg	Produktion unter 800.000 Euro	keine	150% der Fördersumme sollte in HH ausgegeben werden	
Filmförderung Hessen	Kulturelle Filmför- derung (HFF-Land)	keine	Hessen-Bezug Hessen-Effekt > 50%	

| Sonstiges | Einreichung | | | Homepage |
	Termine	max. Fördersumme	Förderart	
Nur Abschlussfilme von Studenten der der HFF München, der Macromedia Hochschule (MHMK)	5x jährlich	50.000 Euro (HFF) 10.000 Euro (MHMK)	Zuschuss	
Keine Studenten zugelassen, Filmemacher muss Nachwuchs sein	5x jährlich	25.000 Euro	Zuschuss	
– Vorgespräch mit Förderreferent verpflichtend. – Max. Herstellungskosten 90.000 Euro. – Verleihvertrag oder Interesse von Sendern oder Sponsoren muss nachgewiesen werden. – keine Studentenfilme außer bestimmte Abschlussfilme – Eigenanteil > 20%	4x jährlich	20.000 Euro	bedingt rückzahlbares Darlehen	www.medienboard.de
– Vorgespräch mit Förderreferent verpflichtend. – Max. Herstellungskosten 100.000 Euro. – Auswertungsinteresse von Dritten soll nachgewiesen werden. – keine Studentenfilme außer bestimmte Abschlussfilme – Eigenanteil > 20%	1x jährlich	10.000 Euro für Kurzfilme (bis 15 Minuten) 25.000 Euro für mittellange Filme (16 bis 79 Minuten)	Zuschuss	www.medienboard.de
	2x jährlich	– 30.000 Euro – Typische Fördersumme: 3.000-5.000 Euro	Zuschuss	www.filmbuero-bremen.de
keine andere Förderung	laufend	maximal 1.000 Euro	Zuschuss	
	3x jährlich	max. 80% der Herstellungskosten	bedingt rückzahlbares Darlehen	www.ffhh.de
	2x jährlich	– max. 75.000 Euro – Typische Fördersummen: 5.000-10.000 Euro	Zuschuss	www.hessische-film-foerderung.de

Förderung		Vorgaben für den Film	
Name	Bereich	Länge	Ländereffekt
	HFF-hr	keine	– hessischer Produzent – in Hessen arbeitender Regisseur – Hessen-Effekt > 50%
Kulturelle Filmförderung Mecklenburg-Vorpommern	Projektvorbereitung	keine	MV-Bezug
	Produktionsförderung	keine	MV-Bezug
nordmedia Fonds	Produktionsförderung	keine	100% Ländereffekt für Bremen oder Niedersachsen
Filmstiftung NRW	Produktion 2	keine	Produzenten und Filmemacher mit Sitz in NRW
	Aktueller Topf	keine	Produzenten und Filmemacher mit Sitz in NRW
	Nachwuchs		– Hauptwohnsitz in NRW – Abschluss an einer Filmhochschule in NRW oder – Quereinstieg zum professionellen Filmemacher (Alter max. 35 Jahre)
Saarland Medien			zwei von drei Eigenschaften müssen erfüllt sein: – Sitz im Saarland – inhaltlicher Saarland-Bezug – 100% Ländereffekt
Mitteldeutsche Medienförderung			100% der Mittel müssen filmspezifisch in Sachsen, Sachsen-Anhalt oder Thüringen ausgegeben werden.
Kulturstiftung Sachsen	Film		– Sitz in Sachsen – Realisierung in Sachsen
Landesverwaltungsamt Sachsen-Anhalt	Kulturelle Filmförderung Sachsen-Anhalt		

| Sonstiges | Einreichung | | | Homepage |
	Termine	max. Fördersumme	Förderart	
	2x jährlich	max. 50% der Herstellungskosten	Zuschuss hr erhält einmaliges Ausstrahlungsrecht	
	2x jährlich	– max. 6.000 Euro	Zuschuss	
	2x jährlich	– max. 30.000 Euro (nicht programmfüllend) – Typische Fördersummen: 5.000-15.000 Euro	Zuschuss	www.filmbuero-mv.de
	3x jährlich	max. 80% der Herstellungskosten Typische Fördersummen: 5.000-20.000 Euro	In der Regel Zuschüsse	www.nordmedia.de
	2-3x jährlich	max. 25.000 Euro	Zuschuss	www.filmstiftung.de
	laufend	max. 5.000 Euro	Zuschuss	
	laufend	max. 30.000 Euro	Zuschuss	
	1x jährlich nach Ausschreibung	Typische Fördersumme: 2.000-10.000 Euro	Zuschuss	www.saarlandmedien.de
	5x jährlich		bedingt rückzahlbares Darlehen	www.mdm-online.de
	2x jährlich	– max. 80% der Herstellungskosten – Typische Fördersumme: 5.000-20.000 Euro	Zuschuss	www.kdfs.de
Nachwuchs	k.A.	k.A.	k.A.	www.sachsen-anhalt.de

Förderung			Vorgaben für den Film	
Name	Bereich	Länge	Ländereffekt	
MSH Schleswig-Holstein			Förderung muss so weit wie möglich in SH ausgegeben werden	
Kulturelle Filmförderung Thüringen			Sitz des Antragstellers in Thüringen	
Bundesweite Förderungen				
Stiftung Kuratorium junger deutscher Film	Produktionsförderung Kurzfilm	max. 30 Minuten	kein	
BKM	Produktionsförderung B	max. 30 Minuten	kein	
	Deutscher Kurzfilmpreis	max. 30 Minuten		
Filmförderanstalt	Kurzfilmförderung	max. 15 Minuten	kein	

Weitere Fördermöglichkeiten

Neben den traditionellen Förderungen stehen Filmemachern verschiedene andere Töpfe zur Finanzierung zur Verfügung, die teilweise an bestimmte Bedingungen oder thematische Voraussetzungen geknüpft sind.

Um an Fördergelder heranzukommen ist mitunter der Gang zum Kulturamt oder der regionalen Kulturverwaltung am einfachsten. Gar nicht so selten unterstützen diese ein Projekt mit 1.000 oder 2.000 Euro. Das ist zwar wenig, aber besser als nichts. Dafür ist die Abwicklung in der Regel auch sehr viel einfacher als bei den oben genannten Filmförderungen.

Alles in allem sind diese weiteren Filmfördermöglichkeiten aber immer nur Einzelaktionen. Von einer systematischen Filmförderung kann hier nicht gesprochen werden.

| Sonstiges | Einreichung | | | Homepage |
	Termine	max. Fördersumme	Förderart	
	k.A.	– 80% der Herstellungskosten aber max. 50.000 Euro		www.m-s-h.org
– natürliche Personen und Vereine	2x jährlich	– i.d.R. max. 70% der Herstellungskosten – Typische Fördersumme: 3.000-8.000 Euro	Zuschuss	www.thueringen.de
	2x jährlich	max. 15.000 Euro	bedingt rückzahlbares Darlehen	www.kuratorium-junger-film.de
	1x jährlich	max. 15.000 Euro	Zuschuss	www.bkm-filmfoerderung.de
keine eigene Antragstellung möglich	1x jährlich	15.000 bzw. 30.000 Euro	Zuschuss für neuen Film	
Referenzfilm	1x jährlich	wechselnd	Zuschuss für neuen Film	www.ffa.de

Film fertig – was nun?

Sie haben es geschafft. Alle Schwierigkeiten von der Stoffauswahl über die Finanzierung bis hin zum endgültigen Schnitt sind überwunden. Ihr Kurzfilm ist fertig.

Was nun? Ganz einfach: Ihr Film wartet darauf, vor möglichst vielen Zuschauern gezeigt zu werden. Die Möglichkeiten dazu sind weit gestreut. Angefangen von hunderten von Festivals weltweit, die Kurzfilme zeigen, bis hin zum Upload des Films auf eine offene Videoplattform wie YouTube, onlinefilm.org oder deren Wettbewerber. Es liegt also ganz an Ihnen, was Sie aus Ihrem Film machen. Filme sind dazu da, dass man sie zeigt. Oder pathetisch gesagt: Erst vor dem Auge des Zuschauers erwachen sie zum Leben. Leider vergessen das viele Filmemacher. Die fertigen Filme fristen dann nach der Premiere mit Team, Freunden und Verwandten ein Dasein in der Schreibtischschublade.

Klar, nicht jeder Film ist ein Meisterwerk. Ihr Film ist aber gelungen und sind Sie mit dem Ergebnis zufrieden, lohnt sich eine systematische Auswertung Ihrer Arbeit auf jeden Fall.

Ein Filmemacher, der nicht nur vielfach ausgezeichnete Kurzfilme gemacht hat, sondern diese auch umfassend auswertet, ist Jörg Wagner.

Jörg Wagner
Quelle: Melanie Zwiehoff

Jörg Wagner gelang 2001 mit seinem Kurzfilm *Staplerfahrer Klaus – Der erste Arbeitstag* ein Sensationserfolg. Die zusammen mit Stefan Prehn inszenierte Splatter-Satire im Stil eines Schulungsfilms startete auf den Filmfestspielen in Cannes und lief danach auf mehr als 100 Festivals. Wagners Film *Motodrom* erschien 2006 und erhielt neben einigen nationalen Preisen auch eine Lobende Erwähnung beim renommierten Sundance Filmfestival in den USA.

FB: Staplerfahrer Klaus *dürfte wohl der erfolgreichste deutsche Kurzfilm der letzten Jahre sein. Die DVD wurde tausendfach über Ebay und die großen Handelskonzerne verkauft. Der Film lief auf allen wichtigen Festivals, wurde vielfach ausgezeichnet. Wie kam es zu diesem Erfolg?*

— **Jörg Wagner:** Das kann ich gar nicht so einfach beantworten. Ich glaube, es war eine sehr gute Grundidee. Ich habe einmal in einem Lager gearbeitet und mit Gabelstaplern zu tun gehabt. Da wurde mir klar, dass jeder Arbeitssicherheitsfilm in letzter Konsequenz eigentlich ein Splatterfilm sein müsste. Und dann haben wir Egon Hoegen, den Sprecher des »7. Sinn« genommen, also »die Stimme«, die in Deutschland für Sicherheit steht. Vielleicht ist es einfach so, dass man den Film gern seinen Freunden zeigt und sich diebisch darüber freut, wie sie zunächst auf den Fake reinfallen und glauben, sie sehen einen echten Arbeitssicherheitsfilm. Für mich selbst war der Film ein Herzenswunsch, aber niemand wollte ihn finanzieren. Ich bin immer nur abgeblitzt. Zwischendurch wollten wir schon aufgeben. Dass der Film dann in Cannes läuft, von Fernsehsendern ausgestrahlt wird und sogar als Schulungsfilm eingesetzt wird, daran hatten wir nicht gedacht.

FB: Im Staplerfahrer Klaus *fließt ja reichlich Blut. Trotzdem wird er als Schulungsfilm eingesetzt?*
— **Jörg Wagner:** Ja, es ist schon erstaunlich, dass ein Film, der den Schulungsfilm an sich parodiert, dann tatsächlich als solcher eingesetzt wird. Er wird vielerorts firmenintern bei Schulungen gezeigt und sogar bei den Berufsgenossenschaften, wenn auch inoffiziell, eingesetzt. »Spiegel TV« hat sogar einmal einen Bericht gemacht, weil der Film ganz am Schluss eines Seminars gezeigt wurde und ein angehender Staplerfahrer so geschockt war, dass er sofort seinen neu erworbenen Stapler-Führerschein zurückgab. Aber die allermeisten Gabelstaplerfahrer lieben diesen Film. Mich würde interessieren, ob es in Deutschland überhaupt noch Gabelstaplerfahrer gibt, die den Film nicht kennen.

FB: Staplerfahrer Klaus *ist ein Kultfilm. Wie ist er das geworden?*
— **Jörg Wagner:** Das kommt zum Großteil von der hohen Verbreitung der DVD, die für 3,99 oder 5,99 Euro verkauft wurde. Meines Wissens wurden davon bis heute 250.000 Stück verkauft.

FB: Dann sind Sie jetzt ein reicher Mann …
— **Jörg Wagner:** Schön wärs. Nach den ersten Festivalerfolgen hat der Weltvertrieb die DVD-Rechte zu einem Festpreis an eine DVD-Produktion verkauft. Damals dachte man »Mensch, das ist viel Geld«, heute könnte man sich schwarz ärgern, dass es keine prozentuale Gewinnbeteiligung gab.

FB: Warum hat es ganze fünf Jahre gedauert, bis ein neuer Film von Ihnen herauskam?

— **Jörg Wagner:** Ich brauche einfach sehr lange, weil ich viele Konzepte immer wieder verwerfe und ich mich selbst nur schwer davon überzeugen kann, dass ein Stoff so gut ist, dass ich ihn auch drehen muss. Bei *Motodrom* hat mich schließlich der Produzent überzeugt.

FB: Wie wurde Motodrom finanziert?

— **Jörg Wagner:** *Motodrom* war kein billiger Film. Ich wollte auf 35 mm und in Schwarz-Weiß drehen, was teurer ist als Farbe. Außerdem wollte ich viel mit verschiedenen Kameraeinstellungen experimentieren, was natürlich entsprechend zeitaufwendig ist. Finanziert wurde der Film mit Fördermitteln aus Hamburg, Schleswig-Holstein und vom BKM.

FB: Wie sieht die Auswertungsstrategie für Motodrom aus?

— **Jörg Wagner:** Zunächst haben wir den Film auf Festivalreise geschickt. Er wurde zum Jahreswechsel fertig, sodass wir zuallererst die Berlinale als A-Festival ausprobiert haben. Generell sollte man immer versuchen, seinen Film für die internationale Uraufführung bei einem möglichst großen Festival unterzubekommen. Die Berlinale hat allerdings sowohl den *Staplerfahrer* als auch *Motodrom* abgelehnt. Da muss man dann überlegen, wie lange man, in der Hoffnung der Film schafft es auf ein anderes Festival, mit der Premiere warten will. Beim *Staplerfahrer* war es zum Beispiel so, dass die ersten fünf, sechs Festivals alle abgelehnt haben. Ich hab' da schon das Schlimmste befürchtet. Dann kam der Brief aus Cannes und der Film lief in der »Semaine de la Critique«. Ich war froh, dass er nicht bei einem der kleineren Festivals zuvor genommen wurde.

FB: Was bringt es, wenn ein Film auf einem der großen Festivals läuft?

— **Jörg Wagner:** Zum einen ist es eine große Anerkennung für die eigene Arbeit. Zum anderen sind dort alle möglichen Festivalmacher und auch Einkäufer von Fernsehsendern, sodass die weitere Auswertung des Films sehr viel leichter fällt.

FB: Sie haben für beide Filme zahlreiche Preise gewonnen. Wie wichtig sind diese?

— **Jörg Wagner:** Preise sind eine tolle Sache – sie bringen ja teilweise auch Geld. Es tut einfach unheimlich gut, nach wie vor. Speziell die Wertschätzung, die der eigene Film dadurch erfährt, ist mir sehr wichtig. Und Preise helfen natürlich, das nächste Projekt auf die Beine zu stellen.

FB: Bei der Auswertung arbeiten Sie eng mit der KurzFilmAgentur zusammen.
— **Jörg Wagner:** Ja, genau. Ich möchte nicht nur Preise gewinnen, sondern habe auch den Ehrgeiz, dass meine Filme kommerziell ausgewertet werden. Die KurzFilmAgentur übernimmt das als Sales Agent für mich. Sie versucht, den Film an Sender weltweit zu verkaufen, und bringt ihn auf 35 mm als Vorfilm in die Kinos. Ich kann nur jedem empfehlen, auf Spezialisten wie die Kurz-FilmAgentur zuzugehen. Diese wissen einfach sehr viel besser, wo man welchen Film platzieren kann, damit er wirklich eine internationale Verbreitung findet und auch ein bisschen Geld verdient werden kann.

Filmfestivals

Für die meisten Kurzfilmemacher sind Festivals die wichtigste und oftmals einzige Möglichkeit, ihren Film außerhalb der eigenen Stadt oder der Region, aus der sie kommen, auf der großen Leinwand zu zeigen. Filmfestivals mit Kurzfilmprogrammen gibt es mehr als genug. Allein in Deutschland werden auf über 90 Festivals Kurzfilme gezeigt. Rund 20 Kurzfilmfestivals haben sich sogar auf dieses Format spezialisiert. Auch beim Publikum ist der Kurzfilm beliebt. Das zeigen die hohen Zuschauerzahlen, die – egal ob auf der Berlinale oder beim regional orientierten Landshuter Kurzfilmfest – praktisch immer für ausverkaufte Kinosäle sorgen.

Festivals, die für Kurzfilme infrage kommen, lassen sich nach verschiedenen Kriterien unterscheiden.

Festivals mit Kurzfilmsektion und »echte« Kurzfilmfestivals

Da sind zunächst einmal die Festivals, die vor allem abendfüllende Filme zeigen, aber über eine eigene Sektion für den Kurzfilm verfügen. Typische Beispiele sind die Top-Festivals in Berlin oder Cannes, aber auch kleinere Filmfeste wie die in Hof und Lünen. Ihnen gemeinsam ist, dass der Kurzfilm dort eher am Rande stattfindet und seitens der Presse kaum wahrgenommen wird. Andererseits kann man als Filmemacher auf diesen Festivals mit Redakteuren und anderen Menschen in Kontakt kommen, die vielleicht später, bei einem ersten Langspielfilm, wichtig werden können.

Auf »reinen« Kurzfilmfestivals konzentriert sich dagegen alles und jeder auf den Kurzfilm. Das ist auch für die Filmemacher besonders spannend, weil diese Festivals immer eine ausgezeichnete Plattform des Gedankenaustauschs unter Gleichgesinnten sind.

Festivals mit oder ohne Wettbewerb

Die zweite Kategorie, nach der sich Festivals unterscheiden lassen, ist die Frage, ob es etwas zu gewinnen gibt oder nicht. Natürlich sind Festivals mit einem Wettbewerb, der möglichst hoch dotiert ist, besonders attraktiv. Das Filmfest Dresden vergibt zum Beispiel Geldpreise in Höhe von rund 60.000 Euro. Aber es gibt auch zahlreiche Festivals, die einfach nur schön sind, die durch ihre Atmosphäre begeistern. Ein gutes Beispiel hierfür ist das Filmfest in Weiterstadt, das auch als Woodstock des Kurzfilms gilt. In Weiterstadt werden die Filme während vier Sommernächten Open Air auf eine riesige Leinwand projiziert – vor jeweils rund 2.000 Besuchern.

Nationale und internationale Festivals

Die dritte Unterscheidungsmöglichkeit ist die nationale oder internationale Ausrichtung eines Festivals. Kurzfilmfestivals sind fast immer international ausgerichtet, zeigen also Filme aus der ganzen Welt. Viele internationale Wettbewerbsfestivals bieten allerdings auch einen nationalen oder sogar regionalen Wettbewerb an, so wie das zum Beispiel bei den Kurzfilmfestivals in Oberhausen, Hamburg oder Regensburg der Fall ist. Ähnliche Festivals gibt es auf der ganzen Welt, sodass Ihr Film auch international auf zahlreichen Festivals laufen kann. Bedingung für die Einreichung bei ausländischen Festivals ist natürlich immer, dass Sie über eine englisch untertitelte Kopie Ihres Films verfügen.

Groß oder klein

Die letzte wichtige Kategorie, nach der Kurzfilmfestivals eingeteilt werden können, ist schlicht die Größe der Festivals. Das kann sich auf die Zahl der gezeigten Filme beziehen oder auf die Zuschauerzahl. Manchmal wird darunter aber auch die Bedeutung des Festivals innerhalb der Kurzfilmwelt verstanden. Das größte und wichtigste Kurzfilmfestival in Deutschland sind die Internationalen Kurzfilmtage Oberhausen. Sie können auf eine fast 60-jährige Geschichte zurückblicken und präsentieren jedes Jahr im Mai rund 350 Kurzfilme aus aller Welt.

Carsten Spicher
Quelle: Internationale Kurzfilmtage Oberhausen

Carsten Spicher hat Film- und Fernsehwissenschaften studiert und ist seit 2001 Leiter des Deutschen Wettbewerbs der Internationalen Kurzfilmtage Oberhausen.

Frank Becher: Die Internationalen Kurzfilmtage Oberhausen sind ein A-Festival. Was bedeutet das?
— **Carsten Spicher:** Aus dem A-Status resultieren besondere Anforderungen an die Qualität des Festivals u. a. hinsichtlich Technik, Gästebetreuung, Pressearbeit, Filmauswahl und Einreichungslogistik. Im Internationalen Wettbewerb gelten für uns die gleichen Kriterien wie für den Hauptwettbewerb in Cannes oder Berlin. Die Filme müssen hier wie dort als deutsche Festivalerstaufführung laufen, bevorzugt als Welturaufführung.

FB: Gilt das auch für den Deutschen Wettbewerb?
— **Carsten Spicher:** Nein, da ist es nicht so strikt. Wir sind aber sehr daran interessiert, auch hier viele Erstaufführungen zu zeigen. Im Schnitt dürften deshalb auch im Deutschen Wettbewerb rund 80 % aller Filme erstmals auf der Leinwand zu sehen sein.

FB: Wie viele Einreichungen haben Sie pro Jahr?
— **Carsten Spicher:** 2012 hatten wir rund 6.000 Einreichungen, davon etwa 1.500 aus Deutschland. Kein anderes Kurzfilmfestival hat solche Zahlen. Die Bedeutung des Festivals ist ein Grund dafür. Wir sind aber auch sehr offen, was Formate und Genres betrifft. Wir akzeptieren alle Genres, solange die Arbeiten unter 45 Minuten bleiben.

FB: Wie schafft man es, aus so einem Angebot 25 deutsche Filme zu selektieren, die dann auf dem Festival im Deutschen Wettbewerb gezeigt werden?
— **Carsten Spicher:** Das ist jedes Jahr aufs Neue ein äußerst anstrengender Prozess. 250 bis 300 Filme haben wir das Jahr über bereits vorgesichtet, zum Beispiel auf anderen Festivals. An den großen deutschen Filmhochschulen

sichten wir aber zum Teil auch ganze Jahrgänge vor. Wenn die Sichtung in Oberhausen beginnt, werden alle Einreichungen auf die sechs Kommissionsmitglieder verteilt, die dann jeweils für sich eine Vorauswahl treffen. Diese Vorauswahlen werden gemeinsam gesichtet und intensiv diskutiert. Und am Ende wird abgestimmt.

FB: Wie lange dauert der gesamte Sichtungsprozess?
— **Carsten Spicher:** Im Deutschen Wettbewerb müssen sechs unglaublich intensive Tage und Nächte reichen, um wirklich alle Filme anzuschauen und zu bewerten.

FB: Wie beugen Sie der Gefahr vor, dass gute Filme durch das »Sichtungsraster« fallen?
— **Carsten Spicher:** Wir hinterfragen uns ständig gegenseitig. Jedes Sichtungsmitglied darf im Bereich der Kollegen Filme gegensichten, was oft auch geschieht. Da die Gruppe seit einigen Jahren personell konstant ist, kennen wir uns gut. Im Zweifelsfall reichen wir auch mal einen Film an einen geeigneten Kollegen weiter, bevor er abgelehnt wird. Das sind nur ein paar der Mechanismen. Am wichtigsten ist aber, dass jeder eine Menge Sichtungserfahrung mitbringt und genau weiß, wann er eine Pause braucht.

FB: Wie muss ein Film aussehen, damit er in Oberhausen eine Chance hat?
— **Carsten Spicher:** Nicht wenige Leute behaupten, Oberhausen sei ausschließlich ein Experimentalfilmfestival. Das stimmt natürlich nicht. Ganz im Gegenteil – es gibt in Oberhausen eine große Offenheit für alle Genres. Man kann sich sogar mit Musikvideos bewerben. Bei rund 6.000 Einreichungen und nur ca. 90 ausgewählten Filmen im Internationalen und Deutschen Wettbewerb reicht es natürlich nicht, dass ein Film nur gut gemacht ist. Wir suchen Filme, in denen Filmemacher sich mit gesellschaftlichen, ökonomischen oder politischen Realitäten auseinandersetzen und dabei bekannten Prozessen eine neue Sichtweise abgewinnen. Technische Perfektion oder ein hohes Budget beeindrucken uns nicht. Die Idee und die persönliche Sichtweise sind entscheidend.

FB: Welche Zuschauer kommen nach Oberhausen?
— **Carsten Spicher:** Unser Kernpublikum sind sicherlich kulturell interessierte, eher junge Menschen im Großraum Rhein/Ruhr. Das Festival wirkt aber letztlich weit über diese Region hinaus. Der Anteil des internationalen Fach-

publikums ist sehr groß. Wir bringen Filmemacher, Fernsehredakteure, Verleiher, andere Festivalvertreter, Produzenten und Kuratoren aus der ganzen Welt ganz bewusst zusammen, damit wieder etwas Neues entstehen kann. Letztlich besteht Festivalarbeit vor allem darin, einen Rahmen für Kommunikation zu schaffen, in dem sich alle möglichst wohl fühlen.

FB: Was wünschen Sie sich von den Filmemachern in der Zukunft?
— Carsten Spicher: Noch mehr künstlerische Auseinandersetzung mit der Welt, in der wir leben.

Einige Zahlen, die Carsten Spicher im Interview nennt, sind zweifelsohne ernüchternd: Gerade 40 bis 50 deutsche Kurzfilme von 1.500, die eingereicht wurden, schaffen es, in den Wettbewerben des Oberhausener Festivals gezeigt zu werden. Bei den anderen renommierten Festivals sieht das nicht viel anders aus. Das zeigt die Tabelle.

Kurzfilme auf Festivals

Festival	Einreichungen gesamt	Einreichungen national	Deutsche Filme im Programm
Berlinale Shorts	3.300*	k.A.	4*
Internationale Kurzfilmtage Oberhausen	5.865*	1.535*	45*
Interfilm – Internationales Kurzfilmfestival Berlin	> 5.000*	k.A.	70**
Internationales KurzFilmFestival Hamburg	ca. 5.000*	ca. 1.200*	ca. 100**
Regensburger Kurzfilmwoche	3.755*	ca. 600*	61*
Filmfest Dresden	2.222	378 (nur Kurzspielfilm)	ca. 30*
Stuttgarter Filmwinter	1.347*	561*	23*
Filmfest Weiterstadt	ca. 1.600*	ca. 1.000*	ca. 100**
Exground Filmfest	ca. 2.500	k.A.	ca. 40**

* Angaben der Festivals für 2011 bzw. 2012
** Eigene Recherche

Welche Konsequenz ergibt sich daraus? Dass es ganz sicher unrealistisch ist, davon auszugehen, dass jedes Festival den eigenen Film, so gut er auch sein mag, zeigen will. Es hilft aber auch nicht, den Kopf in den Sand zu stecken und zu denken, dass man mit seinem Film sowieso keine Chance hat.

Tipp: Planen Sie stattdessen die Festivalauswertung möglichst genau. Suchen Sie nach den passenden Festivals und reichen Sie schließlich mit sehr viel Ausdauer bei einem nach dem anderen Festival ein.

Die AG Kurzfilm hat in ihrer Kurzfilmstudie festgestellt, dass ein durchschnittlicher deutscher Kurzfilm zu 15 deutschen und zu 15 internationalen Festivals eingereicht wird. Das erscheint viel, relativiert sich jedoch schnell, wenn man ins Kalkül zieht, dass bei den großen Festivals statistisch nur jeder zwanzigste oder dreißigste eingereichte Film gezeigt wird. Dreht man diese Statistik um, bedeutet sie nämlich nichts anderes, als dass Sie einen durchschnittlich guten Film bei 20 bis 30 der großen Festivals einreichen müssen, damit er schließlich auf einem davon läuft.

Zum Glück wird nicht jedes Festival so mit Einreichungen bestürmt wie die oben genannten. Mittlere Festivals, die es zu einer überregionalen Bekanntheit gebracht haben, wie das Landshuter Kurzfilmfest oder cellu l'art in Jena bieten eine deutlich bessere Teilnahmechance.

Michael Orth

Michael Orth ist künstlerischer Leiter des Landshuter Kurzfilmfest. Das Festival ist stark regional verortet. Im Mittelpunkt des Festivals steht der 2012 mit einem Gesamtpreisgeld von 10.300 Euro dotierte Wettbewerb für deutschsprachige Kurzfilme. Das Landshuter Festival findet immer im März statt. 2012 schauten sich rund 5.000 Besucher insgesamt 200 Kurzfilme an fünf Tagen an.

Frank Becher: Wenn Sie die Filme, die Sie auf dem Landshuter Kurzfilmfestival zeigen, unter ein Motto stellen müssten, wie würde dieses lauten?

— **Michael Orth:** Ganz einfach: »Kurze Filme – großes Kino«. Wir sind ein publikumsorientiertes Festival und versuchen daher immer, den Spagat aus Kunst und Kommerz so hinzubekommen, dass unser Publikum begeistert ist. Das bedeutet z. B., dass die einzelnen Vorstellungen bei uns kein Motto haben, sondern jeder Block einer gewissen Dramaturgie folgt: am Anfang ein Wohlfühlfilm, dann die schwierigeren und schweren Filme und am Ende wieder ein Film, der einen attraktiven und unterhaltsamen Schlusspunkt des Blocks darstellt. Wir zeigen die gesamte Bandbreite des Kurzfilms, aber mit einem deutlichen Schwerpunkt auf fiktionale Stoffe. Dokumentar- oder Experimentalfilme sind eher die Ausnahme.

FB: Neben dem Wettbewerb der deutschsprachigen Kurzfilme gibt es noch weitere Sektionen. Welche sind das?
— **Michael Orth:** Da ist zunächst einmal der Wettbewerb der mittellangen Filme mit bis zu 50 Minuten Lauflänge. Dann haben wir noch ein spezielles Kinderfilmprogramm und das »Sprungbrett«, dessen Programm von Schülerinnen und Schülern der Landshuter Gymnasien zusammengestellt wird. Und dann haben wir noch als Schmankerl unseren »Deadline-Award« für Horror-, Thriller- und Mystery-Filme aus aller Welt.

FB: Wie kann man bei den Landshuter Kurzfilmtagen einreichen?
— **Michael Orth:** Bei uns läuft das über ein Online-Formular und DVD. Die Onlineanmeldung ist für uns ganz wichtig, da sie unserem kleinen Team, das zum großen Teil ehrenamtlich arbeitet, die Verwaltung der Einreichungen erheblich vereinfacht.

FB: Wie hoch ist der Anteil der Hochschulfilme am Programm?
— **Michael Orth:** Dieses Jahr waren das etwa die Hälfte aller Filme. Wo ein Film herkommt, ist für uns aber völlig egal, solange er ins Programm passt.

FB: Wie läuft der Auswahlprozess ab?
— **Michael Orth:** Als künstlerischer Leiter sichte ich alle Einreichungen und nehme in der ersten Runde alle Filme raus, die nicht zu unserem Festival passen oder qualitativ nicht unseren Anforderungen genügen. Etwa die Hälfte der eingereichten Filme geht dann in die zweite Runde, darunter durchaus auch Filme, die ich persönlich nicht so toll finde, von denen ich aber denke, dass sie unserem Publikum gefallen. In der zweiten Runde entscheiden die aktiven Teammitglieder bzw. der Vorstand unseres Trägervereins mithilfe eines Punktesystems über das Programm. Da die meisten Leute in unserem Team nicht aus der Filmbranche kommen, haben wir den »Publikumsblick« sozusagen inklusive.

FB: Werden die Filmemacher von Ihnen zum Festival eingeladen?
— **Michael Orth:** Ja, natürlich. 2012 konnten wir auch erstmals einen Reisekostenzuschuss bezahlen. Der Kontakt von Filmemachern und Publikum ist ja ganz wesentlich für ein Festival. Wir richten es so ein, dass immer im An-

schluss an den Film das Publikum die Möglichkeit hat, Fragen an die Filmema-cherInnen zu richten.

FB: Haben Sie noch Wünsche an die Filmemacher, die Sie loswerden möchten?
— **Michael Orth:** Eher eine Bitte: Wirklich hilfreich ist es, wenn alle Informationen und Materialien, die uns zugeschickt werden, sorgfältig ausgefüllt und beschriftet sind. Zum Beispiel übernehmen wir die Synopsis aus dem Anmeldeformular automatisch in den Katalog. Jeder Fehler muss dann von Hand korrigiert werden.

Strategisch einreichen

Statistik ist das Eine – die Realität sieht meist etwas anders aus. Zum Glück. Durch eine geschickte Festivalstrategie können Sie die Erfolgsquote Ihrer Festivaleinreichungen fast immer verbessern. Dies bedarf allerdings einiger Recherchen und vor allem sehr viel Zähigkeit. Damit Sie Ihren Film richtig positionieren können, müssen Sie zunächst einmal seine Stärken und Schwächen ehrlich einschätzen. Das geht am besten im Vergleich. Deshalb: Schauen Sie, wo und wann immer es Ihnen möglich ist, Kurzfilme anderer Filmemacher. Festivals sind dafür ideal. Gleichzeitig erhalten Sie durch Festivalbesuche ein Gefühl dafür, welche Art von Filmen auf dem jeweiligen Festival laufen und wie diese beim Publikum ankommen.

Checkliste Einschätzung des eigenen Films

❑ Wie stufe ich meinen Film im Vergleich zu anderen Kurzfilmen, die ich gesehen habe, ein? (Bewertung nach Schulnoten)
❑ Geschichte: _____
   Gestaltung: _____
   Professionalität: _____
❑ künstlerischer Anspruch: _____
   Kultpotenzial: _____
   Witz: _____
   Emotionalität: _____
   Spannung: _____
   (Abhängig vom Ergebnis der Bewertung sollten Sie sich überlegen, für welche Festivalkategorie Ihr Film geeignet ist. Es macht keinen Sinn, ei-

---

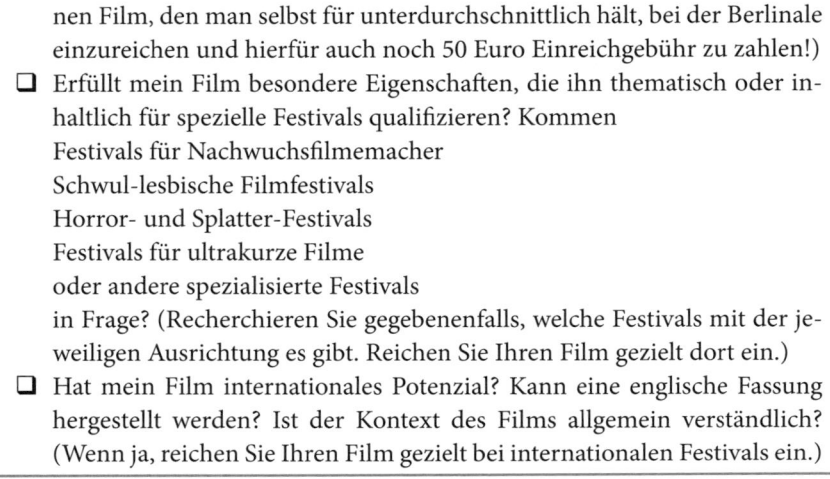

nen Film, den man selbst für unterdurchschnittlich hält, bei der Berlinale einzureichen und hierfür auch noch 50 Euro Einreichgebühr zu zahlen!)

❑ Erfüllt mein Film besondere Eigenschaften, die ihn thematisch oder inhaltlich für spezielle Festivals qualifizieren? Kommen

Festivals für Nachwuchsfilmemacher

Schwul-lesbische Filmfestivals

Horror- und Splatter-Festivals

Festivals für ultrakurze Filme

oder andere spezialisierte Festivals

in Frage? (Recherchieren Sie gegebenenfalls, welche Festivals mit der jeweiligen Ausrichtung es gibt. Reichen Sie Ihren Film gezielt dort ein.)

❑ Hat mein Film internationales Potenzial? Kann eine englische Fassung hergestellt werden? Ist der Kontext des Films allgemein verständlich? (Wenn ja, reichen Sie Ihren Film gezielt bei internationalen Festivals ein.)

Mit Hilfe der abgebildeten Checkliste können Sie sich ein Bild davon machen, welche Auswertungschancen Ihr Film auf dem Festivalmarkt hat. Hieraus können Sie dann die für Ihren Film passende Festivalstrategie entwickeln.

Das erste Festival

Grundsätzlich sollten Sie immer versuchen, Ihren Film am Anfang der Festivalauswertung auf dem bestmöglichen Festival zu platzieren.

Ist Ihre Analyse durchweg positiv ausgefallen und Sie haben das Gefühl, Ihr Film kann in der Champions League mitspielen, so sind das vor allem die großen A-Festivals in Berlin (Anmeldeschluss November), Cannes (Anmeldeschluss März), Venedig, Montreal und Locarno (alle drei Anmeldeschluss Juni). A-Festivals sind Premierenfestivals, weshalb in der Regel gefordert wird, dass Ihr Film dort seine Welt- zumindest aber seine internationale Premiere feiert. Damit Ihr Film zum Beispiel an der Berlinale teilnehmen kann, darf er noch nie zuvor öffentlich aufgeführt worden sein.

Die Spekulation auf einen Startplatz bei einem der A-Festivals kostet in der Regel einiges an Zeit. Wird Ihr Film zum Beispiel im August fertig und Sie reichen ihn zur Berlinale ein, ist er in jedem Fall bis zur Einladung oder Ablehnung, die Anfang/ Mitte Januar verschickt wird, für andere Festivalteilnahmen blockiert. Mit den Hofer Filmtagen, dem Kinofest Lünen und dem Max Ophüls-Festival in Saarbrücken gibt es während der »Berlinale-Wartezeit« gleich drei attraktive Festivals der zweiten Kategorie, die Kurzfilme zeigen. Für viele Kurzfilme, speziell

Kurzspielfilme, sind diese Festivals ein besserer Startort. Sie sind in der Festival-szene bekannt und die Einladung auf eines dieser Festivals kann von anderen Fes-tivalmachern durchaus als Qualitätssiegel verstanden werden. Ob sich das Warten auf die Berlinale also lohnt, muss jeder Filmemacher selbst entscheiden.

Kleine, freche, unaufwendige Produktionen, ohne ausgeprägte künstlerische Kraft, haben es auf den großen Festivals sowieso schwer. Sie werden deshalb besser bei Festivals platziert, die den No-Budget-Gedanken aufrechterhalten. In Deutschland sind das vor allem das Internationale Kurz Film Festival Hamburg und das Filmfest Weiterstadt.

> **Tipp:** Die Überlegungen, auf welchem Festival ein Kurzfilm Premiere haben soll, sind na-türlich spekulativ. Niemand kann im Voraus sagen, wie die Auswahljury entscheidet und ob der Film auf dem gewünschten Festival auch laufen wird. Den Versuch ist es aber alle-mal wert. Wenn die Einreichung akzeptiert wird, gibt es berechtigten Grund zur Freude. Wenn nicht, muss eben das nächste Festival in Angriff genommen werden.

Im Idealfall ist das erste Festival gleichzeitig der Startschuss für die erfolgrei-che Festivallaufbahn Ihres Films. Bei allen großen Festivals sind Festivalmacher akkreditiert, die Filme für ihr eigenes Programm sichten. Gefällt Ihr Film und passt er in das Programm eines anderen Festivals, ist es ganz normal, dass des-sen Macher aktiv werden und Sie auffordern, Ihren Film dort einzureichen. Das garantiert zwar nicht, dass der Film dort wirklich läuft, hebt Ihren Film aber in jedem Fall aus der Masse der Einreichungen heraus. Wie ausgezeichnet dieses Sys-tem funktionieren kann, zeigt das Beispiel des Kurzfilms *Die Rasur* von Tunçay Kulaoğlu und Martina Priessner. Dieser erhielt innerhalb weniger Monate Ein-ladungen von zahlreichen schwul-lesbischen Festivals weltweit, nachdem er auf dem schwul-lesbischen Filmfest Hamburg gezeigt wurde – und zwar ohne dass ein einziges Einreichformular ausgefüllt werden musste. Es lohnt sich also, sehr genau zu überlegen, welche Festivals als Multiplikatoren bei der weiteren Auswer-tung eines Films helfen können.

Die Festivallaufbahn

Zu welchen Festivals als nächstes eingereicht wird, kann von verschiedenen As-pekten abhängig gemacht werden.

- Allgemein sollten in dieser Phase Festivals bevorzugt werden, die möglichst renommiert sind und über einen Wettbewerb verfügen. Je höher dotiert die Preise sind, umso attraktiver ist das Festival.

- Ebenfalls attraktiv sind Festivals mit Filmmärkten, bei denen Einkäufer und Redakteure die Filme sichten können. Hier haben Sie die Chance, dass Ihr Film entdeckt und vielleicht sogar lizenziert wird.
- International sollte zunächst bei jenen Festivals eingereicht werden, die Filme nur als Premieren im jeweiligen Land zeigen. Bei allen anderen Festivals kann danach noch immer eingereicht werden.
- Nicht zuletzt sollten Sie den Film bei all jenen Festivals einreichen, auf denen Sie selbst Ihren Film gern sehen möchten – sei es, weil Sie die Festivalmacher kennen, sei es, weil Sie wissen, dass dort das Publikum besonders gut ist oder einfach nur, weil Sie selbst den Festivalort mögen.

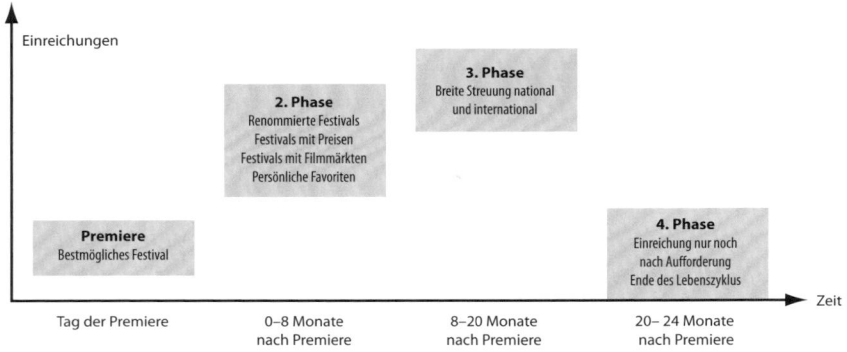

Festivalzyklus

Etwa acht Monate nach der Premiere sind normalerweise alle wichtigen Festivals mit Sichtungskopien Ihres Films versorgt. Von den meisten dieser Festivals haben Sie bereits ein Feed-back erhalten und auf einigen der angeschriebenen Festivals wurde der Film schon gezeigt. Das Ziel der weiteren Auswertung ist nun, den Film noch so oft wie möglich auf kleineren Festivals zu zeigen. Teilweise kann man auch auf diesen Festivals noch Preise gewinnen, teilweise ist es aber einfach schön und gut zu wissen, dass der eigene Film im indischen Kerala genauso geschätzt wird wie im Dörfchen Gosbach auf der Schwäbischen Alb. Sind auch diese Festivals von Ihnen bedient worden, beginnt die letzte Phase des Festivalzyklus. In dieser wird der Film nur noch an Festivals verliehen, wenn diese ihn ausdrücklich anfordern. Nach rund 24 Monaten ist schließlich das Festivalleben eines Kurzfilms zu Ende.

Tipp: Voraussetzung für den beschriebenen idealtypischen Lebenszyklus ist, dass ein hervorragend auswertbarer Kurzfilm zur Verfügung steht. Sind Sie auf Grund der Checkliste am Anfang des Kapitels zur Auffassung gekommen, dass Ihr Film kein ganz so großes Potenzial hat, ist es durchaus sinnvoll, nicht auf die »große« Premiere zu warten, sondern den Film direkt nach der Fertigstellung an relativ viele Festivals zu versenden. Aber auch in diesem Fall sollten zunächst nur die attraktivsten Festivals angeschrieben werden. So vermeiden Sie vor allem auf internationaler Ebene, dass Ihr Film auf einem Kleinstfestival »verheizt« wird und deshalb keine Chance mehr auf einem wichtigen Festival im gleichen Land hat.

Wie erfolgreich ein Film auf Festivals läuft, ist kaum voraussehbar. Gewissheit erhält man nur, wenn man die Festivallandschaft intensiv bearbeitet. Allein in der ersten Phase kann das durchaus die Einreichung bei 30 oder auch 50 Festivals bedeuten. Vor allem sollte man sich aber nicht von ersten Rückschlägen beeindrucken lassen – das zeigt das Beispiel von Jörg Wagners *Staplerfahrer Klaus*.

Formulare, Formulare, Formulare

Eine konsequente Festivalauswertung macht relativ viel Arbeit. Das fängt bei der Auswahl der Festivals an, zu denen man den eigenen Film einreichen möchte, und geht bis zur Koordination des Versands der Film- und Videokopien. Dank Internet ist die Recherche der Kurzfilmfestivals mittlerweile bedeutend einfacher geworden als noch vor wenigen Jahren. Alle Festivals haben eigene Internetauftritte. Man kann sich also leicht selbst ein recht genaues Bild von den Schwerpunkten der Festivals machen und prüfen, wie diese sich im Programm niederschlagen. So kann man sich relativ schnell informieren, ob ein Festival für den eigenen Film attraktiv ist und sich die Einreichung lohnt.

Ständige Begleiter eines jeden Filmemachers, der einen Film einreichen möchte, sind die verschiedenen Festivallisten im Internet. Sie sind bei der Auswahl der Festivals extrem hilfreich.

Zwei wichtige Internetlisten sind das »Festivals Directory« des British Council (www.britfilms.com) und die Datenbank von German Films (www.german-films.de). Beide bieten Zusatzinformationen zu den einzelnen Festivals. Speziell auf den Kurzfilmsektor ausgerichtet ist das Service-Angebot der AG Kurzfilm (www.ag-kurzfilm.de), das Kurzfilmfestivals sowohl nach Veranstaltungstermin als auch Einreichschluss listet. Besonders nett sind die Berichte von Filmemachern über Festivals, an denen sie teilgenommen haben. Sie liefern einen authentischen Blick auf die jeweilige Festivalatmosphäre.

Einreichungen selbst sind heute auf drei Wegen möglich:

- Online-Einreichungen, bei denen sowohl die Einreichformulare als auch die Sichtungskopie über das Internet verschickt werden,
- Online-Einreichungen, bei denen nur die Einreichformulare online ausgefüllt werden und anschließend die Sichtungskopie per Post verschickt wird,
- klassische Einreichung mit schriftlichem Einreichformular und postalischem Versand.

Welche Einreichform bevorzugt wird, ist von Festival zu Festival verschieden. Die Einreichunterlagen fast aller Festivals sind gleich aufgebaut und fragen folgende Informationen ab:

- Titel des Films in der Originalfassung und bei internationalen Festivals den englischen Titel,
- Technische Angaben zum Film wie Länge, Aufnahme- und Projektionsformat, Tonformat (Stereo, Dolby etc.),
- Synopsis des Inhalts (die oft nicht mehr als fünf Zeilen lang sein darf),
- Name und Adresse des Regisseurs,
- Name und Adresse des Produzenten,
- Stab- und Besetzungsliste,
- Produktionsjahr und/oder Uraufführungsdatum des Films,
- Liste der Festivals, an denen der Film teilgenommen hat,
- Liste der Preise, die der Film gewonnen hat.

Diese Angaben müssen normalerweise durch eine Sichtungs-DVD sowie Fotos zum Film ergänzt werden.

Tipp: Für die Teilnahme bei vielen Festivals spielt das Produktionsjahr des Films eine wichtige Rolle. Fast immer sind nur Filme zugelassen, die in den letzten beiden Jahren oder – bei größeren Festivals – in den letzten zwölf Monaten entstanden sind. Daher empfiehlt es sich bei Produktionen, die sich über einen Jahreswechsel erstrecken (Dreh im September, Fertigstellung im Februar) das Produktionsjahr über den Fertigstellungstermin zu definieren. So können Sie Ihren Film möglichst lange auswerten.

Das Ausfüllen der Formulare mit immer den gleichen Angaben macht wenig Spaß. Ein wenig Abhilfe kann man sich verschaffen, indem man alle immer wiederkehrenden Angaben in einem eigenen Textdokument zusammenfasst und dieses an die Festivals versendet. Die offiziellen Einreichformulare werden dann nur noch mit den absolut notwendigen Angaben (Titel, Name des Einreichers) und einer Unterschrift versehen.

Auf eine aufwendige und teure Präsentation in Hochglanzmappen verzichten im Übrigen die meisten Festivals gern. Die eingereichten Unterlagen verschwinden fast immer in dunklen Aktenordnern, sobald die Angaben in die Festival-Datenbank übernommen wurden.

Zur Sichtung des Films akzeptieren Festivals in der Regel sowohl DVDs,.einige wenige Festivals bieten aber auch einen Upload des Filmes an. Immer wieder gibt es ärgerliche technische Probleme, wenn selbstgebrannte DVDs auf DVD-Playern abgespielt werden sollen. Läuft es dumm, kann Ihr Film nicht gesichtet werden. Die Fehlerwahrscheinlichkeit bei DVDs lässt sich reduzieren, wenn einige einfache Regeln bei der Herstellung der DVDs beachtet werden.

Checkliste Herstellung DVDs

❑ Erstellen Sie die Videodatei für die DVD mit einer maximalen Bitrate von 7 Mbit/s.

❑ Verwenden Sie ausschließlich DVD-R oder DVD+R-Medien. Alle anderen Formate können von vielen DVD-Playern nicht gelesen werden.

❑ Erstellen Sie die DVD ohne Region-Code, sodass sie auf allen Playern weltweit angeschaut werden kann.

❑ Brennen Sie die DVD nicht mit höchster, sondern maximal mit 4- bis 6-facher Geschwindigkeit.

❑ Verwenden Sie für die Beschriftung keine Aufkleber. Schreiben Sie Titel und Name des Einreichers stattdessen direkt auf die DVD oder verwenden Sie bedruckbare DVDs.

❑ Testen Sie die DVDs immer auch in einem normalen DVD-Player (nicht nur am PC).

Bei vielen Einreichungen kann es eine Überlegung wert sein, gleich eine größere Stückzahl DVDs brennen zu lassen. Mit dem Zusatznutzen, dass diese dann als Beleg-Exemplare für das Team und die Sponsoren verteilt werden können.

Reelport, Shortfilmdepot und Withoutabox

Wer jemals für einen Film zehn oder 20 Einreichformulare hintereinander ausgefüllt (egal ob online oder auf Papier) hat, hat sich sicher nach einem automatisierten Verfahren gesehnt, das diese Aufgabe übernimmt. Vielleicht ist das auch ein Grund dafür, dass viele Filme nur bei so wenigen Festivals eingereicht werden. Abhilfe schaffen mittlerweile gleich drei Internetplattformen: Reelport (www.reelport.com), Shortfilmdepot (www. shortfilmdepot.com) und Withoutabox (www.withoutabox.com). Alle drei erleichtern Ihnen die Einreichung bei bestimmten Festivals erheblich.

Die drei Plattformen basieren auf der Idee, dass die Filmemacher nur ein einziges Mal die Daten und Informationen zu ihrem Film in eine Datenbank eingeben müssen. Diese Daten werden dann durch die Plattform an die Festivals, zu denen der Filmemacher einreichen möchte, weitergeleitet.

Withoutabox ist der älteste Plattformanbieter und hält in seiner Datenbank nach eigenen Angaben Informationen von über 5.000 Festivals bereit, bei 850 davon kann über Withoutabox online eingereicht werden Schwerpunkt bilden eindeutig Festivals aus dem anglo-amerikanischen Bereich. Lohnenswert ist eine Anmeldung also nur, wenn Sie Ihren Film auf mehreren amerikanischen Festivals einreichen möchten. Diese erheben üblicherweise Einreichgebühren, die ebenfalls über Withoutabox bezahlt werden können.

Ähnlich wie Withoutabox arbeitet das Shortfilmdepot allerdings in erheblich kleinerem Umfang und mit europäischem Fokus. Im Moment können Sie Ihren Film über Shortfilmdepot bei rund 30 Festivals einreichen, darunter die Kurzfilmwoche in Regensburg und das São Paulo International Short Film Festival. Dazu müssen alle Daten des Films in das System eingepflegt und, falls gewünscht, der Film per Upload auf den Server von Shortfilmdepot geladen werden. Anschließend kann per Mausklick bei den gewünschten Festivals eingereicht werden. Praktisch ist, dass alle Begleitmaterialien wie beispielsweise Szenenfotos oder ein Foto des Regisseurs ebenfalls online bereitgestellt werden können. Noch einen Schritt weiter geht Reelport. Bei diesem, von der EU mit erheblichen finanziellen Mitteln geförderten System, muss auf jeden Fall der gesamte Film online gestellt werden. Dies geschieht entweder per Upload oder durch Zusenden einer DVD an den Reelport-Betreiber. Sobald Sie Ihren Film bei einem der rund 20 beteiligten Festivals einreichen, wird der gesamte digitale Datensatz an das Festival versendet. Dieses kann so auf Ihren Film und die Filmdaten zugreifen. Die Nutzung des Reelport-Angebots ist für die erste Einreichung pro Film kostenlos. Jede weitere Einreichung wird dann nach dem derzeit gültigen Preismodell mit immerhin zwei Euro in Rechnung gestellt.

Ein Argument für Reelport ist die Ausrichtung des Systems, das weit mehr sein will als ein reines Einreichsystem. Ziel ist es nach Aussage des Geschäftsführers Tilman Scheel, dass Reelport nach und nach einen umfassenden Filmkatalog aufbaut, über den Einkäufer und auch Kinobetreiber direkt Filme bestellen können. Dazu können die Filmemacher ihre Filme für den Reelport-Online-Katalog anmelden. Registrierte Distributoren können auf diese Daten zugreifen, den Film anschauen und, wenn er ihnen gefällt, auch lizenzieren.

Der Reelport-Ansatz ist durchaus interessant. Freilich bleibt abzuwarten, inwieweit die Einkäufer das System zukünftig wirklich zur Sichtung und Lizenzierung ihrer Kurzfilme nutzen werden. Als reines Einreichsystem bleibt die Plattform aber so oder so attraktiv.

Die Kosten von Festivalteilnahmen

Festivaleinreichungen und -teilnahmen kosten Geld. Man sollte sich also bereits vor der Produktion klar werden, wie viel Budget man hierfür bereitstellen möchte.

Tipp: Die Kosten für die Auswertung eines Films werden von den Filmförderern in der Regel nicht anerkannt, da sie nicht die Produktion des Films betreffen. Sie dürfen also in der offiziellen Kalkulation nicht erscheinen. Trotzdem müssen Sie bei Ihrer eigenen Finanzplanung berücksichtigt werden.

Einreichkosten

Die Einreichkosten lassen sich relativ einfach selbst kalkulieren. Da sind zunächst die Kosten für die Herstellung der Sichtungs-DVDs, dann die Verpackungskosten und schließlich die Portokosten.

Kalkulation Festivaleinreichung		Kosten
DVD-Rohling		0,50 €
DVD-Boxen		0,30 €
farbiger Einleger in Hülle		0,35 €
Luftpolster-Versandtasche		0,15 €
Porto Inland		1,45 €
Porto Ausland		3,45 €
Kosten Einreichung bei deutschen Festivals		**2,75 €**
Kosten Einreichung bei internationalen Festivals		**4,75 €**

Die meisten Festivals in den USA, aber auch einige europäische Festivals wie die Berlinale, verlangen Einreichgebühren. Diese können durchaus 50 US-Dollar oder Euro betragen. Das ist viel Geld. Insbesondere deshalb, weil damit keine Garantie verbunden ist, dass der eigene Film auch auf dem Festival läuft. Lohnenswert ist dies nur, wenn es eine berechtigte Hoffnung gibt, dass der Film gezeigt wird und er vielleicht sogar die Chance hat, einen Preis zu gewinnen.

Teilnahmekosten

Weitere Kosten entstehen, wenn Ihr Film erfolgreich ist und zu einem Festival eingeladen wird. In der Regel bezahlen die Festivals ausschließlich den Kopientransport in eine Richtung, meistens also den Rücktransport zum Einreicher. Das bedeutet, dass Sie als Filmemacher für die Portokosten zum Festival aufkommen müssen. Die Portokosten können sich schnell zu einem ganz schönen Batzen Geld summieren, speziell wenn Sie Ihren Film auch auf internationalen Festivals als 35 mm-Kopie zeigen möchten. Hier müssen Sie pro Transport mit Kosten zwischen 16 und 60 Euro, je nach Land und Gewicht Ihrer Filmkopie rechnen. Mit etwas Geschick lassen sich diese Kosten reduzieren, wenn man die Kopie immer von einem Festival an das nächste weiterschicken lässt. Dann fallen nur die Transportkosten zum ersten Festival an. Diese Vorgehensweise ist völlig gebräuchlich. Sie setzt aber voraus, dass zwischen den Festivals mindestens eine oder zwei Wochen Zeit ist.

> **Tipp**: Mit Festivalmachern, die an einem Film wirklich interessiert sind, kann man oft über die Konditionen verhandeln. Dies gilt sowohl hinsichtlich eventueller Einreichgebühren, als auch bei der Übernahme der Transportkosten.

Bei Langfilmen ist es durchaus üblich, dass die Festivalmacher für Screenings während eines Festivals eine Leihgebühr an den Produzenten oder Verleiher des Films entrichten. Leider ist das bei Kurzfilmen nicht so. Dennoch sollten Sie nicht jedem Veranstalter blindlings Ihren Film kostenlos überlassen. Ab und zu lohnt es sich, einen genauen Blick darauf zu werfen, bei welcher Veranstaltung es sich noch um ein Festival handelt und bei welcher um eine kommerzielle Filmvorführung ohne Festivalcharakter. Im zweiten Fall sollten Sie mit dem Veranstalter über eine Leihmiete verhandeln. Er will mit Ihrem Film Geld verdienen und somit ist es nur fair, dass Sie an diesem Verdienst beteiligt werden. Schrauben Sie die Erwartungen aber nicht allzu hoch. Die zu erzielende Leihmiete wird sich meistens irgendwo zwischen 20 und 50 Euro bewegen.

Förderung von Festivalteilnahmen

Ein sehr angenehmer Nebeneffekt von Festivalteilnahmen sind die damit verbundenen Einladungen an die Filmemacher. Leider haben nicht alle Festivals ausreichende Mittel, um für die Reise- und Hotelkosten aufzukommen. Trotzdem lohnt es sich, so viele Festivals wie möglich zu besuchen. Besonders wenn dort der eigene Film gezeigt wird. Nirgendwo sonst bekommt man ein so direktes Feed-back durch das Publikum. Und nirgendwo sonst lernt man, wenn man nur will, so viele gleichgesinnte Filmemacher kennen.

In bestimmten Fällen ist es sogar möglich, einen Reisekostenzuschuss durch die AG Kurzfilm für die Teilnahme an einem wichtigen Festival zu erhalten. Dieser Reisekostenzuschuss wird dem Regisseur auf Antrag einmalig gewährt, wenn sein Film »zum Wettbewerb eines internationalen Festivals im Ausland eingeladen wurde, das eine international herausragende Bedeutung hat, Vorführungen vor großem Publikum, vielen und wichtigen Pressevertretern bzw. vielen Fachbesuchern erwarten lässt«. Gleichzeitig muss der Regisseur bereit sein, als Repräsentant für den gesamten deutschen Kurzfilm zu agieren.

Zusammen mit German Films fördert die AG Kurzfilm darüber hinaus zusätzliche Festivalkopien und Untertitelungen, wenn Ihr Film zu einem internationalen Festival eingeladen wird, das die oben genannten Kriterien erfüllt.

Checkliste Filmfestivals

☐ Recherchieren Sie, welche Filmfestivals für Ihren Film interessant sind.

☐ Setzen Sie Prioritäten: Welche Festivals sind besonders interessant, welche weniger? Berücksichtigen Sie bei Ihrer Wahl die generelle Ausrichtung des Festivals, aber auch die Bedeutung des Festivals in der Filmszene und für Sie persönlich.

☐ Reichen Sie zunächst auf Festivals höchster Priorität ein, die gleichzeitig eine Welt- oder internationale Premiere erfordern.

☐ Checken Sie die Einreichunterlagen auf Vollständigkeit. Testen Sie die Sichtungs-DVDs.

☐ Beachten Sie die Einreichfristen! Gilt der Poststempel oder ist das Datum, an dem Ihre Unterlagen beim Festival eintreffen, relevant?

☐ Lassen Sie sich von Absagen nicht entmutigen!

☐ Wenn Ihr Film eingeladen wird: Besprechen Sie mit den Festivalmachern, in welchem Format der Film laufen soll und wer für die Transportkosten der Kopie aufkommt.

☐ Beschriften Sie die Vorführkopie eindeutig mit Format, Laufzeit, Geschwindigkeit sowie Ihrem Namen und Ihrer Adresse.

☐ Falls eine 35 mm-Kopie erforderlich ist oder Sie den Film untertiteln lassen müssen: Fragen Sie bei der AG Kurzfilm nach einem entsprechenden Zuschuss.

☐ Besuchen Sie, wenn es sich irgendwie einrichten lässt, das Festival. Fragen Sie nach Reisekostenzuschüssen beim Veranstalter und/oder bei der AG Kurzfilm.

Fallbeispiel: *Der Schüler*

Der Schüler wurde im Herbst 2002 fertig gestellt. Nach der Fertigstellung war allen Beteiligten klar, dass der Film durch seinen Humor beim Publikum und damit auch auf Festivals gut ankommen müsste. Als Premierenfestivals wurden deshalb die Hofer Filmtage, die Berlinale und das Max Ophüls-Festival in Saarbrücken in Angriff genommen. Das Ergebnis war relativ ernüchternd, da der Film bei den ersten beiden Festivals nicht und beim Max Ophüls-Festival nur außerhalb des Wettbewerbs angenommen wurde.

In der zweiten Phase wurde gezielt zu Festivals eingereicht, die auf Grund ihres Namens (Oberhausen, Hamburg, Krakau), ihres Preisgeldes (Las Palmas) oder persönlicher Verbundenheit (Landshut) besonders attraktiv waren. Während von den großen deutschen Festivals wiederum nur Absagen kamen, wurde *Der Schüler* nach Krakau, Las Palmas und Landshut eingeladen. Auf diesen Festivals feierte er mit dem Gewinn des Hauptpreises in Las Palmas und des Publikumspreises in Landshut seine ersten Erfolge.

Nach diesem Durchbruch wurden die Festivalaktivitäten breit gestreut. Insgesamt wurde *Der Schüler* innerhalb von rund 18 Monaten bei 111 Festivals eingereicht, von denen 41 den Film zeigten. Dass die Mehrheit der Festivaleinladungen aus dem Ausland stammte, dürfte auch dem Umstand gedankt sein, dass von vornherein neben der deutschen Fassung eine englische Fassung des Films auf 35 mm produziert wurde. (Es gibt nur einen Sprecher aus dem Off, sodass dies relativ einfach möglich war.)

Insgesamt fielen in dieser Zeit Kosten in Höhe von rund 2.500 Euro an: für Zusatzkopien (eine Förderung durch die AG Kurzfilm gab es zu diesem Zeitpunkt noch nicht), Porti und andere mit Festivals verbundene Kosten. Dem standen auf der Einnahmenseite 1.250 Euro an Preisgeldern gegenüber, die an die Produktion gingen.

Filmmärkte

Märkte sind Plätze, auf denen Handel getrieben wird. Was für Äpfel und Birnen gilt, kann auch für Kurzfilme gelten. Deshalb veranstalten einige der großen Festivals festivalbegleitende Filmmärkte, die den Einkäufern aus Verleihfirmen und Sendeanstalten die Gelegenheit geben, Filme zu sichten und für die Lizenzierung auszuwählen.

Die drei wichtigsten Kurzfilmmärkte in Europa sind Clermont-Ferrand, die Short Film Corner in Cannes und Oberhausen. Der eigentliche Marktplatz besteht bei allen drei Festivals aus einer größeren Zahl von Videosichtungsplätzen, an denen akkreditierte Fachbesucher die verfügbaren Filme sichten können. In Oberhausen sind das alle eingereichten Filme, unabhängig davon, ob sie es in eines der Festivalprogramme geschafft haben oder nicht. Ähnlich sieht es auch in Clermont-Ferrand aus, wo die zum Wettbewerb eingereichten Filme allerdings zusätzlich auch für den Markt angemeldet werden müssen.

Die Short Film Corner in Cannes verlangt als einziger Markt eine Teilnahmegebühr von 95 Euro, allerdings kann die Teilnahme unabhängig vom Festival selbst gebucht werden. Im Preis eingeschlossen sind zwei Akkreditierungen für das Cannes Film Festival sowie kostenlose Drinks während der täglich stattfindenden Happy Hour.

Sylke Gottlebe
Quelle: AG Kurzfilm

Sylke Gottlebe ist Geschäftsführerin der AG Kurzfilm. Die AG Kurzfilm vertritt die Interessen des deutschen Kurzfilms im In- und Ausland: als Ansprechpartner für Politik, Filmwirtschaft, Filmtheater und Festivals sowie als Servicestelle für Kurzfilmemacher, -produzenten und -institutionen.

Frank Becher: Die AG Kurzfilm vertritt den deutschen Kurzfilm auch auf den internationalen Kurzfilmmärkten. Wie sieht diese Interessenvertretung aus?

— **Sylke Gottlebe:** 2003 hatten wir erstmals einen Stand auf dem Filmmarkt in Clermont-Ferrand und während der Berlinale. Seit 2004 sind wir mit verschiedensten Aktivitäten auf Filmmärkten präsent. Unsere Hauptaufgabe sehen wir darin, den deutschen Filmen innerhalb der internationalen Kurzfilmszene die nötige Aufmerksamkeit zu verschaffen. Außerdem sind wir Teilhaber von German Films, der Außenvertretung der deutschen Filmwirtschaft. Diese veranstaltet weltweit Deutsche Filmwochen, auf denen nun auch Kurzfilme als Vorfilme zu sehen sind.

FB: Wie beurteilen Sie die Wichtigkeit der Filmmärkte?

— **Sylke Gottlebe:** Sicherlich ist Clermont-Ferrand der wichtigste Kurzfilmmarkt. Dort sind über 2.000 Professionals akkreditiert. Praktisch jedes Festival und alle wichtigen Einkäufer sind dort und sichten gezielt Filme. Dazu erscheint neben dem Festivalkatalog ein eigener Marktkatalog, in dem alle eingereichten Filme kurz porträtiert werden. Dieser Service ist für die Filmemacher kostenlos. Zusätzlich veranstalten wir spezielle Marktscreenings mit ausgewählten Filmen, zu denen wir gezielt Festivalmacher und Einkäufer einladen. Oft erhalten wir direkt anschließend eine Rückmeldung und können die Interessenten an die Filmemacher oder Produzenten weiter vermitteln. Diese Screenings können nur von Filminstitutionen gebucht werden und müssen bezahlt werden.

FB: Werden in Clermont-Ferrand konkrete Geschäfte abgeschlossen?
— **Sylke Gottlebe:** Ich denke schon. Genau sagen kann ich das nicht, weil wir ja nicht selbst als Rechtehändler auftreten. Wir wissen aber, dass alle wichtigen Einkäufer aus Deutschland und der ganzen Welt in Clermont-Ferrand sichten und Geschäftsabschlüsse zumindest vorbereiten. Genauso wichtig ist aber die Aufmerksamkeit, die ein Film durch den Markt erfährt. Marktscreenings haben einen hohen Stellenwert in der Kurzfilmszene. Die Filme können von dem Multiplikatoreffekt des Filmmarktes profitieren. Viele werden in der Folge zu weiteren Festivals eingeladen.

FB: Welche Bedeutung haben die anderen Märkte?
— **Sylke Gottlebe:** Clermont-Ferrand ist mit Abstand der wichtigste. Die Short Film Corner ist nur ein kleiner Bereich innerhalb des riesigen Filmmarktes in Cannes und erfährt daher eine relativ geringe Aufmerksamkeit. Trotzdem ist die Short Film Corner nicht völlig zu vernachlässigen. Es gibt doch einige Rückmeldungen aus Übersee. Ebenfalls interessant ist das Worldwide Short Film Festival Toronto, das als Multiplikator für den gesamten amerikanischen Markt wirkt.

Cannes und Clermont-Ferrand bieten einen ausgesprochen guten Service. Da die Filme auf den dortigen Marktplätzen aus Datenbanken abgerufen werden, erhält jeder Filmemacher am Ende des Marktes eine Liste der Fachbesucher, die den Film angeschaut haben. Wer will, kann dann nachfassen und im Idealfall seinen Film verkaufen. Die durchschnittlichen Zuschauerzahlen, die ohne zusätzliche (bezahlte) Werbung erreicht werden können, sind jedoch relativ niedrig und liegen zwischen vier und zehn Abrufen pro Markt. 2006 lag der Rekord bei einem deutschen Kurzfilm in der Short Film Corner bei 33 Sichtungen.

Filmpreise

Festivals, bei denen es etwas zu gewinnen gibt, sind natürlich besonders interessant. Jeder Preis, unabhängig davon, ob er mit einem Preisgeld dotiert ist oder nicht, bringt einen Film und vor allem auch seine Macher voran. Filme, die bereits Preise gewonnen haben, profitieren bei allen weiteren Auswertungen von diesem Bonus. Und auch Sie als ausgezeichneter Filmemacher genießen bei neuen Projekten einen Vertrauensvorschuss, der es Ihnen leichter macht, Geld, Team und Schauspieler zu akquirieren.

Neben Preisen auf Festivals gibt es einige Kurzfilmpreise, die unabhängig von Festivals vergeben werden. Der Deutsche Kurzfilmpreis ist einer dieser Preise. Er wurde, da er mit Fördermitteln verbunden ist, bereits im Kapitel »Filmförderung« behandelt.

Weitere wichtige Kurzfilmpreise sind:
- der Short Tiger,
- der Murnau-Kurzfilmpreis,
- FIRST STEPS – der Deutsche Nachwuchspreis,
- der Studenten-Oscar,
- und last but not least: der Kurzfilm-Oscar.

Der Short Tiger

Der Short Tiger wird von der Filmförderanstalt vergeben. Er ist mit sehr hohen Preisgeldern dotiert, allerdings wurde sein Profil durch sich immer wieder verändernde Regularien in der Vergangenheit geschwächt. Es lohnt sich deshalb, immer mal wieder die Homepage der FFA (www.ffa.de) zu besuchen, um herauszufinden, ob derzeit ein Short Tiger-Wettbewerb läuft.

Der Murnau-Kurzfilmpreis

Mit ihrem Kurzfilmpreis will die Friedrich-Wilhelm-Murnau-Stiftung in Wiesbaden einen Beitrag »zur Zukunft der Filmkultur und damit auch zur Förderung junger Talente« leisten. Mit dem Preis sollen besonders publikumswirksame, kinotaugliche Kurzfilme aus Deutschland gefördert werden, die zwischen drei und 15 Minuten lang sind. Die Filme müssen auf 35 mm vorliegen und zwingend eine Freigabe der FSK besitzen. Einreichschluss ist Anfang Januar, sodass alle Filme aus dem vorhergehenden Produktionsjahr, die die Bedingungen erfüllen, berücksichtigt werden können. Die Kommission der Murnau-Stiftung, die aus jeweils zwei Vertretern der Kino- und der Kurzfilmszene sowie dem Kuratoriumsvorsitzenden der Murnau-Stiftung besteht, kann den Murnau-Kurzfilmpreis an bis zu zehn Filme pro Jahr vergeben. Jede Auszeichnung ist mit einem Preisgeld von 2.000 Euro, das an den Produzenten geht, verbunden. Der Murnau-Kurzfilmpreis ist damit nicht besonders hoch dotiert. Seine Attraktivität ergibt sich durch den namhaften Preis an sich. Und der Tatsache, dass die Preisträger fünf Punkte in der Referenzmittelberechnung der FFA gutgeschrieben bekommen.

FIRST STEPS – Der Deutsche Nachwuchspreis

FIRST STEPS ist ein Preis, der von einer privaten Initiative (mit der Deutschen Filmakademie, Mercedes-Benz, ProSieben, Spiegel TV und teamWorx/UFA an der Spitze) an die besten Abschlussfilme einer deutschsprachigen Filmhochschule vergeben wird. In Ausnahmefällen können darüber hinaus Filme von Regisseuren vorgeschlagen werden, die keine Filmhochschule besucht haben und jünger als 35 Jahre sind. Die FIRST STEPS Awards sind mit insgesamt 72.000 Euro sehr hoch dotiert. Sie werden in fünf Sparten an Spiel-, Dokumentar- und Werbefilme vergeben, wobei die Preisgelder je nach Sparte und Länge des Films zwischen 25.000 Euro für den besten abendfüllenden Film und 10.000 Euro für den besten Werbefilm liegen. Besonders interessant: Das Geld geht ohne Auflagen an die Preisträger und kann somit frei verwendet werden.

Der Studenten-Oscar

Der Studenten-Oscar wird wie der »echte« Oscar von der Academy of Motion Pictures Arts and Sciences vergeben. Neben den ausschließlich US-amerikanischen Studenten vorbehaltenen Kategorien gibt es auch den Honorary Foreign Film Award Zum Studenten-Oscar dürfen ausschließlich Filmhochschulen einreichen, die in der CILECT, dem internationalen Verband der Filmhochschulen, Mitglied sind. In Deutschland sind das die Hamburg Media School, die dffb, die Filmakademie Baden-Württemberg, die HFF München, die HFF »Konrad Wolf« in Babelsberg, die Hochschule für Medien und die internationale filmschule ifs aus Köln. Jede der genannten Hochschulen darf pro Jahr einen einzigen Film für den Auslands-Studenten-Oscar vorschlagen. Aus den eingereichten Filmen werden von der Academy fünf Finalisten nominiert.

Der Kurzfilm-Oscar

Was für den Studenten-Oscar gilt, hat prinzipiell auch für den Kurzfilm-Oscar, der innerhalb der eigentlichen Oscar-Zeremonie verliehen wird, seine Gültigkeit. Der Kurzfilm-Oscar wird in den beiden Kategorien Animationsfilm und Life-Action-Film verliehen. Für das Rennen um den Oscar zugelassen werden ausschließlich Produktionen, die entweder an drei aufeinanderfolgenden Tagen in mindestens zwei bezahlten Vorstellungen pro Tag in einem kommerziellen Kino des Bezirks Los Angeles liefen oder die den Hauptpreis bei einem der von der Academy anerkannten Festivals gewonnen haben.

Da das erste Einreichkriterium kaum erfüllbar ist, besteht realistischerweise nur dann eine Chance, für den Kurzfilm-Oscar nominiert zu werden, wenn Ihr Film eines der in der Short Films Awards Festivals List genannten Festivals gewinnt. Für das Jahr 2012 nennt die Academy insgesamt 76 Festivals, über die man sich qualifizieren kann, darunter die Berlinale (mit dem Goldenen Bär für den besten Kurzfilm), Oberhausen (mit dem Großen Preis der Stadt Oberhausen) und das Internationale Trickfilmfest Stuttgart (mit dem Grand Prix des Internationalen Wettbewerbs).

Hat man diese erste – nicht ganz unerhebliche – Hürde geschafft, darf der Film eingereicht werden. Anschließend beginnt der eigentliche Nominierungsprozess, in dem die Academy-Mitglieder der Sektionen Kurzfilm und Animation zunächst über ein gestaffeltes Punktesystem die fünf nominierten Filme auswählen. In der letzten Runde können die stimmberechtigten Mitglieder der Academy dann nur noch für einen Film stimmen. Aus dem Abstimmungsergebnis wird schließlich der Kurzfilm-Oscar ermittelt.

Für kurze Dokumentarfilme gibt es ebenfalls einen Oscar. Damit ein kurzer Dokumentarfilm eingereicht werden kann, muss er allerdings entweder in Los Angeles oder in Manhattan für mindestens sieben Tage in einem kommerziellen Kino gelaufen sein. Eine Qualifizierung über den Gewinn eines Wettbewerbs ist in dieser Sektion nicht möglich.

Kommerzielle Auswertung

Festivals, Auszeichnungen, Preise – das ist alles schön und gut und bringt, zumindest was die Preise angeht, gelegentlich auch Geld in die leeren Produktionskassen. Wie sieht es aber mit der kommerziellen Auswertung von Kurzfilmen aus? Welche Möglichkeiten gibt es? Und was darf man sich von diesen Auswertungsformen erhoffen? Auf diese Fragen soll auf den folgenden Seiten näher eingegangen werden. Dazu lohnt es sich, zunächst einen Blick auf die Rechte zu werfen, die in Zusammenhang mit einem Film ausgewertet werden können.

Als Filmschaffender sind Sie Urheber, entweder alleine oder zusammen mit anderen. Das bestehende Urheberrecht ermöglicht es Ihnen, selbst zu entscheiden, an wen Sie Ihren Film lizenzieren und wie Sie damit Geld verdienen. Daran ändert sich auch nichts, wenn Sie Ihre Filme online stellen: Nach wie vor ist Ihr Film geschützt und darf von Dritten nur nach Ihrer Maßgabe benutzt werden. Niemand darf also Ihren YouTube-Film downloaden und über ein Filesharing-System verteilen, ohne davor Ihre Genehmigung einzuholen.

Lizenzierbare Rechte

Mit einem Film sind zahlreiche Rechte verbunden, an denen Lizenznehmer interessiert sein können. Bei Kurzfilmen sind das vor allem:

- das Recht, den Film im Kino aufzuführen,
- das Recht, den Film im Fernsehen auszustrahlen (Free-TV oder Pay-TV),
- das Recht, den Film auf DVD oder Blu-ray-Disc zu vertreiben,
- das Recht, den Film im Internet oder auf anderen Medien zu verbreiten (beispielsweise über Video-on-Demand).

All diese Rechte können Sie einzeln oder gemeinsam an Lizenznehmer verkaufen – vorausgesetzt, Sie haben zuvor selbst alle Rechte (speziell die Buch- und Musikrechte) an dem Film erworben.

Eine Lizenzvereinbarung zwischen Ihnen als Lizenzgeber und dem Lizenznehmer kann leicht zehn oder fünfzehn Seiten dick sein. In diesem Vertrag wird genau festgelegt, welche Rechte Sie an den Lizenznehmer zu welchem Preis verkaufen. Generell gilt hier immer der Grundsatz, dass Sie versuchen sollten, so wenig Rechte für so viel Geld wie möglich zu verkaufen. Da Ihr Gegenüber das zwangsläufig genau andersherum sieht, sollten Sie sich einen Vertrag immer dann ganz genau anschauen, wenn er vom Lizenznehmer verfasst wurde. In branchenüblichen Lizenzverträgen werden fünf wesentliche Punkte festgehalten:

- Die Auswertungsform, für die Rechte lizenziert werden sollen,
- der Charakter der Lizenz: Lizenzverkäufe können exklusiv oder nicht-exklusiv erfolgen. Bei einer exklusiven Lizenzvergabe darf ausschließlich der Lizenznehmer die Rechte auswerten, bei einer nicht-exklusiven Vereinbarung können Sie die gleichen Rechte auch noch an andere Anbieter verkaufen,
- das Gültigkeitsgebiet, in dem die Rechte durch den Lizenznehmer ausgewertet werden dürfen,
- der Zeitraum, für den die Lizenz gilt und
- die Höhe der Vergütung.

Aus dem Mix dieser Kernpunkte können sich vorteilhafte und weniger vorteilhafte Vertragskonditionen ergeben, wie die folgende Gegenüberstellung zeigt. In beiden Beispielfällen soll ein Film für die Auswertung auf DVD lizenziert werden.

Lizenzierung für Auswertung auf DVD	Vertrag 1	Vertrag 2
Charakter der Lizenz	exklusiv	nicht exklusiv
Gültigkeitsgebiet (Territorium)	weltweit	Deutschland
Gültigkeitszeitraum	7 Jahre	3 Jahre
Vergütung	50 % der Nettoeinnahmen des Lizenznehmers	200 Euro Garantie + 30 % der Nettoeinnahmen

Es ist offensichtlich, dass für Sie als Lizenzgeber der zweite Vertrag deutlich günstiger ist. Sie verkaufen weniger Rechte (nicht-exklusiv, nur Deutschland und kürzere Laufzeit) und erhalten darüber hinaus auch noch eine Mindestgarantie für die Lizenz.

Leider können so gute Konditionen in aller Regel nicht erreicht werden. Das muss aber auch gar nicht sein, wenn nur der Mix der Konditionen für beide Seiten akzeptabel ist.

Checkliste Lizenzvertrag

❑ Überprüfen Sie, ob Sie (noch) über die angefragten Rechte verfügen oder ob Sie diese bereits an einen anderen Lizenznehmer vergeben haben.

❑ Holen Sie Informationen über den Lizenznehmer ein. Lizenzieren Sie Ihren Film nur dann an den Lizenznehmer, wenn sich aus dessen bisherigen Aktivitäten schließen lässt, dass er die Lizenz auch wahrnimmt.

❑ Vergeben Sie exklusive Lizenzen nur dann, wenn Sie entweder eine garantierte Mindestvergütung erhalten oder der Lizenznehmer die aktive Auswertung der Lizenz sicherstellt.

❑ Achten Sie genau darauf, ob und wenn ja, welche Nebenlizenzen zur eigentlichen Lizenz verkauft werden sollen. Einige TV-Anstalten fordern zum Beispiel auch die Internetrechte, ohne dafür eine eigene Lizenzgebühr zu bezahlen.

❑ Achten Sie bei prozentualen Beteiligungen darauf, aus welchen Einnahmen diese berechnet werden. Insbesondere sollte klar geregelt sein, welche Kosten (beispielsweise Werbung, Kopienherstellung etc.) der Lizenznehmer vor der Berechnung Ihres Gewinnanteils abziehen darf.

❑ Stellen Sie sicher, dass Sie den Vertrag kündigen können, wenn der Lizenznehmer den Film nicht auswertet oder Sie nicht wie vereinbart regelmäßig über die Lizenzeinnahmen unterrichtet.

❑ Konsultieren Sie unbedingt einen (Medien-)Anwalt, wenn Sie sich mit dem Vertragswerk überfordert fühlen. Fragen Sie ihn aber vor der Auftragserteilung, was seine Beratung kostet.

Das bestehende Urheberrecht gibt Ihnen die Kontrolle darüber, wie Sie Ihren Film auswerten. Es ermöglicht Ihnen aber auch, der Allgemeinheit bestimmte Nutzungsformen freizugeben, wenn Sie das wünschen. Das ist besonders dann interessant, wenn Sie an einer möglichst großen Verbreitung Ihres Filmes im Internet interessiert sind. Ein wichtiges Hilfsmittel hierbei sind die so genannten Creative Commons-Lizenzen, mit denen Sie recht einfach definieren können, wie Ihr Film von anderen Personen genutzt werden kann. Derzeit gibt es sechs Standard-CC-Lizenzen:

• CC BY Namensnennung: Diese Lizenz ist die freieste CC-Lizenz. Sie erlaubt anderen, Ihr Werk zu verbreiten und zu verändern, solange Sie als Urheber des Originals genannt werden. Die Erlaubnis ist unabhängig davon, ob der Nutzer Ihren Film kommerziell oder nicht-kommerziell nutzt.

- CC BY-ND Namensnennung-Keine Bearbeitung: Diese Lizenz erlaubt anderen, Ihr Werk ohne Bearbeitung oder Veränderung zu verbreiten, solange Sie als Urheber genannt werden. Die Erlaubnis ist unabhängig davon, ob der Nutzer Ihren Film kommerziell oder nicht-kommerziell nutzt.
- CC BY-SA Namensnennung-Weitergabe unter gleichen Bedingungen: Diese Lizenz erlaubt anderen, Ihr Werk zu verbreiten und zu bearbeiten, solange Sie als Urheber des Originals genannt werden und die Verbreitung unter den gleichen Bedingungen erfolgt.
- CC BY-NC Namensnennung-Nicht-kommerziell: Diese Lizenz erlaubt anderen, Ihr Werk zu verbreiten und zu bearbeiten, solange Sie als Urheber des Originals genannt werden und die Verbreitung nicht-kommerziell ist.
- CC BY-NC-ND Namensnennung-Nicht-kommerziell-Keine Bearbeitung: Diese Lizenz erlaubt anderen, Ihr Werk zu verbreiten, solange Sie als Urheber genannt werden und die Verbreitung nicht-kommerziell ist.
- CC BY-NC-SA Namensnennung-Nicht-kommerziell-Weitergabe unter gleichen Bedingungen: Diese Lizenz erlaubt anderen, Ihr Werk unter den gleichen Bedingungen zu verbreiten, solange Sie als Urheber genannt werden und die Verbreitung nicht-kommerziell ist.

Zur Lizenzierung reicht es aus, den digitalen Film in seinen Metadaten oder Credits entsprechend zu markieren. Dazu werden (neben ausführlichen Beschreibungen der Lizenzen) auf creativecommons.org entsprechende Logos bereitgestellt. CC-Lizenzen können nachträglich nicht mehr rückgängig gemacht werden. Überlegen Sie es sich also sehr genau, ob Sie Ihren Film mit der freiesten Lizenz CC BY ausstatten. Wählen Sie stattdessen eine Lizenz, die nur eine nicht-kommerzielle Nutzung ermöglicht. So stehen Ihnen auch weiter die kommerziellen Auswertungsmöglichkeiten zur Verfügung.

Sales Agents

Nicht immer kaufen die Lizenznehmer die Rechte für sich selbst ein – viele Sales Agents nehmen Filme lediglich unter Vertrag, um diese möglichst gewinnbringend weiter zu verkaufen. Das ist nicht weiter verwerflich, schließlich sind Sie als Filmemacher in der Regel prozentual an den Verkäufen beteiligt. Darüber hinaus profitieren Sie von den zahlreichen Verbindungen, die Sales Agents zu Fernsehanstalten und Verleihern haben. Bei abendfüllenden Spielfilmen ist es deshalb völlig normal, einen Sales Agent oder – was dem mehr oder weniger entspricht – einen

Weltvertrieb zu haben. Im Kurzfilmbereich sieht das noch immer etwas anders aus.

Aktiv als plattformübergreifende Kurzfilmverkäufer agieren in Deutschland vor allem der Verleiharm des Interfilmfestivals und der Vertrieb der KurzFilm-Agentur in Hamburg. Beide werten Kurzfilme auf verschiedenste Art und Weise selbst aus, haben aber auch einen Filmbestand von jeweils über 150 Titeln, die sie als Sales Agents weltweit an Fernsehsender, Filmverleiher oder DVD-Produzenten lizenzieren.

Pionier auf diesem Gebiet ist die KurzFilmAgentur in Hamburg. Seit 1992 versteht sich dieser eingetragene Verein als Interessenvertreter der Filmemacher und hat sich mit seiner Arbeit deutschland- und weltweit ein großes Renommee erarbeitet. Im Laufe der Zeit hat die KurzFilmAgentur ein ganzes Paket von Aktivitäten rund um den Kurzfilm entwickelt.

Alexandra Gramatke

Alexandra Gramatke ist Geschäftsführerin der Hamburger KurzFilmAgentur. Die KurzFilmAgentur veranstaltet nicht nur das Internationale KurzFilmFestival Hamburg, sondern betreibt auch den KurzFilmVerleih, der das Ziel verfolgt, den Kurzfilm wieder zurück ins Kino zu bringen. Dieser wird durch den bereits erwähnten KurzFilmVertrieb, der mit Filmrechten handelt, ergänzt. Darüber hinaus unterhält die KurzFilmAgentur eine Verbindungsstelle für Kurzfilme, die neue Vermarktungsstrategien für Kurzfilme entwickelt und Filmemacher hinsichtlich der Verwertungsmöglichkeiten ihres Kurzfilms berät.

Frank Becher: Wie unterscheiden sich KurzFilmVerleih und KurzFilmVertrieb?

— **Alexandra Gramatke:** Das sind zwei verschiedene Auswertungsschienen für Kurzfilme. Der KurzFilmVerleih richtet sich an Kinobetreiber, die Kurzfilme zeigen möchten, der KurzFilmVertrieb handelt als Weltvertrieb mit Lizenzen.

FB: Werfen wir zunächst einen Blick auf den KurzFilmVerleih. Wie funktioniert das bei Ihnen?

— **Alexandra Gramatke:** Neben Einzelausleihen ist der Kern des Geschäfts das Kurzfilm-Abo, bei dem die Kinobetreiber für einen festen Jahresbetrag Woche für Woche einen Film aus unserem Katalog als Vorfilm ausleihen können. Dieser Einsatz als Vorfilm wird durch die FFA gefördert, sodass dem Kinobetreiber nur sehr geringe Kosten entstehen. Seit 2010 bieten wir mit XK.SHORTS auch eine Verleihplattform für digitale Filme auf DCP an. Das vereinfacht den Verleih erheblich und gibt uns auch die Chance, unsere Kurzfilme weltweit in die Kinos zu bringen.

FB: Das Kurzfilm-Abo verfolgt ja die Idee, Kurzfilme als Vorfilme zu zeigen. Bieten Sie den Kinobetreibern auch abendfüllende Kurzfilmrollen an?

— Alexandra Gramatke: Ja, zurzeit sind das 15 Rollen, die thematisch zusammengestellt werden. Wir kuratieren aber auch individuelle Programme zu allen Themen und für alle Anlässe.

FB: Kommen wir zum KurzFilmVertrieb. Was macht der genau?

— **Alexandra Gramatke:** Unser ShortFilmSales verkauft weltweit Kurzfilmlizenzen an Fernsehsender und auch an Internetplattformen. Diese werden zunehmend wichtiger, allerdings ist immer noch unsicher, ob man dort wirklich Umsatz machen kann. Gerade in Deutschland sind Streaming-Angebote noch ein Problem. Wir hoffen, dass sich das Bewusstsein durchsetzt, dass es sich lohnt, für einen Kurzfilm auch zu bezahlen. In unserem ShortFilmShop haben wir zum Beispiel ein Video-on-Demand-Angebot für Endkunden, bei dem Einzelfilme für drei Euro downgeloadet werden können.

FB: Wie wählen Sie die Filme aus, die Sie in den Vertrieb oder Verleih aufnehmen?

— **Alexandra Gramatke:** Wir gehen dazu mehrere Wege. Zum einen haben wir natürlich eine breite Auswahl aus den über 4.000 Einreichungen für das Hamburger Kurzfilmfestival. Zum anderen sichten wir aktiv auf den wichtigsten Festivals, also vor allem auf der Berlinale, in Oberhausen, Clermont-Ferrand, Tampere und Uppsala. Schließlich werden uns auch Filme unaufgefordert zugesandt, die natürlich ebenfalls gesichtet werden.

FB: Wie viele Filme schaffen es in Ihr Programm?

— **Alexandra Gramatke:** Wir selektieren nach sehr strengen Kriterien. Für den Verleih sind das jährlich 20 bis 30 Filme, die unter zehn, besser sogar unter fünf Minuten lang sein sollten. Hier suchen wir vor allem nach guten, witzigen fiktionalen Filmen, die sich als Vorfilm eignen. Für den Vertrieb dürfen die Filme bis zu 20 Minuten lang sein, aber auch hier sind es eher fiktionale Stoffe. Es gibt aber immer Ausnahmen von der Regel.

FB: Und wie sehen die Konditionen aus?
— **Alexandra Gramatke:** Für den Kinoverleih bieten wir den FilmemacherInnen eine 50:50 Gewinnbeteiligung oder eine Flatrate an. Im Vertrieb gehen 65% an die Produzenten, dafür möchten wir aber auch die exklusiven, weltweiten Rechte.

FB: Mit welchen Einkünfte kann ein Produzent rechnen, dessen Film von Euch vertrieben wird?
— **Alexandra Gramatke:** Das ist pauschal schwer zu sagen. Die Minutenpreise, die Sender derzeit zahlen, liegen zwischen 10 und 450 Euro.

FB: Was würden Sie Filmemachern empfehlen, um einen erfolgreichen Film zu produzieren?
— **Alexandra Gramatke:** Schwierig. Eigentlich sollte man bei der Produktion nicht so sehr an die Vermarktung denken, sondern das, was man macht, auch mit Überzeugung tun. Wir freuen uns vor allem über Filme mit einer eigenen Idee und einer eigenen Note, hinter der man die Filmschaffenden erkennt.

Aus Sicht des Filmemachers ist es großartig, einen Vertriebspartner wie die KurzFilmAgentur oder Interfilm an seiner Seite zu wissen. Die Vertreter der Vertriebe sind auf allen wichtigen Kurzfilmfestivals und -märkten präsent, kennen die Einkäufer und Distributoren und können damit wesentlich besser und effektiver Lizenzverkäufe erzielen, als das einem »einfachen« Filmemacher möglich wäre.

Kinoauswertung

Es ist der große Verdienst der KurzFilmAgentur seit Mitte der 90er-Jahre, dafür gesorgt zu haben, dass der Kurzfilm nicht komplett von der Kinoleinwand verschwunden ist. In den für den Kurzfilm düsteren 80er-Jahren sah es nämlich ganz danach aus, als wäre im Kino kein Platz mehr für ihn. Mittlerweile haben sich mit W-Film (Night of the Shorts), dem Interfilm-Verleih und dem Verleih der

Kurzfilmtage Oberhausen weitere Verleiher etabliert, die Kurzfilme für die Kinoauswertung anbieten.

Was können Sie als Filmemacher von der Auswertung im Kino erwarten? Zuallererst einmal sollten Sie sich freuen, dass Ihr Film gezeigt wird und ein Publikum hat – das ist schon mal sehr viel wert. Und ist sehr viel besser, als wenn Ihr Film daheim verstaubte. Finanziell gesehen sollte man die Einnahmechancen dagegen eher unter dem Motto »Kleinvieh macht auch Mist« betrachten. Realistisch sind bei einem durchschnittlichen Film Einkünfte bis maximal ein- oder zwei- oder dreihundert Euro jährlich.

TV-Auswertung

Eine weitere attraktive, allerdings auch exklusive Auswertungsmöglichkeit für Kurzfilme ist die Lizenzierung des Films an einen Fernsehsender. Exklusiv deshalb, weil laut Kurzfilmstudie der AG Kurzfilm gerademal 78 Kurzfilme aus dem Produktionsjahr 2003 den Weg zu einem Sender gefunden haben. Die Größenordnung dürfte sich seither etwas nach oben verändert haben, da einige Sender regelmäßig mit Filmhochschulen kooperieren. Leider gilt der Kurzfilm bei den Fernsehverantwortlichen als unattraktives Format. Selbst die öffentlich-rechtlichen Sendeanstalten verstehen ihn bestenfalls als Bonbon, mit dem sich die Fahnen »Kultur« und »Nachwuchsförderung« trefflich hochhalten lässt. Immer wieder werden dabei die schlechten Quoten, die von Kurzfilmprogrammen erzielt werden, als Argument angeführt. Dass die Zuschauerzahlen schlecht sind, kann jedoch nicht ernsthaft dem Kurzfilm als Format in die Schuhe geschoben werden. Sendeplätze zwischen Mitternacht und frühem Morgen gehen naturgemäß am Publikum vorbei. Es braucht schon ein Fußball-Weltmeisterschaftsspiel oder die Olympiade, um zu diesen Zeiten Publikum vor den Fernsehbildschirm zu holen. Man muss also froh sein, dass es überhaupt noch Sender gibt, die dem Kurzfilm kleine Nischen frei halten.

Ganz vorn dabei sind: ARTE, Das Vierte und der Pay-TV-Kanal 13th Street. Sie alle strahlen wöchentlich Kurzfilme aus. ARTE nimmt dabei, trotz seiner nächtlichen Sendezeit, eine Sonderstellung innerhalb der Fernsehsender ein. Kein anderer Sender zeigt so kontinuierlich so viele Kurzfilme und hat diesen darüber hinaus mit »KurzSchluss« ein eigenes, gut gemachtes Magazin gewidmet. ARTE als deutsch-französischer Gemeinschaftssender zeigt sowohl Kurzfilme aus den beiden Partnerländern als auch internationale Produktionen.

In Deutschland unterhält ARTE keine eigene Kurzfilmredaktion. Die Lizenzierung erfolgt daher über die beteiligten Sendeanstalten der ARD und über die ZDF / ARTE-Redaktion.

Catherine Colas ist Redakteurin der Kurzfilm-Gruppe in der ZDF /ARTE-Spielfilmredaktion und für die Lizenzierung von Kurzfilmen zuständig.

Frank Becher: Welche Position hat der Kurzfilm innerhalb des ZDF?
— **Catherine Colas:** Das ZDF selbst hat keinen Sendeplatz für Kurzfilme. Ab und zu werden aber auf ZDFkultur Kurzfilme gezeigt. Unsere wichtigste Plattform ist daher das wöchentliche Kurzfilmmagazin »KurzSchluss«, das auf ARTE ausgestrahlt wird. Für »KurzSchluss« kaufen wir sowohl Filme an, liefern aber auch redaktionelle Beiträge.

FB: Wie viele Produktionen lizenzieren Sie jährlich für ARTE?
— **Catherine Colas:** Das sind so rund 30 Kurzfilme und vier bis fünf mittellange Filme über 30 Minuten. Unser Schwerpunkt ist der fiktionale Kurzfilm, immer öfter sind es aber auch experimentelle Filme. Dokumentarfilme werden fast keine lizenziert.

FB: Wie wählen Sie die Filme aus, die angekauft werden sollen?
— **Catherine Colas:** Für die Auswahl der Filme gibt es keine genau definierten Kriterien. Wichtig ist uns aber, dass sie professionell gemacht sind. Den überwiegenden Teil der Filme akquirieren wir auf Festivals. Wichtige Festivals sind vor allem die Berlinale, Clermont-Ferrand, Hamburg, Dresden und Oberhausen. Außerdem verfolgen wir natürlich bestimmte Regisseure und die Entwicklung ihrer Werke.

FB: Wie funktioniert das Zusammenspiel mit ARTE beziehungsweise mit den französischen ARTE-Partnern?
— **Catherine Colas:** Innerhalb des »KurzSchluss«-Teams ist die deutsche Seite, also ARD/ARTE und ZDF/ARTE für die deutschen und auch die internationalen Lizenzeinkäufe zuständig. Die französische Seite kauft und koproduziert fast ausschließlich französischsprachige Produktionen und hat darüber hinaus auch einen Schwerpunkt in Sachen Animation. Wir tauschen uns hier aber rege aus. Wenn wir einen Film einkaufen möchten, wird dieser mit den Kollegen bei ARTE in Straßburg abgestimmt und dann innerhalb der Programmkonferenz entschieden.

FB: Welche Rechte erwirbt ZDF /ARTE?
— **Catherine Colas:** Das sind grundsätzlich die Fernsehrechte für Deutschland und Frankreich für die terrestrische und die satellitengestützte Ausstrahlung. Generell erwerben wir die Rechte für sechs Monate exklusiv, danach noch für 42 Monate nicht-exklusiv. Dazu hätten wir auch gerne die Online-Rechte für unseren ARTE+7-Service, der den Zuschauern ermöglicht, den Film noch sieben Tage nach der Ausstrahlung anzuschauen. Die genauen Bedingungen können aber variieren und werden von Film zu Film neu verhandelt.

FB: Bietet das ZDF auch Koproduktionen an?
— **Catherine Colas:** Ja, das machen wir auch. Pro Jahr koproduzieren wir vier bis fünf Filme Leider müssen wir hier viele interessante Projekte ablehnen, weil unser Budget nicht mehr zulässt.

FB: Welchen Tipp würden Sie jungen Filmschaffenden geben, die erfolgreiche Filme machen wollen?
— **Catherine Colas:** Ich würde mir wünschen, dass die FilmemacherInnen Mut haben und sich keine Grenzen setzen, indem sie z. B. in Fernsehformaten denken.

Neben dem ZDF kaufen WDR, BR, SWR, NDR und der RBB in geringerem Umfang Kurzfilme für ARTE an. Diese werden zusätzlich zur Ausstrahlung auf ARTE teilweise in den eigenen Programmen gezeigt. Zudem haben einige der Ländersender auch eigene Kurzfilmreihen, wie die »Lange Nacht der kurzen Filme« des MDR oder die sogenannten »rbb movies«.

Bei den privaten Fernsehsendern sind vor allem Das Vierte und der Pay-TV-Sender 13th Street in Sachen Kurzfilm aktiv. Der Eigentümer von Das Vierte verfügt seit Jahren über einen sehr großen Katalog an Kurzfilmen aus aller Welt, den er nun in seinen Sendern systematisch auswertet. Sein Angebot, das unter dem Label »minimovies« jeden Samstag ausgestrahlt wird, ist breit gefächert. Als Genresender, der sich auf Action, Thriller, Horror und Mystery-Filme spezialisiert ist, lizenziert 13th Street dagegen ausschließlich Kurzfilme, die einer dieser Kategorien zuzuordnen sind.

Nicht unerwähnt bleiben sollte an dieser Stelle, dass es natürlich auch ausländische Fernsehsender gibt, die deutsche Filme ankaufen. Die bekanntesten Sender sind hier Canal+ in Frankreich und Channel 4 in Großbritannien. Bei beiden Sendern ist es für einen deutschen Filmemacher allerdings noch schwieriger, seinen Film unterzubringen, als bei den deutschen TV-Anstalten. Auslandsverkäufe laufen daher praktisch ausschließlich über Organisationen wie die KurzFilmAgentur oder den direkten Kontakt zu einem Einkäufer bei einem großen Festival beziehungsweise auf einem der wichtigen Märkte.

Selbstverständlich zeigen auch offene Kanäle und einige Ballungsraumsender ab und zu Kurzfilme von Filmemachern aus der entsprechenden Region. Die Ausstrahlung eines Kurzfilms ist für diese Sender in der Regel eher eine »Goodwill«-Aktion, hinter der keine aktive Programmgestaltung steht. Lizenzhonorare sind deshalb auch eher die Ausnahme. Es geht vor allem darum, dass der ausgestrahlte Film zumindest im regionalen Rahmen die Aufmerksamkeit bekommt, die er verdient. Das kann besonders dann interessant sein, wenn an der Finanzierung des Films Sponsoren beteiligt waren, die ihr Engagement mit der Ausstrahlung belohnt sehen.

Koproduktionen mit Fernsehsendern

Fast alle öffentlich-rechtlichen Landessender und auch 13th Street als Privatsender bieten mehr oder weniger aktiv die Koproduktion von Kurzfilmen an. In der Vergangenheit haben sich auf diesem Feld die Redaktion »Film und Teleclub« des Bayerischen Rundfunks, der RBB und die Redaktion »Debüt im Dritten« des SWR in Baden-Baden besonders hervorgetan. Alle drei Sendeanstalten verstehen die Koproduktion als Nachwuchsförderung, weshalb speziell beim BR und RBB fast ausschließlich Filme von Filmhochschülern koproduziert werden. Der SWR gibt sich hier deutlich offener, wenngleich auch hier Hochschulproduktionen einen Bonus haben dürften. Redakteure denken oft sicherheitsorientiert. Sie wollen eine gewisse Garantie haben, dass der koproduzierte Film auch dem erwarteten Qualitätsanspruch genügt. Und dies wird bei Hochschulproduktionen wohl eher vorausgesetzt als bei Projekten freier Filmemacher.

Projekte, die Sie dem SWR zur Koproduktion vorschlagen möchten, können Sie dort unter dem Stichwort »Kurzfilmdebüt« bei der Hauptabteilung Fernsehfilm und -serie einreichen. Neben dem Drehbuch werden Informationen zur Finanzierung des Projektes sowie Filmografie und Biografie von Regisseur und Kameramann erwartet. Entscheidet sich die Redaktion für eine Koproduktion, sollten Sie sich bewusst sein, dass Sie damit einen Partner im Boot haben, der nicht nur eine Sendelizenz erwirbt. Die Redaktionen beanspruchen inhaltliches und gestalterisches Mitspracherecht. Sie geben mit einer Koproduktion also ein Stück künstlerische Freiheit auf – erhalten dafür aber sowohl finanzielle als auch technische Unterstützung, zum Beispiel durch die Beistellungen von Kopierwerksleistungen.

Lizenzgebühren und Koproduktionsbeteiligungen

Die Lizenzgebühren, die beim Ankauf eines Films gezahlt werden, hängen stark von den erworbenen Rechten und der Größe des Senders ab. Es fängt an bei 10 Euro pro Minute, die ein kleiner russischer Privatsender für die nicht-exklusiven Senderechte zu zahlen bereit ist, und geht hinauf bis zu 500 Euro, die die großen internationalen Pay TV-Sender anbieten. In Deutschland liegen die Lizenzgebühren etwas niedriger, sodass bei einem Ankauf mit Einnahmen zwischen 150 und 250 Euro pro Filmminute gerechnet werden kann. Da es hierzu aber keine offiziellen Richtwerte der Sender gibt, können diese Beträge von Sender zu Sender und von Film zu Film schwanken.

Noch schwieriger einzuschätzen sind die Koproduktionsbeteiligungen, die von einem Fernsehsender erwartet werden dürfen. Nach Angaben der Kurzfilmstudie der AG Kurzfilm liegen diese zwischen 55 Euro pro Minute bei 13th Street und maximal 15.000 Euro für einen Film beim Bayerischen Rundfunk. Beim SWR konnten in der Vergangenheit Minutenbeteiligungen in Höhe von 300 Euro plus Beistellungen wie Negativentwicklung und Abtastung des Filmmaterials auf Video realisiert werden.

Die Lizenzierung oder Koproduktion eines Films durch einen der ARD-Sender schließt üblicherweise auch das Senderecht für die anderen dritten Programme der ARD ein. Im Klartext bedeutet das, ein vom SWR koproduzierter Film darf auch vom MDR, RBB oder WDR ausgestrahlt werden, ohne dass eine zusätzliche Lizenzgebühr anfällt. In der Regel wird die Zahl der Ausstrahlungen aber in den Lizenzverträgen ebenso festgelegt wie die Vertragsdauer selbst.

Es macht also durchaus Sinn, die einzelnen Sender systematisch anzugehen, wenn Sie Ihren Film an das Fernsehen verkaufen möchten. Als erster Ansprechpartner kommt in der Regel eine der Redaktionen infrage, die das »KurzSchluss«Magazin in ARTE beliefern. Das kann entweder der ARD-Sender in Ihrem Bundesland sein oder eben die ZDF/ARTE-Redaktion. Lehnt die Redaktion des Senders, bei dem Sie eingereicht haben, ab, können Sie immer noch versuchen, einen Redakteur der anderen Sender von Ihrem Film zu überzeugen. Schlechter sieht es aus, wenn Ihr Film zwar diese erste Hürde genommen hat, der Ankauf aber in der ARTE-Redaktionskonferenz abgelehnt wird. Dann bleibt im Grunde nur noch 3sat als Lizenzpartner im öffentlich-rechtlichen Bereich übrig.

Auswertung auf DVD

Jahr für Jahr kommen einige Tausend DVDs auf den Markt. Und damit ist diese Vertriebsform auch für Kurzfilme interessant. Ein Grund dafür ist sicher das leuchtende Vorbild des *Staplerfahrer Klaus*, der mit über 250.000 verkauften Exemplaren auch die meisten Blockbuster im Spielfilmsektor weit hinter sich gelassen haben dürfte. DVDs, auf denen sich nur ein einzelner Kurzfilm befindet, existieren auf dem kommerziellen Markt nur wenige. Populärer sind Kompilationen, die mittlerweile von fast allen Kurzfilmverleihern und -vertrieben sowie einigen Festivals und freien Produzenten angeboten werden.

Das Angebot an Kurzfilm-DVDs ist also im Grunde genommen recht weit gefächert. Klar ist aber auch, dass die angebotenen DVDs mit Ausnahme des *Staplerfahrer Klaus* allesamt keine großen Renner auf dem DVD-Markt sind. Bei einigen DVDs hat es in der Vergangenheit mehrere Jahre gedauert, bis die Erstauflage von rund 1.000 Stück verkauft war. Der Grund hierfür liegt wohl weniger im mangelnden Interesse der Käufer als in der Schwierigkeit, überhaupt von der Öffentlichkeit wahrgenommen zu werden. Nach wie vor sind die DVD-Vertriebsstrukturen in Deutschland sehr heterogen. Zum einen gibt es die dominanten Marktriesen, wie Media Markt, Saturn und andere Handelshäuser, deren Sortiment sich aber nahezu vollständig auf Neuerscheinungen konzentriert. Zum anderen setzen sich immer mehr Online-Dienste durch, die zu günstigen Preisen DVDs vermieten beziehungsweise verleihen. In diesem Marktumfeld haben es Kurzfilm-DVDs genau so schwer wie andere Arthouse-Filme auch. Ihnen bleibt letzten Endes nur eine Nische im Direkt- oder Special Interest-Vertrieb. Umso mehr muss man auch hier wieder die KurzFilmAgentur in Hamburg für ihr Engagement loben. Sie hält in ihrem ShortFilmShop das derzeit wohl umfassendste Angebot an Kurzfilm-DVDs bereit.

Kurzfilm-DVD im Eigenvertrieb

Trotz der genannten Vermarktungsschwierigkeiten kann es interessant sein, den eigenen Film selbst auf DVD zu vertreiben. Die stetig günstiger werdenden Produktionskosten machen es mittlerweile möglich, dass DVDs auch in niedrigeren Auflagen zu Preisen hergestellt werden können, die den Eigenvertrieb lohnenswert machen kann.

Das zeigt eine grobe Kalkulation. Vorausgesetzt wird hierbei, dass insgesamt fünf Kurzfilme zu einer DVD-Kompilation zusammengefasst werden sollen. Die DVD soll danach im Eigenvertrieb über die beiden Online-Verkaufsportale eBay und Amazon zu einem festen Verkaufspreis von 9,90 Euro verkauft werden. Die Produktion und Programmierung der DVD erfolgt ebenso in Eigenarbeit wie die Erstellung der grafischen Arbeiten für das Cover und das DVD-Label.

Ausgaben		
Produktion der DVD		
Erstauflage	500 Stück inkl. Glasmaster, DVD-Box und Cellophanierung	1.000,00 €
	Pro Stück	2,00 €
Vertrieb		
eBay	Angebotsgebühr mit eBay Basis-Shop	0,05 €
	11% Verkaufsprovision pro Stück bei einem Verkaufspreis von 9,90 € pro Stück	1,09 €
	Summe eBay	1,14 €
Amazon Marketplace	Verkaufsgebühr	3,48 €
Gesamtkosten eBay		3,14 €
Gesamtkosten Amazon		5,48 €
Einnahmen		
Verkaufspreis		9,90 €
Enthaltene Mehrwertsteuer 19%		1,58 €
Einnahmen		8,32 €

Auf den ersten Blick sieht das Ergebnis überzeugend aus. Einnahmen von 8,32 Euro pro DVD stehen – je nach Verkaufsportal – Kosten in Höhe von 3,14 Euro beziehungsweise 5,48 Euro gegenüber, was einer ganz ordentlichen Gewinnspanne entspricht.

Allerdings wurden bei der Berechnung die Kosten für FSK-Freigabe und GEMA noch nicht berücksichtigt. Nach Maßgabe des Jugendschutzgesetzes müssen alle DVDs, die in Geschäften oder im Versandhandel öffentlich angeboten werden, über eine Jugendfreigabe verfügen. Hierzu müssen bei einer Kompilations-DVD alle Filme einzeln der FSK zur Prüfung vorgelegt werden. Die Jugendfreigabe der DVD richtet sich dann nach dem Film mit der höchsten Altersfreigabe.

Durch diesen Zwang zur Freigabe durch die FSK können sich die Kosten für die eigene DVD erheblich erhöhen. Derzeit stellt die FSK für die Erstsichtung eines fiktionalen Kurzfilms 345 Euro in Rechnung Selbst wenn ein Film, beispielsweise im Zuge einer Referenzfilmförderung durch die FFA, bereits eine Altersfreigabe der FSK bekommen hat, kann diese nicht unbesehen für die DVD übernommen werden, da die Freigaben an die Auswertungsform Kino oder DVD gebunden sind. Für die Übernahme einer Freigabe von der einen zur anderen Auswertungsform wird allerdings nur noch eine Bearbeitungsgebühr von 46 Euro verlangt, wenn zuvor eines der Kennzeichen »ohne Altersbeschränkung«, »freigegeben ab sechs Jahren«, »freigegeben ab zwölf Jahren« oder »freigegeben ab sechzehn Jahren« vergeben wurde.

Auf die Kalkulation wirkt sich die FSK-Gebühr mit Mehrkosten zwischen 0,60 Euro (wenn die FSK-Freigaben nur übertragen werden mussten) und 4,00 Euro (wenn die FSK-Freigabe für alle fünf Filme komplett neu beantragt werden muss) aus. Im zweiten Fall schmilzt der gesamte, theoretisch mit der Erstauflage erzielbare Gewinn nahezu dahin. Damit sich die Auswertung lohnt, muss also entweder der Verkaufspreis oder die verkaufte Auflage erhöht werden.

Selbst im günstigeren Fall – wenn die FSK-Freigaben nur übernommen werden müssen – reduziert sich der erzielbare Gewinn auf 4,58 Euro beziehungsweise 2,24 Euro. Dies bedeutet, dass Sie mindestens zwischen 250 und 400 DVDs verkaufen müssen, um Ihre Vorkosten für die Produktion der DVDs zu decken. Ihre eigene Arbeit ist bei alledem noch nicht berücksichtigt.

Online- und Mobile Auswertung

Perspektivisch sieht es ganz so aus, als wäre die Zeit der DVD und wohl auch der Blu-ray bald abgelaufen. Beide Systeme werden über kurz oder lang durch Streaming- oder Video-on-Demand-Angebote ersetzt werden.

YouTube ist mittlerweile eine Institution, wenn es um das Thema »Filme im Internet« geht. Schaut man sich jedoch einmal die Inhalte genauer an, findet sich speziell bei YouTube gar nicht so viel, was ernstzunehmend als Kurzfilm bezeichnet werden kann. Der überwiegende Teil der eingestellten Beiträge passt eher zu »Pleiten, Pech und Pannen« oder im besten Fall in die Sektion »Menschen, Tiere, Sensationen«. Alles hier scheint auf den schnellen, schadenfreudigen Konsum oder aber die gezielte Vermarktung neuer Bands, TV-Shows, Kinofilme und Produkte ausgerichtet. Qualität im Sinne eines guten Geschichtenerzählens oder gar einer guten Visualisierung spielt dagegen kaum eine Rolle. Natürlich gibt es auch Ausnahmen, die teilweise geradezu sensationelle Zuschauerzahlen aufweisen können. Der Animationsfilm *Kiwi!* zum Beispiel schaffte es innerhalb von fünf Jahren auf die fast sagenhaften Zahl von 32 Millionen Aufrufe.. Der Erfolg des Films von Dony Permedi ist durchaus internettypisch. Als Abschlussarbeit einer New Yorker Filmhochschule gemacht, lief der Film gute vier Monate lang auf YouTube ohne nennenswerte Zuschauerzahlen. Dann explodierte die Zuschauerzahl plötzlich und *Kiwi!* wurde zum Hype. Das Beispiel zeigt klar die Vor- und Nachteile von YouTube. Auf der Plusseite steht zunächst, dass ein Film jederzeit, ohne »Zensur« durch ein Auswahlgremium und ohne Kosten, einem gigantischen Zuschauerpotenzial verfügbar gemacht werden kann. Dem steht als Minuspunkt gegenüber, dass die in den Film investierte Arbeit, bestenfalls durch hohe Zuschauerzahlen und tolle Feed-back-Kommentare honoriert wird. Eine kommerzielle Beteiligung am Erfolg des Films ist im Geschäftsmodell von YouTube zwar vorgesehen, zeichnet sich aber leider durch maximale Intransparenz aus. YouTube nennt sein Bezahlsystem »Monetarisierung« und meint damit eine Beteiligung an den Werbeeinnahmen, die bei jedem Aufruf des Films erwirtschaftet werden. Dies bedeutet aber nicht, dass jeder Film von YouTube zur Monetarisierung freigegeben wird. Hierzu ist eine Mindestzahl an Aufrufen notwendig – wie viele das sind und wie hoch die Vergütung selbst ist, darüber schweigt sich YouTube auf seinen Internetseiten aber aus.

Eine bei Kurzfilmern sehr beliebte Alternative zu YouTube ist vimeo, das sich selbst als » respectful community of creative people who are passionate about sharing the videos they make« bezeichnet. vimeos Hauptvorteil ist das im Vergleich zu YouTube ungleich seriösere Image. Hier werden Filme von Menschen gezeigt, die sich als Filmschaffende definieren. vimeo selbst versteht sich als Dienstleister, der sein Geld mit der Vermietung von Speicherplatz auf seinen Videoservern verdient. Werbung gibt es daher keine und somit auch kein Modell, das eine Bezahlung der Filmemacher für ihre Werke vorsieht.

Tipp: YouTube und vimeo sind tolle Plattformen für alle, die ihre Filme einfach und schnell online zeigen wollen. Hier Geld mit dem eigenen Film zu verdienen, ist jedoch unwahrscheinlich oder im Fall von vimeo sogar unmöglich. Allein schon deshalb sollten Sie Ihre Kurzfilme nicht »einfach mal so« auf diesen Systemen freigeben. Aus kommerzieller Sicht sinnvoll ist dies nur dann, wenn ein Film bereits komplett ausgewertet wurde oder wenn Sie eine andere – bezahlte – Auswertung gar nicht anstreben.

Video-on-Demand und andere Bezahl-Modelle

Eine Alternative zu den genannten, für die Zuschauer kostenlosen Online-Diensten sind Internetplattformen, die Filme gegen eine Nutzungsgebühr anbieten. Dabei gibt es verschiedene Bezahlmodelle:

- Pay-per-View: Hier werden die Filme gestreamt, man bezahlt also jedes Mal fürs Anschauen.
- Pay-per-Rent oder Stream-per-Rent: Dies entspricht dem Verfahren einer Videothek. Man zahlt einmal und erhält dann für einen bestimmte Zeit Zugang zum Film.
- Download-to-Own: Hier kann man den Film nach Bezahlung auf seinen Rechner laden und ihn dann beliebig oft anschauen.

Die bekanntesten Video-on-Demand-Anbieter in Deutschland sind Apples iTunes, maxdome, Lovefilm und Videoload. Leider weisen lediglich iTunes und maxdome relevante Angebote mit Kurzfilmen aus. Allerdings ist es bei beiden Systemen nicht möglich, eigene Filme direkt hochzuladen.

Einen anderen Weg geht onlinefilm.org, ein Portal, das bereits vor einigen Jahren aus dem Umfeld der Mitglieder der AG DOK gegründet wurde. Die AG DOK heißt eigentlich Arbeitsgemeinschaft Dokumentarfilm und ist einer der rührigsten Interessenverbände in der Filmbranche.

C. Cay Wesnigk ist Vorstandsvorsitzender der ONLINEFILM AG und selbst Filmemacher. Die ONLINEFILM AG betreibt die Plattform, die sich als »eine legale Distributionsplattform für deutsche und internationale Filme, über die Filme aller Genres online kostengünstig verbreitet und vermarktet werden können« versteht. Derzeit sind auf onlinefilm.org rund 2.500 Filme, darunter etwa 250 Kurzfilme erhältlich.

Frank Becher: Ihr Motto lautet »Films are made to be seen«. Warum sollten Filmemacher ihre Kurzfilme auf onlinefilm.org veröffentlichen?
— **C. Cay Wesnigk:** onlinefilm.org ist ein Angebot von Filmemachern für Filmemacher und verfolgt einen genossenschaftlichen Ansatz. Bei uns haben die Filmschaffenden selbst unter Kontrolle, wie sie ihre Filme anbieten. Sie können den Preis festlegen und sollen möglichst viel von den Einnahmen bekommen. Auch die Käufer der Filme wissen, dass der Preis, den sie bezahlen, direkt an die Urheber und Produzenten geht. Abgezogen werden lediglich die Kosten für

den Betrieb der Plattform. Wir nennen das »Digital Rights Fair Trade«. Gegenseitiges Vertrauen ist uns wichtig. Dazu zählt auch, dass jeder Film auf onlinefilm.org mit einem Teaser, also einem vom Filmemacher selbst gewählten Ausschnitt oder falls vorhanden auch mit einem Trailer vorgestellt wird, sodass die Käufer sich vorab einen ersten Eindruck machen können.

FB: YouTube, iTunes, maxdome – VOD-Angebote gibt es mittlerweile einige. Welchen Platz nimmt onlinefilm in diesem Spektrum ein?
— **C. Cay Wesnigk:** Bei uns »kauft man vom Erzeuger«. onlinefilm.org ist der Marktplatz der FilmemacherInnen. Ähnlich wie ein Hofladen der Gegenentwurf zu einem Supermarkt ist, sind wir der Gegenpol zu den ausschließlich an ihrem eigenen Gewinn orientierten Online-Plattformen. Außerdem bietet onlinefilm.org die Möglichkeit, die Filme ganz einfach in eigene Webseiten einzubinden. Filmemacher, aber auch Verleiher und Filmfestivals können so ihre eigene Marke oder ihren eigenen Channel aufbauen und Einnahmen für die Filme generieren. Wir wollen, dass die Filmschaffenden ihre Filme zeigen und damit auch Geld verdienen.

FB: Welches Bezahlmodell verfolgt onlinefilm.org? Wie erfolgt die Abrechnung mit den Filmemachern?
— **C. Cay Wesnigk:** Die Filmemacher bestimmen selbst den Preis für ihren Film und erhalten mindestens 51 % der Einnahmen. Der Preis sollte allerdings bei 2 Euro oder mehr liegen, alleine weil die Drittkosten für das Micropayment recht hoch sind. Ausgezahlt wird, sobald 100 Euro Gesamteinnahmen erreicht wurden. Die Bereitstellung eines Filmes auf onlinefilm.org erfolgt nicht-exklusiv, d. h. er kann auch auf anderen Plattformen gezeigt werden. Die Filmemacher können außerdem wählen, ob ihr Film als Download-to-Own oder Stream-to-Rent angeboten werden soll. Übrigens bekommen die Filmemacher nicht nur Geld, sondern sie erfahren auch, welche Nutzer ihren Film gekauft haben. Das ist gerade in Zusammenhang mit zukünftigen Filmfinanzierungen – Stichwort Crowdfunding – interessant.

FB: Was sollte einen Film aus Ihrer Sicht auszeichnen, damit er online erfolgreich ist? Was sollten die Filmemacher beachten, damit ihr Film gesehen wird?
— **C. Cay Wesnigk:** Mit dem Hochladen eines Filmes ist es nicht getan. Im digitalen Zeitalter sind zwei Faktoren für den Erfolg entscheidend: Ein Film muss verfügbar sein und er muss wahrgenommen werden. Ein gutes Ranking auf Google macht sich z. B. in den Nutzerzahlen direkt bemerkbar. Die Filmema-

cher sollten sich also genau überlegen, wie sie ihren Film vermarkten. Das beginnt mit der Verlinkung auf der eigenen Homepage und geht über Facebook und Twitter zur Bewerbung des Films bis zur Platzierung eines Trailers auf YouTube. Wir selber versuchen natürlich auch, potenzielle Kunden zum Film zu führen. Das geschieht natürlich über www.onlinefilm.org, aber auch durch unsere Kooperationen z. B. mit den Kurzfilmtagen Oberhausen, der Wochenzeitung »Der Freitag« oder unserem Technologie-Partner »Kulturserver«, der die Filme auch in seinem Kulturserver-Netzwerk anbietet.

Die Entwicklungen im Online-Bereich sind rasant. Dies macht die Auswertung eines Kurzfilms für den Filmemacher nicht zwangsläufig einfacher, da künftig noch genauer darauf geachtet werden muss, welche Lizenz an wen zu welchen Konditionen übertragen wird. Neue Spieler treten als mögliche Lizenznehmer in Erscheinung, haben Erfolg und verschwinden genauso schnell wieder von der Bildfläche.

Checkliste Internet-Auswertung

☐ Werden Sie sich über die Ziele klar, die Sie mit der Online-Verfügbarkeit Ihres Films verbinden. Geht es Ihnen vor allem darum, dass er im Netz gesehen werden kann, oder erwarten Sie zumindest geringe Lizenzeinnahmen?

☐ Überprüfen Sie bei allen Online-Diensten, die versprechen, Ihren Film im Internet zu zeigen, die Konditionen! Meiden Sie Anbieter, die weitergehende Rechte fordern, jedoch keine finanzielle Kompensation anbieten.

☐ Publizieren Sie möglichst überall, dass man Ihren Film online sehen kann. Bitten Sie Freunde, Bekannte und Verwandte um eine positive Bewertung. Beides ist entscheidend für die Positionierung auf den Hitlisten der Online-Dienste.

☐ Vergeben Sie, wenn es geht, ausschließlich nicht-exklusive Lizenzen. Viele Anbieter sind in der Vergangenheit genauso schnell vom Markt verschwunden, wie sie aufgetaucht sind. Bei einer exklusiv vergebenen Lizenz wäre dann eine weitere Auswertung nicht mehr möglich.

☐ Internet- oder Mobile-Auswertungen sollten immer am Ende der Auswertungskette stehen. In der Regel interessiert es hier die Lizenznehmer weniger, ob ein Film topaktuell ist. Gleichzeitig gefährden Sie durch eine zu frühe Veröffentlichung im Internet den für manche Festivals erforderlichen Premierenstatus.

Andere Auswertungsformen

Festivals, Kino, DVD, Internet und Fernsehen decken praktisch alle technischen Möglichkeiten ab, Ihren Film einer breiten Öffentlichkeit zugänglich zu machen. Neben diesen Auswertungsformen gibt es aber zahlreiche andere Möglichkeiten, Kurzfilme zu zeigen und damit auch Geld zu verdienen. Filmemacher, die sich mit ihren Werken im Grenzbereich zur Bildenden Kunst bewegen, haben beispielsweise in den letzten Jahren zunehmend Galerien und Museen als Orte für ihre Filme entdeckt. Aber auch für klassische Kurzfilme gibt es spezialisierte Auswertungsformen, die oftmals sogar mit Lizenzeinnahmen verbunden sind.

Am wichtigsten ist hier sicherlich die sogenannte nichtgewerbliche Auswertung eines Kurzfilms. Als nichtgewerblich werden alle Auswertungsformen betrachtet, bei denen nicht die Einnahmen oder die Erzielung von Gewinn im Vordergrund stehen. Dazu gehört zum Beispiel der Einsatz von Filmen in Schulen, bei kirchlichen Veranstaltungen oder in Kulturzentren. Auf diesen Bereich haben sich eigene Verleiher spezialisiert, darunter mit Matthias-Film und dem Katholischen Filmwerk zwei Unternehmen, die von den großen christlichen Kirchen in Deutschland getragen werden. Beide lizenzieren Kurzfilme und bieten diese vor allem zur Nutzung im Bildungsbereich an. Das Goethe-Institut ist ebenfalls im nicht-kommerziellen Bereich tätig. Unter dem Label »Kurz & Gut« produziert es ab und an DVDs für die Vorführung im Ausland.

Der Schüler und seine Auswertung

Die zahlreichen Möglichkeiten, einen Film auszuwerten, dürfen nicht darüber hinwegtäuschen, dass die Lizenzeinnahmen der meisten Filme nicht annähernd die Produktionskosten decken werden. *Der Schüler*, immerhin Gewinner des Deutschen Kurzfilmpreises in Gold und einiger weiterer Festivalpreise, sollte nach der Auszeichung möglichst umfassend ausgewertet werden. Die Filmemacher waren denn auch sehr glücklich, dass ein britischer Sales Agent den Film unter Vertrag nahm, nachdem er auf dem Markt in Clermont-Ferrand zu sehen war. Dieser lizenzierte den Film für die internationale Auswertung – exklusiv und gegen eine Umsatzbeteiligung. Im Nachhinein hat sich diese Partnerschaft aber als unbefriedigend erwiesen, da der Lizenznehmer in etwas mehr als zwei Jahren keinerlei Verkäufe erzielen konnte oder wollte. Der Vertrag wurde gekündigt, ohne dass ein Umsatz auf dem internationalen Markt erzielt werden konnte.

Glücklicherweise waren von der Abmachung mit dem Sales Agent die deutschen und französischen Rechte sowie die Internetrechte nicht betroffen. So konnte der Film im Inland durch die Filmemacher selbst ausgewertet werden.

Folgende Lizenzen wurden vergeben:

Lizenz	Art	Einnahmen Stand 2010
Kinoauswertung		
Auswertung der 35 mm-Fassung in Kinos innerhalb eines Kompilationsprogrammes oder als Einzelfilm, nicht jedoch gemeinsame Auswertung mit Spielfilm gemäß §20 FFG	exklusiv, Deutschland, Österreich, Schweiz, prozentuale Beteiligung an den Einnahmen	174,31 €
Auswertung in Zusammenhang mit einem Spielfilm	exklusiv, Deutschland, pauschal	1.000,00 €
Einzelausleihen an Kinos vor Abschluss der Lizenzvereinbarung		153,00 €
Fernsehauswertung		
TV-Senderechte Deutschland und Frankreich	ein Jahr exklusiv, drei Jahre nicht-exklusiv, pauschal	1.750,00 €
TV-Senderechte Kanada	nicht-exklusiv, pauschal	160,00 €
TV-Senderechte, weltweit	nicht-exklusiv, pauschal	350,00 €
DVD-Auswertung		
Auswertung als Add-on zu einer Spielfilm-DVD	nicht-exklusiv, Deutschland, Österreich, Schweiz, prozentuale Beteiligung an Einnahmen	nicht erschienen
Auswertung auf Kurzfilm-Kompilations-DVD	nicht-exklusiv, Deutschland, Österreich, Schweiz, prozentuale Beteiligung an Einnahmen	25 €
Internet/Mobile-Auswertung		
Mobile, Internet, Video-on-Demand, Closed-Circuit	nicht-exklusiv, Deutschland, Österreich, Schweiz, Frankreich, Luxemburg, Schweiz, Liechtenstein prozentuale Beteiligung an Einnahmen	1.538,70 €
Nichtgewerbliche Auswertung		
Kinoauswertung	nicht-exklusiv, Deutschland	360,00
DVD-Auswertung	nicht-exklusiv, weltweit	500,00
Summe Auswertung		**6.011,01€**

Aus Sicht des Produzenten ergibt sich drei Jahre nach der Auswertung folgende Bilanz:

Position	Betrag
Barmittel investiert in Produktion	4.844,00 €
Kosten der Auswertung auf Festivals (Kopien, Porti etc.)	2.451,11 €
Summe eigene Ausgaben	7.291,11 €
Einnahmen aus Preisgeldern	1.250,00 €
Einnahmen aus Lizenzen	6.011,01 €
Summe Einnahmen	**7.261,01 €**
Ergebnis	**- 30,10 €**

Trotz der Lizenzierungen konnten die Kosten für den *Schüler* auch sieben Jahre nach Fertigstellung nicht vollständig gedeckt werden. Allerdings sollte dieses Ergebnis nicht der einzige Maßstab sein, an dem der Erfolg oder Misserfolg des Films gemessen wird. Schließlich öffnete der künstlerische Erfolg des *Schüler* neue Türen für die Produzenten, die mit den Referenzgeldern aus dem Deutschen Kurzfilmpreis und der Kurzfilmförderung der FFA zwei neue Kurzfilme produzieren und eine Projektentwicklung für einen abendfüllenden Film finanzieren konnten.

Anhang 1:
Der Schüler – Postproduktions-Script

DREHBUCH NACH EINEM ORIGINALSTOFF VON MATTHIAS EGERSDÖRFER
Adaptiert von Edina Kontsek und Frank Becher

VOR EINER SCHULE, TAG AUSSEN
PAUL, der Schüler steht mit seiner Schuluniform, seinem viel zu
großen Schulranzen und seiner Schultüte vor einer Schule und
bereitet sich auf sein Einschulungsfoto vor. Er weiß nicht so
recht, wie er seine Schultüte am besten halten soll.

> ERZÄHLER
> Der Begriff Schüler kommt von Schule. Von
> Montag bis Freitag, außer wenn er einmal
> krank ist, muss der Schüler in die Schule.

ANIMATION (TITEL)

> ERZÄHLER
> Er bekommt ein „R" und zwei Pünktchen zur
> Schule dazu und ist damit: „Der Schüler".

VOR EINER SCHULE, TAG AUSSEN
Neben Paul hat sich jetzt seine MUTTER postiert, die ihm
noch einmal die Frisur richtet. Man hört das Surren eines
Selbstauslösers, dann kommt auch der VATER eiligen Schrittes
ins Bild. Vater und Mutter haben ihre Sonntagssachen an.

> ERZÄHLER
> Natürlich hat der Schüler am ersten Tag
> eine riesige Schultüte und er hat Eltern,
> die mächtig stolz auf ihren Schüler sind.
> Der Auslöser klickt und das Bild friert
> ein. Der Erzähler beginnt:

ERZÄHLER
Paul ist Schüler.

PAULS ZIMMER, TAG INNEN
Paul liegt in seinem alten Holzbett. Auf seiner Bettdecke sieht
man lauter Goldfische. Ein großer alter Wecker tickt. Die Mutter
kommt ins Zimmer und zieht den Rollladen hinauf. Man hört sie
reden, es ist aber eine Kunstsprache, die wir nicht verstehen
können. Dann streicht sie noch über Pauls Schuluniform und
verlässt das Zimmer wieder, ohne dass sie die Tür schließt.

ERZÄHLER
Hier sehen wir Paul. Paul am Dienstag
früh, wie er auf den Wecker schaut. Wenn
der Uhrzeiger sich weiter so stur dreht,
dann klingelt der Wecker in zwei Stunden.
Dann kommt die Mutter in Pauls Zimmer und
zieht den Rollladen hinauf und sagt, dass
es Zeit ist aufzustehen, und dass der
gute Vater schon aus dem Haus ist, und
dass Paul besser auf seine Schuluniform
achten muss, und dass die Milch kalt wird,
wenn er sich nicht beeilt. Paul hat in
einem Film einmal einen Wasserfall in den
Schweizer Alpen gesehen.

ANIMATION
Man sieht einen gezeichneten und animierten Wasserfall. Aus
der Ferne hört man die Mutter reden und reden. Die Laute
verschwimmen.

ERZÄHLER
Paul muss immer an diesen Wasserfall
denken, wenn die Mutter am Morgen so viel
spricht.

IM BAD, TAG INNEN
Paul steht am Waschbecken und putzt sich die Zähne. Die Mutter
redet noch immer.

> ERZÄHLER

Paul steht im Bad und wäscht sich. Hinter der Tür steht die Mutter und spricht.

IN DER KÜCHE, TAG INNEN

Paul sitzt am Frühstückstisch und frühstückt. Die Mutter stellt ihm ein Glas Milch hin.

> ERZÄHLER
> Paul isst. Die Mutter spricht.

IM FLUR, TAG INNEN

Paul zieht sich an. Hinter ihm die Mutter, die scheinbar alles überwacht und ihn mit für uns nicht verständlichen Ratschlägen für den Tag überflutet.

> ERZÄHLER
> Paul zieht sich seine Schuhe an. Die
> Mutter redet. Sie redet und setzt ihm
> seine Mütze auf. Paul wundert sich, wie
> viel die Mutter reden kann. Die Mutter
> verstummt,…

SCHULWEG, TAG AUSSEN

Paul biegt um die Ecke

> ERZÄHLER
> …und Paul tritt seinen Schulweg an.

SCHULWEG, TAG AUSSEN

Paul in einer Straße. Zwei ältere Schüler kommen dazu und rempeln ihn an.

> ERZÄHLER
> Der Schulweg führt in die Schule. So ist
> das - für alle Schüler. Wenn die Mütze mal
> verrutscht, hallen in Pauls Kopf sogleich
> die mahnenden Worte der Mutter.

SCHULWEG, TAG AUSSEN
Paul kommt zu einem Briefkasten und wirft den Apfel, den er
gerade isst, hinein.

                ERZÄHLER
      Aber: Nicht lange.

SCHULWEG, TAG AUSSEN
Paul läuft an einer Wand entlang. Dann bleibt er stehen und
schaut in die Luft.

                ERZÄHLER
      An manchen Stellen kennt Paul den Schulweg
      schon auswendig. Da wirkt er dann ein
      bisschen gelangweilt. Außer, es fliegt ein
      Flugzeug am Himmel.
ANIMATION
Ein Flugzeug fliegt durch den Himmel über Afrika.

                ERZÄHLER
      Wenn ich in Afrika in die Schule ginge,
      müsste ich mit dem Flugzeug fliegen, denkt
      sich Paul.

FLUR EINER ALTEN SCHULE, TAG INNEN
Ein leerer Schulgang

                ERZÄHLER
      Um acht Uhr klingelt es in der Schule.
      Obwohl es in der Schule klingelt, nennt
      man es in der Schule „GONG".
Der Lehrer kommt.

                ERZÄHLER
      Die Schritte des Lehrers hallen im
      Schulgang. Der Lehrer kommt herein.

IM KLASSENZIMMER, TAG INNEN
Die KINDER mit ihren Schuluniformen sitzen ordentlich an ihren
Schultischen. Der LEHRER kommt herein. Auch er redet in der
unverständlichen Schulsprache.

                    ERZÄHLER
          Er macht den Mund auf und ein Schwall
          Vornamen schwappt ihm heraus.
Paul groß. Als der Lehrer ihn aufruft, hebt er die Hand.

                    ERZÄHLER
          Als der Lehrer „PAUL" sagt, meldet sich
          Paul und der Lehrer redet weiter.
Paul träumt vor sich hin.

                    ERZÄHLER
          Paul ist froh, dass die Wörter, die der
          Lehrer spricht, unsichtbar sind.
ANIMATION
Eine beige Wolke kommt aus dem Mund des Lehrers und wird durch
die Scheibenwischer der Schüler weggewischt.

                    ERZÄHLER
          Wenn die Wörter beispielsweise beige
          wären, hätte jeder Schüler eine Brille
          mit Scheibenwischern auf, damit er etwas
          sieht.
Der Lehrer verstummt, wodurch Paul aus seinem Traum geholt
wird. Der Lehrer steht direkt hinter ihm.

IM KLASSENZIMMER, TAG INNEN
Der Lehrer klopft auf Pauls Schultisch. Paul sitzt
verschüchtert da.

                    ERZÄHLER
          Wenn der Lehrer eine Frage gestellt hat,
          schweigt er und schaut die Schüler an.
          Paul überlegt. In Pauls Kopf ist alles

voll mit Wörtern. Aber keine Wörter
kommen in dem Durcheinander bis zum Mund.
Paul schweigt. Er hofft, der Lehrer
könne vielleicht seine Gedanken lesen,
dann bekäme er vielleicht eine gute
Mitarbeitsnote.

PAULS ZIMMER, TAG INNEN
Paul liegt in seinem Bett.

                    ERZÄHLER
        „Oh weh", denkt Paul in seinem Bett am
        Dienstag.
ANIMATION
Großaufnahme des Stundenplanes, in dem sich die Schulfächer
bewegen.

                    ERZÄHLER
        An der Wand hängt der Stundenplan. In
        kleinen Kästchen prangen da unerbittlich
        die Schulfächer.

PAULS ZIMMER, TAG INNEN
ZEITRAFFER. Der Zeiger des Weckers dreht sich immer schneller
und blendet in den Stundenplan und den unruhig daliegenden Paul
über.

                    ERZÄHLER
        Mit jedem Ticken des Zeigers zieht es Paul
        näher in den Stundenplan hinein,
ZEITRAFFER: Paul steht auf.

                    ERZÄHLER
        augt ihn aus dem Bett, in die Uniform…

SCHULWEG, TAG AUSSEN
ZEITRAFFUNG: Paul auf dem Schulweg

> ERZÄHLER
> …den Schulweg entlang. Den ganzen,
> langen, langweiligen Schulweg entlang…

IM KLASSENZIMMER, TAG INNEN
ZEITRAFFER: Paul kommt ins Schulzimmer.

> ERZÄHLER
> …durch die Schultür auf die Schulbank
> hinter dem Schultisch.

NORMALGESCHWINDIGKEIT: Paul von oben

> ERZÄHLER
> Und dann reden sie ihn randvoll.

SCHULWEG, TAG AUSSEN
ZEITRAFFUNG: Paul auf dem Schulweg

> ERZÄHLER
> Und dann spuckt die Schule ihn am Mittag
> wieder aus…

IN DER KÜCHE, TAG INNEN
Paul vor einem Stapel Bücher

> ERZÄHLER
> …und dann muss er alles, alles
> wiederkäuen, bis aus den komischen
> Schulwörtern seine eigenen Wörter geworden
> sind.

PAULS ZIMMER, TAG INNEN
Paul liegt mit geöffneten Augen in seinem Bett. Die Kamera
fährt auf ihn zu.

> ERZÄHLER
> Paul sieht den ganzen Dienstag vor sich.
> Paul sieht die ganze Woche vor sich. Paul

sieht das ganze Leben vor sich.
Paul zieht sich die Decke über den Kopf.

ERZÄHLER
Paul macht die Augen wieder zu.
ANIMATION Eine Goldfischfrau kommt auf den Goldfisch zu und küsst ihn.

ERZÄHLER
Er träumt von einer schönen schillernden
Goldfischfrau.

PAULS ZIMMER, TAG INNEN
Paul liegt in seinem Bett. Man sieht, wie der Wecker klingelt.
Die Mutter kommt zur Tür herein.

ERZÄHLER
Da klingelt der Wecker, da kommt die
Mutter zur Tür herein und zieht den
Rollladen hinauf.
Paul dreht sich herum.

ERZÄHLER
Aber Paul träumt weiter.

ENDE

Anhang 2:
Verzeichnis interessanter Internetseiten

Das Internet liefert zahlreiche Informationen, die für die Kurzfilmproduktion hilfreich sind. Auf den folgenden Seiten finden Sie die wichtigsten Adressen, ohne dass das Verzeichnis Anspruch auf Vollständigkeit erhebt (Stand Juni 2012).

Kurzfilm allgemein

Portale

www.shortfilm.de	Kurzfilmportal der Internationalen Kurzfilmtage Oberhausen und der AG Kurzfilm mit zahlreichen Informationen rund um den Kurzfilm und eigenem Newsletter
www.kurzfilm.de	Unabhängiges Portal rund um den Kurzfilm, vor allem aus der No- und Low-Budget-Szene
www.crew-united.de	Umfangreiches Link-Portal zu allen Filmthemen – bekannt vor allem als Jobbörse
www.regie.de	Umfangreiches Portal mit aktuellen News aus der Filmbranche und einem Diskussionsforum, das sich vor allem an Filmemacher richtet
www.ofdb.de	Deutschsprachige Filmdatenbank
www.ifdb.com	Internationale Filmdatenbank
www.filmportal.de	Internet-Plattform des Deutschen Filminstituts zu allen deutschen Kinofilmen, darunter zahlreiche Kurzfilme.
www.bitfilm.de	Portal von Bitfilm mit dem Bitfilm-Club als Community für Filmemacher
www.filmidee.de	Homepage, die Filmemachern von der Idee bis zum fertigen Film Hilfestellungen liefern will
www.hackermovies.com	Forum für Filmemacher
www.filmerforum.de	Weiteres Forum für Filmemacher
www.jungefilmszene.de	Portal, das sich speziell an Nachwuchsfilmemacher wendet
www.fmarket.de	Portal mit zahlreichen Links zu weiteren Informationsquellen
www.infilm.de	Portal mit Kurzfilmen und zahlreichen Tipps und Links

Verbände und Vereine

www.ag-kurzfilm.de	Homepage der AG Kurzfilm – dem Bundesverband Deutscher Kurzfilm. Von dieser Seite kann auch die Kurzfilmstudie und der Kurzfilmkatalog der AG Kurzfilm heruntergeladen werden
www.shortfilm.com	Portal der KurzFilmAgentur Hamburg mit dem KurzFilmVerleih und dem KurzFilmVertrieb
www.ag-dok.de	Verband der Dokumentarfilmschaffenden
www.filmbuerobw.de	Interessenvertretung der Filmschaffenden im Land Baden-Württemberg
www.filmbuero-nw.de	Interessenvertretung der Filmschaffenden im Land NRW
www.filmbuero-bremen.de	Interessenvertretung der Filmschaffenden im Land Bremen, Organisation der kulturellen Filmförderung in Bremen
www.filmbuero-saar.de	Verein zur Förderung der Film und Kinokultur in der Großregion Saarland, Rheinland-Pfalz, Luxemburg, Lothringen und Wallonien
www.film-hessen.de	Verein zur Förderung einer vielfältigen, experimentierfreudigen Film-und Kinokultur
www.filmbuero-nds.de	Interessenverband niedersächsischer Filmemacher und kultureller Medienschaffender
www.filmverband-sachsen.de	Interessenvertreter der Film-, Fernseh-und Videoschaffenden in Sachsen
www.vjfm.de	Verband Junger Film-und Medienschaffender
www.koelner-filmhaus.de	Initiative von Filmemachern und Filminteressierten aus dem Großraum Köln
www.filmhaus-bielefeld.de	Verein zur Förderung der Film-und Medienkultur in Ostwestfalen-Lippe
www.filmbuero-franken.de	Zusammenschluss der unabhängigen Filmemacher in Nürnberg und Mittelfranken
www.filmhaus-frankfurt.de	Verein zur Vernetzung filmischer Aktivitäten, zur Unterstützung und Förderung des Nachwuchses, zur Initiierung filmpolitischer und -kultureller Diskussionen und als Interessenvertretung der Filmschaffenden im Rhein-Main-Gebiet
www.muenchner-filmwerkstatt.de	Zusammenschluss junger Regisseure, Produzenten und anderer Filmschaffender – ein Forum für regelmäßigen Austausch und gegenseitige Hilfe beim Start in der Filmindustrie mit gutem Seminarangebot
www.filmwerkstatt.de	Anlaufpunkt und Basis für eine unabhängige Filmproduktion in der Region Chemnitz
www.filmwerkstatt.muenster.de	Regionales Zentrum für den Film in Münster

www.filmwerkstatt-eifel.de	Treffpunkt filmbegeisterter Menschen: Amateure, Semi-Profis und Profis aus der Eifel
www.die-filmschaffenden.de	Dachverband der Filmschaffenden
www.regieverband.de	Bundesverband Regie
www.bv-produktion.de	Bundesverband Produktion
www.dramaturgenverband.org	Verband deutscher Film- und Fernsehdramaturgen
www.bvkamera.org	Bundesverband Kamera
www.bvfk.de	Bundesverband der Fernsehkameraleute
www.bvb-verband.de	Bundesverband Beleuchtung und Kamerabühne
www.tonmeister.de	Verband deutscher Tonmeister
www.bvft.de	Berufsvereinigung Filmton
www.bfs-filmeditor.de	Bundesverband Filmschnitt Editor
www.sfk-verband.de	Bundesverband der Szenenbildner, Filmarchitekten und Kostümbildner
www.vdrsd.de	Verband der Requisiteure und Set Decorator
www.german-stunt-association.de	Bundesverband deutscher Stuntleute
www.bvmev.org	Bundesverband der Maskenbildner und Maskenbildnerinnen
www.ids-ev.eu	Interessenverband Deutscher Schauspieler
www.castingverband.de	Bundesverband der Casting Directors
www.bvlocation.de	Bundesverband der Locationscouts

Ausbildungsstätten

www.aim-mia.de	Portal zur Medienausbildung
www.medienstudienfuehrer.de	Internetverzeichnis von Medienstudiengängen
www.hff-muenchen.de	Hochschule für Fernsehen und Film München
www.filmakademie.de	Filmakademie Baden-Württemberg
www.khm.de	Kunst-und Medienhochschule Köln
www.hff-potsdam.de	Hochschule für Film und Fernsehen Potsdam-Babelsberg
www.dffb.de	Deutsche Film-und Fernsehakademie Berlin
www.hamburgmediaschool.de	Hamburg Media School
www.hdm-stuttgart.de	Hochschule der Medien Stuttgart
www.filmschule.de	Internationale Film Schule Köln
www.dekra-hochschule-berlin.de	Privathochschule mit Studiengang Fernsehen und Film
www.diemedienakademie.de	Privathochschule in Hamburg, Berlin und München
www.mhmk.de	Macromedia Fachhochschule
www.filmwerkstatt.muenster.de	Umfangreiches Seminarprogramm
www.filmhaus-koeln.de	Aus-und Weiterbildungsprogramm
www.filmhaus-frankfurt.de	Umfangreiches Seminarprogramm
www.filmbuero-bremen.de	Umfangreiches Seminarprogramm
www.filmarche.de	Lehrgänge und Workshops in Berlin

www.masterschool.de	Workshops zum Drehbuchschreiben
www.movie-college.de	Deutschsprachige Online Filmschule
www.skript-akademie.de	Aus- und Weiterbildung für Autoren, Lektoren und Dramaturgen

Produktion

Tools / Hilfsmittel / Allgemeines

www.finaldraft.com	In Amerika gebräuchliche Drehbuchsoftware
www.beitinger.de/soft.html	Drehbuchvorlage für MS Word und OpenOffice
www.celtx.de	Kostenlose Software für Drehbuchschreiben und Drehplanung
www.preproducer.com	Internetgestützte Software zur Organisation und Planung von Filmproduktionen
www. fuzzlecheck.de	Deutsche Software zur Drehplanerstellung
www.gema.de	Informationen zur Lizenzierung von Musikrechten
www.urheberrecht.org	Homepage des Instituts für Urheberrecht
www.connexx-av.de	Interessenvertretung der Medienschaffenden innerhalb der Dienstleistungsgewerkschaft ver.di

Film- und Videotechnik

www.filmtechnik-online.de	Umfangreiche Seite mit praktischen Informationen zur Kamera-und Lichttechnik
www.cinematography.com	Internationales Forum für Kameraleute mit Erfahrungsberichten zu nahezu allen technischen Themen
www.slashcam.de	Portal und Forum für alle, die mit Video arbeiten.
www.mediengestalter.info	Plattform für Mediengestalter mit sehr regem technischen Erfahrungsaustausch

Hersteller

www.arri.de	Arri baut die bekanntesten europäischen analogen und digitalen Filmkameras und ist außerdem ein Komplettdienstleister mit eigenem Kopierwerk.
www.red.com	Neben Arri wichtigster Anbieter von digitalen Filmkameras
www.sonybiz.net	Homepage von Sony für die Produkte im Broadcast-Bereich (mit HDCAM, XDCAM, HDV)
www.panasonic-broadcast.de	Homepage von Panasonic für die Produkte im Broadcast-Bereich (mit Varicam, DVCPRO HD)
www.jvcpro.de	Homepage von JVC für professionale Produkte

Geräteverleih

www.arri.de	Verleih von Film-und Lichttechnik in München, Köln, Berlin und Leipzig

www.cinegate.de	Verleih von Film-, Video-und Lichttechnik in 13 Standorten
www.mbf.de	Verleih von Film-, Video-und Lichttechnik in Frankfurt und Hamburg
www.pillefilm.de	Verleih von Film-, Video-und Lichttechnik in Wiesbaden
www.ludwigkameraverleih.de	Verleih von Video-und Lichttechnik in München
www.volkerrodde.de	Verleih von Video-und Lichttechnik in Köln
www.schnittzwerk.de	Verleih von Videotechnik in Wiesbaden (auch Versand!)
www.filmtechnikverleih.de	Videotechnikverleih in Berlin
www.filmgeraeteverleih.de	Videotechnikverleih in Berlin
www.videogeraeteverleih -nuernberg.de	Videotechnikverleih in Nürnberg
www.koelner-filmhaus.de	16 mm-, Video-und Lichttechnik
www.filmbuero-franken.de	16 mm-und Lichttechnik
www.filmhaus-bielefeld.de	16mm-, Video-und Lichttechnik
www.filmhaus-frankfurt.de	Videotechnik

Postproduktion (Film)

www.arri.de	Kopierwerk in München
www.cinepostproduction.de	Hier sind folgende Kopierwerke zusammengefasst: Atlantik Film Hamburg, Bavaria Bild & Ton München, Geyer Berlin, Geyer Köln und Hannover.
www.abc-taunusfilm.de	Kopierwerk in Wiesbaden
www.openpictures.com	Postproduktionshaus mit Niederlassung in München
www.film16.de	Kleines Kopierwerk, spezialisiert auf Blow-up und Schwarz–Weiß in Bad Honnef
www.post-republic.de	Postproduktionshaus für die digitale Nachbearbeitung inkl. Dolby-Tonstudio in Berlin
www.scanwerk.de	Postproduktionshaus für die digitale Nachbearbeitung inkl. Dolby-Tonstudio in München

Cast und Crew / Jobbörsen

www.crew-united.com	Wichtigste Jobbörse für den Film-und Fernsehbereich mit einer ausführlichen Adressdatenbank
www.regie.de	Jobbörse im Kleinanzeigen-Markt der Community
www.infilm.de	Jobbörse als Teil des Gesamtangebots
www.hff-potsdam.de	Auf dem Schwarzen Brett gibt es die Möglichkeiten, Jobangebote aufzugeben und zu lesen.
www.castmag.de	Magazin rund um die Schauspielerei mit Anzeigenteil
zav.arbeitsagentur.de	Link zur Zentrale Bühnen-, Fernseh-und Filmvermittlung

	(ZBF), der größten deutschen Vermittlungsagentur für Angehörige künstlerischer und technischer Berufe (vor allem Schauspieler)
www.schauspielervideos.de	Homepage mit zahlreichen Demovideos von Schauspielern
www.actorsdemo.de	Weitere Homepage mit Demovideos
www.pucksbar.de	Casting-Börse mit der Möglichkeit, eigene Anzeigen zur SchauspielerInnen-Suche aufzugeben

Crowdfunding

www.startnext.de	Deutsches Crowdfunding-Portal für Kulturprojekte
www.indiegogo.com	Englischsprachiges Crowdfunding-Portal für Kulturprojekte
www.kickstarter.com	Nach eigenen Aussagen weltweit größtes Portal für kreative Projekte
www.wreckamovie.com	Kollaborative Community speziell für die Finanzierung von Filmen
www.pling.de	Deutsches Crowdfunding-Portal
www.inkubato.com	Deutschsprachiges Crowdfunding-Portal für Kulturprojekte
www.mysherpas.com	Deutschsprachiges Crowdsponsoring-Portal

Förderung

www.mfg.de	Medien-und Filmförderung Baden-Württemberg
www.fff-bayern.de	FilmFernsehFonds Bayern
www.medienboard.de	Medienboard Berlin-Brandenburg
www.filmbuero-bremen.de	Kulturelle Filmförderung Bremen
www.ffhsh.de	Filmförderung Hamburg Schleswig-Holstein
www.hessische-filmfoerderung.de	Hessische Filmförderung
www.film-mv.de	Filmförderung Mecklenburg-Vorpommern
www.nordmedia.de	Mediengesellschaft Niedersachsen / Bremen
www.filmstiftung.de	Filmstiftung Nordrhein-Westfalen
www.saarlandmedien.de	Medienförderung Saarland
www.mdm-online.de	Mitteldeutsche Medienförderung (Sachsen, Sachsen-Anhalt, Thüringen)
www.kdfs.de	Kulturelle Filmförderung Sachsen durch die Kulturstiftung Sachsen
www.sachsen-anhalt.de	Kulturelle Filmförderung Sachsen-Anhalt
www.thueringen.de	Kulturelle Filmförderung Thüringen
www.kuratorium-junger-film.de	Kuratorium junger deutscher Film
www.kulturstaatsminister.de	Staatsminister für Kultur und Medien (Deutscher Kurzfilmpreis, Kurzfilmförderung)

www.ffa.de	Filmförderanstalt
www.jff.de	Filmförderung »In eigener Regie« für Nachwuchsfilme- macher bis 26 Jahre aus Bayern
www.filmbuero-franken.de	Filmförderung für Kurzfilme aus dem Raum Nürnberg
www.ag-kurzfilm.de	Kopien-und Reisekostenförderung für Filme, die auf internationalen Festivals laufen.

Festivals

A-Festivals mit Kurzfilmsektion

www.berlinale.de	Internationale Filmfestspiele Berlin
www.cannescourtmetrage.com	Cannes Film Festival
www.kviff.com	Karlovy Vary International Film Festival
www.pardo.ch	Locarno International Film Festival
www.ffm-montreal.org	Montreal World Film Festival
www.labiennale.org/en/cinema	Venice International Film Festival

A-Kurzfilmfestivals

www.zinebi.com	Bilbao International Documentary and Short Film Festival
www.cff.pl	Krakow Film Festival
www.kurzfilmtage.de	Internationale Kurzfilmtage Oberhausen
www.tamperefilmfestival.fi	Tampere International Short Film Festival
www.message-to-man.spb.ru	Message to Man Film Festival St.Petersburg

Festival-Datenbanken

www. oscars.org	Liste der für den Oscar qualifizierenden Festivals
www.shortfilm.de	Kurzfilmfestivals, nach Ländern geordnet
www.german-cinema.de	Festival-Guide mit Suchfunktion und Festivalanzeige, nach Einreichschluss sortiert
www.filmfestivals.com	Festival-Datenbank mit Anzeige der Einreich-Deadlines im aktuellen und kommenden Monat
film.britishcouncil.org	Festivaldatenbank mit Kurzkommentaren
www.ag-kurzfilm.de	Berichte über einzelne Festivals von Filmemachern für Filmemacher

Festival-Einreichsysteme

www.reelport.com	Einreichungen für Festivals wie Oberhausen und Tampere
www.shortfilmdepot.com	Einreichungen zu bislang 15 internationalen Filmfestivals
www.withoutabox.com	Einreichungen zu zahlreichen, vor allem amerikanischen, Festivals

| www.filmfestivals4u.net | Einreichportal für junge Filmemacher zu entsprechenden Jugendfilmfestivals |

Kurzfilmmärkte

| www.clermont-filmfest.com | Wichtigster Kurzfilmmarkt, findet parallel zum Clermont-Ferrand Filmfestival statt |
| www.cannescourtmetrage.com | Kurzfilmmarkt innerhalb des großen Cannes Film-Marktes |

Kurzfilmpreise

www.deutscher-kurzfilmpreis.de	Homepage zum Deutschen Kurzfilmpreis
www.murnau-stiftung.de	Friedrich-Wilhelm-Murnau-Kurzfilmpreis
www.firststeps.de	Informationen zum First Steps Award und dazu-gehöriger Filmkatalog
www.shockingshorts.de	Shocking Shorts Award
www.bosch-stiftung.de	Filmförderpreis für Koproduktionen von Nach-wuchsfilmemachern aus Deutschland und Län-dern Ost-und Südosteuropas
www.nachwuchspreis.de	Studio Hamburg Nachwuchspreis
www.kamerapreis.de	Deutscher Kamerapreis, u. a. in der Sparte Kurz-film
www.filmplus.de	BMW Group Förderpreis Schnitt für den besten Schnitt bei einem Kurzfilm

Auswertung

Kurzfilmverleiher

www.shortfilm.com	KurzFilmAgentur Hamburg mit dem KurzFilmVerleih
www.w-film.de	W-Film, die Verleiher der Nights of the Shorts
www.interfilm.de	Verleih des Interfilm-Kurzfilmfestivals
www.filmwerk.de	Katholisches Filmwerk – nichtgewerblicher Verleih
www.matthias-film.de	Matthias Film – nichtgewerblicher Verleih
www.emaf.de	Verleih experimenteller Kurzfilme im Zusammenhang mit dem European Media Art Festival
www.kurzfilmtage.de	Verleih der Oberhausener Kurzfilmtage

Sales Agents

| www.shortfilm.com | KurzFilmAgentur Hamburg mit dem KurzFilmVertrieb |
| www.interfilm.de | Vertrieb des Interfilm-Kurzfilmfestivals |

Fernsehsender

| www.arte.tv/de/film/ KurzSchluss | Kontaktliste der ARTE-Kurzfilmredakteure |
| www.wdr.de/tv/kinozeit/kurzfilm/ | Kurzfilm im WDR |

www.swr.de/debuet/ueberuns	Redaktion »Debüt im Dritten«
www.rbb-online.de/filmzeit	Redaktion rbb movies
www.shockingshorts.de/	Kurzfilm-Label des Pay-TV-Senders 13th Street
www.das-vierte.de/formate	
/minimovie.html	Minimovies in Das Vierte

Für den Zuschauer kostenlose Online-Videoplattformen

www.youtube.com	Weltweit wichtigster Online-Videodienst mit dem Motto »Broadcast yourself«
www.myvideo.de	Deutschsprachige Alternative zu YouTube
www.clipfish.de	Deutschsprachige Alternative zu YouTube
www.break.com	US-amerikanische Alternative zu YouTube
www.vimeo.com	YouTube-Alternative für FilmemacherInnen, die es ernst meinen.
www.shortsbay.com	Speziell auf Kurzfilme ausgerichteter Online-Dienst mit der Möglichkeit, seine Filme einzureichen.
onlineshortfilms.net	Speziell auf Kurzfilme ausgerichteter Online-Dienst mit der Möglichkeit, seine Filme einzureichen. Teilweise sehr hochwertiges Angebot mit Oscar- und Bafta-Preisträgern.
www.aniboom.com	Portal, das speziell auf Animationsfilme ausgerichtet ist.
www.infilm.de	Kurzfilmportal mit Download-Angebot
www.kurzfilm.de	Deutsche Kurzfilme zum Download

VOD-Dienste mit Bezahlsystem

www.onlinefilm.org	Arthouse VOD-Anbieter mit Kurzfilmen, Einstellen eigener Filme ist hier möglich. Pay-per-Download oder Pay-per-Rent als Bezahlsystem.
shop.shortfilm.com	Online-Shop der KurzFilmAgentur Hamburg. Einzelne Filme, aber auch Kompilationen, können im DVD-Format downgeloadet werden.
www.mishorts.com	Britischer Pay-per-Download-Onlinedienst speziell für Kurzfilme mit der Möglichkeit, eigene Filme einzureichen.
www.distrify.com	Englischsprachige Plattform für den Verkauf von Filmen über das Web
www.maxdome.de	Online-Videothek mit Kurzfilmangebot und -flatrate
www.realeyz.tv	Berliner Arthouse Online-Videothek mit Kurzfilmangebot und -flatrate
www.lovefilm.de	Online-Videothek von Amazon, im Bereich Kurzfilm derzeit ausschließlich Verleih von Kompilationen

Register

UVK:Weiterlesen

Eckhard Wendling
**Recoup! Filmfinanzierung –
Filmverwertung**
Grundlagen und Beispiele
2012, 236 Seiten, broschiert
ISBN 978-3-86764-314-6
Praxis Film Band 66

Die deutsche Film- und TV-Branche hat sich in den letzten Jahren stark verändert. Neben neuen Technologien und Workflows haben auch alternative Abspielplattformen, Pay-TV wie Pay-per-View-Optionen und Streaming-Media-Angebote den Markt unabänderlich verwandelt und erweitert.
Eckhard Wendling zeigt aktuelle Möglichkeiten und Entwicklungen auf, unter denen Film- und TV-Produktionen heute und in Zukunft finanzierbar werden. Dazu sollte sich die Vielzahl neuer Verwertungsmöglichkeiten mit einem Mehr an geschäftlichem Risiko und einem Mehr an Erfolgsbeteiligung verbinden. Die klassische Wertschöpfungskette aus Kinopremiere, DVD-Veröffentlichung und Fernsehausstrahlung wird in komplexere Netzwerke überführt, die den Produzenten stärken und ihn finanziell unabhängiger werden lassen von der staatlichen Filmförderung sowie den großen Sendern.

Eckhard Wendling war viele Jahre als Produktionsleiter und Producer in verschiedenen Film- und TV-Produktionsfirmen tätig. Seit 2001 ist er Professor an der Hochschule der Medien, Stuttgart, in den Bereichen Produktionsmanagement und Produktionsplanung für elektronische Medien. Außerdem leitet er das Steinbeistransferzentrum für Audiovisuelle Medien.

Klicken + Blättern

Leseprobe und Inhaltsverzeichnis unter

www.uvk.de

Erhältlich auch in Ihrer Buchhandlung.

UVK:Weiterlesen

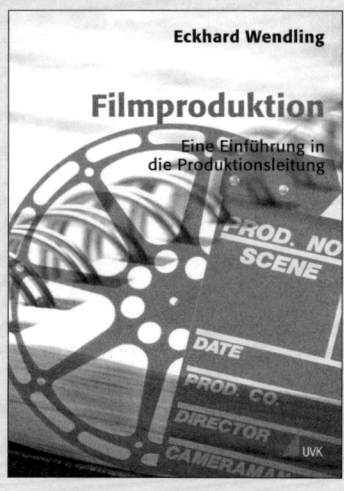

Eckhard Wendling
Filmproduktion
Eine Einführung in die Produktionsleitung
2008, 218 Seiten, broschiert
ISBN 978-3-86764-107-4

Dieses Praxisbuch zeigt, man wie die Risiken, die mit der Filmherstellung einhergehen, erkennt und reduziert. Es richtet sich an alle Film- und Fernsehschaffenden und deren Auftraggeber, die sich für die planerischen und finanziellen Fragen einer Filmproduktion interessieren.

»Insgesamt eine gelungene und praxisorientierte Einführung in die Produktionsleitung von Fernseh- und Kinofilmproduktionen. Spannend für angehende Filmschaffende oder für diejenigen, die einen ersten Blick hinter die organisatorischen und ökonomischen Kulissen einer Filmproduktion werfen möchten.« Film News Bayern

Klicken + Blättern

Leseprobe und Inhaltsverzeichnis unter

www.uvk.de

Erhältlich auch in Ihrer Buchhandlung.

UVK:Weiterlesen

Wolfgang Lanzenberger, Michael Müller
Unternehmensfilme drehen
Business Movies im digitalen Zeitalter
Mit einem Vorwort von Hans Beller
2., überarbeitete Auflage
2012, 316 Seiten, broschiert
ISBN 978-3-86764-367-2
Praxis Film Band 74

Bewegtbilder sind zum festen Bestandteil der Unternehmenskommunikation geworden. Der Unternehmensfilm gilt heute als die Visitenkarte eines Unternehmens.

Schritt für Schritt führen Wolfgang Lanzenberger und Michael Müller praxisorientiert in Konzeption, Produktion und Präsentation von Unternehmensfilmen ein.

Das Buch richtet sich an Unternehmen, die sich über zeitgemäße Formen filmischer Präsentation informieren möchten und bietet Praktikern aus der Filmproduktion zahlreiche Tipps und praktische Hilfestellung.

»Für Medienplaner und Auftraggeber ist die autodidaktische Aufarbeitung des Themas ein »Muss« – es gibt keine vergleichbaren Grundlagen und nachvollziehbaren Aufbereitungen.«
medienreport.de

»Für Auftraggeber wie auch für Filmschaffende ist dies Buch absolut lesenswert. [...]«
TVT creative media

»Antworten von ›Praktikern für Praktiker‹. Nutzwertlastig. Auf dem besten Weg zum Standardwerk.«
BJV Report

Wolfgang Lanzenberger ist Leiter Regie bei der ProSiebenSat.1 Produktion in München. Als Regisseur verantwortet er zahlreiche Fernsehformate. Er realisierte mehr als 50 Unternehmensfilme und erhielt dafür Preise und Anerkennungen. Seit 2009 ist er Jury-Mitglied beim Medienwettbewerb Corporate Media und lehrt seit 2010 an verschiedenen Hochschulen.

Michael Müller ist Professor für Medienanalyse und Medienkonzeption an der Hochschule der Medien in Stuttgart. Außerdem arbeitet er als freier Kommunikationsberater und Autor. Er berät Unternehmen beim Erzählen von Geschichten und bei der Erstellung von Unternehmensmedien; er konzipierte zahlreiche Unternehmensfilme, Internetauftritte und Printmedien.

Klicken + Blättern

Leseprobe und Inhaltsverzeichnis unter

www.uvk.de

Erhältlich auch in Ihrer Buchhandlung.

UVK:Weiterlesen